T0157343

Printed in the United States
By Bookmasters

بسم الله الرحمن الرحيم

الفضاء الشعري عند
الشعراء اللصوص في العصرين الجاهلي
والإسلامي

الفضاء الشعري عند الشعراء
اللصوص في العصرين
الجاهلي والإسلامي

تأليف
الدكتور حسين علي عبد الحسين الدخيلي

الطبعة الأولى
2011م

المملكة الأردنية الهاشمية
رقم الإيداع لدى دائرة المكتبة الوطنية
(2010/8/2875)

811.09

الدخيلي، حسين علي عبد الحسين.
الفضاء الشعري عند الشعراء اللصوص في العصرين الجاهلي والإسلامي/حسين علي عبد الحسين الدخيلي- عمان : دار ومكتبة الحامد للنشر والتوزيع، 2010 .
( ) ص .
ر. إ. : (2010/8/2875) .
الواصفات :الشعر العربي//النقد الأدبي// العصر الجاهلي//العصر الإسلامي/
*يتحمل المؤلف كامل المسؤولية القانونية عن محتوى مصنفه ولا يعبّر هذا المصنف عن رأي دائرة المكتبة الوطنية أو أي جهة حكومية أخرى.

❖ أعدت دائرة المكتبة الوطنية بيانات الفهرسة والتصنيف الأولية .

* (ردمك) ISBN 978-9957-32-545-9

دار الحامد للنشر والتوزيع

شفا بدران - شارع العرب مقابل جامعة العلوم التطبيقية
هاتف: 5231081 -00962 فاكس : 5235594 -00962
ص.ب . (366) الرمز البريدي : (11941) عمان - الأردن

Site : www.daralhamed.net
E-mail : info@daralhamed.net
E-mail : daralhamed@yahoo.com
E-mail : dar_alhamed@hotmail.com

الإهـــــــداء

إلى النفس المطمئنة
بذكر الله

المحتويات

المقدمة

الحمد لله رب العالمين، والصلاة والسلام على نبينا الأمجد نبي الرحمة والهدى محمد بن عبد الله، وعلى اله الطيبين الطاهرين وصحبه المنتجبين، وبعد:

لقد أصبحت دراسة بعض المفاهيم الجزئية التي تهتم بالنص الشعري من وجهة معينة، فلسفية مثيولوجية وأسطورية امرأ شائعاً في عصرنا الحاضر، ولعل من أهم تلك المفاهيم الجزئية التي نالت اهتماما خاصا من الباحثين، مفهومي المكان وأنماطه والزمن ودلالاته، الذين يعتبران من اهم المفاهيم التي برزت في الدراسات الحديثة، بعدما كان الاهتمام الأول منصبا على المكان والزمان كل منهما بشكل منفرد، اذ أصبح الفضاء الشعري يضطلع بموقع خاص ومتميز، ينهض بالنص بشكل إجمالي، فهو يتناول الكل النصي من مختلف اتجاهاته، لإيضاح خباياه ومقاصده، يجري فيه المعنوي والمادي في آن معا.

يعني هذا إن لكل عنصر من عناصر الفضاء أهميته ودوره الفاعلين في تشكيل بنية النص الشعري، فالمكان يدخل عنصراً مهماً في تشكيل بنية ذلك النص من خلال قراءة الإيديولوجيات التي يحملها باث النص، فضلا عن علاقته بالإنسان لكونه يعد انعكاسا لسلوكه، ولا يقل الزمان أهمية عن سابقه فهو يمثل العنصر التشكيلي للنص بما يضفيه عليه من طابع حركي يسهم في تحقيق فنية النص وجماليته، فضلا عن أثره في سلوك الإنسان، نظرا لطبيعته العدائية لكونه حاملا للموت والغربة والفناء.

على إن البحث لم يخل من صعوبات يأتي في مقدمتها صعوبة فك عنصري فضاء اللصوص الشعري (الزمان والمكان) اللذين هما وجها لعملة واحدة، مراعاة للمنهج الأكاديمي المتبنى الذي لولاه لما شاهد البحث فصلا بينهما، إيمانا منه من إن الزمان والمكان ظرفان يعيش الإنسان في إطارهما ويمارس حياته في ظلهما، إذ إن كل أفعاله لا يمكن إن تقع إلا في زمان ومكان معينين، وقد انسحب ذلك إلى أدبه

بصورة خاصة فما دام الأدب يعتمد على إشكال ومفاهيم تؤطره وتمنحه هويته، فأن ذلك لم يتحقق إن لم يكن الأدب مرتبطا بزمان ومكان.

ومن الصعوبات الأخرى، ارتباط مفهوم الفضاء الشعري بقطبين مختلفين هما (الفلسفة والأدب) في آن واحد، وان انزلاق البحث نحو احدهما دون الآخر يخرجه من صلب دراسته وأساسها، لذا اعتمد البحث على الأول في تفسير الآخر وتحديد أبعاده واظهار ادبيته.

ولعل هاتين الصعوبتين من جملة صعوبات الكتاب كانتا وراء اختياري لموضوعه، يضاف إليهما سببٌ أخر في عملية الاختيار يتمثل فيما يتمتع به اللصوص في العصرين الجاهلي والإسلامي من اختلاف في الرؤية للمكان والزمان التي أخذت توحي بدلالات تختلف نوعا ما عما توحي به دلالات أمكنة وأزمنة الشعراء من غير طائفتهم.

وقد اعتمد المؤلف منهجاً يقوم على التحليل الفني للنص الشعري الذي يحتكم الى معطيات النص في التحليل والتأويل مستفيدا من ربط الظاهرة باصولها النفسية والاجتماعية الخاصة بالشاعر والفضاء الذي ينتمي اليه.

أما فيما يتعلق بخطة الكتاب فقد توزعت على بابين سبقتهما مقدمة وتمهيد. فقد اختص **الباب الأول** بالمكان وضم ثلاثة فصول يتقدمها مدخل نظري عن المكان. درس **الفصل الأول** المكان الموضوعي وكان في مبحثين تناول الأول المكان الأليف والآخر المكان المعادي وكان ذلك التقسيم قائما على حالة الشاعر النفسية والشعورية تجاه أمكنته بنوعيها.

أما **الفصل الثاني** فقد درس المكان الحلم وكان في مبحثين الأول منهما ضم المكان الحلم ذا الأصول الواقعية الذي توزع بدوره الى المكان الحلم المتمنى الرجوع اليه و المكان الحلم المتمنى الحصول عليه، أما المبحث الآخر فقد درس المكان الحلم ذا الأصول الخيالية وقد توزع بدوره هو أيضا الى المكان في طيف الخيال والمكان القبر والمكان المعنوي.

أما **الفصل الثالث** فقد ضم مبحثين أيضا، تناول الأول منهما البعد النفسي للمكان الذي ضم الغربة المكانية والتحول المكاني، ودرس المبحث الآخر البعد الجمالي للمكان الذي تناول فيه شعرية المكان (الطلل) والبنية الصوتية للمكان.

وفي **الباب الثاني** كان الزمن، الذي جاء في ثلاثة فصول تقدمها مدخل نظري عن الزمن، درس **الفصل الأول** الثنائيات الدالة عليه واهم هذه الثنائيات، ثنائية الماضي والحاضر وثنائية الحاضر والمستقبل وثنائية الماضي والمستقبل وثنائية الليل والنهار وأخيرا ثنائية الشيب والشباب، ولعل البحث لم يشر الى ثنائية (الحياة والموت) في معرض حديثه عن الثنائيات الزمنية في أشعار اللصوص لأنه يرى أن هذه الثنائية تمثلها جميع الثنائيات التي أشار البحث اليها، (فالماضي والمستقبل والنهار) مثلت (الحياة) لدى اللصوص، في حين ان (الحاضر ومجهولية المستقبل والليل) مثلت (الموت) لديهم، لذا فعدم إشارة الكتاب اليها جاء بناءً على ذلك.

أما **الفصل الثاني** فقد درس موقف الشعراء اللصوص من الزمن توزع على مبحثين، الأول منهما اظهر مواجهتهم لزمنهم من خلال تجاوز شواخص فنائه ومن خلال الخلود، أما الآخر منهما فاظهر موقفهم المستسلم للزمن نتيجة إحساسهم بتوقفه وحمله للموت والفناء.

أما **الفصل الثالث** فقد درس التشكيل الفني للزمن في شعر اللصوص والذي توزع على ثلاثة مباحث تناول الأول منها علاقة الزمن بلغتهم الشعرية وكيف عبروا من خلال تلك اللغة عن حالتهم النفسية والشعورية التي هم عليها، أما المبحث الثاني فقد درس الزمن بوصفه عنصراً رئيسا في بناء قصائدهم ومكونا مهما من مكونات نصهم الشعري، وتناول المبحث الثالث الإيحاءات المنبعثة عن الإيقاع الصوتي للزمن سواء من الإيقاع الخارجي او الإيقاع الداخلي الذي رأى البحث فيهما براعة الشاعر في التأثير في متلقيه.

واجد لزاما عليّ ، وما يمليه واجب العرفان والوفاء بالفضل أن أشيد بمواقف أستاذي الكريم **الدكتور حسن جبار** الذي اغترفت منه العزيمة والمثابرة بالتواصل عندما أراه يصارع الزمن الذي اسكنه المرض محاولا بصلابته وحلمه تخطي عقباته فله مني اجل تقدير واحترام داعيا المولى أن يمن عليه بالصحة والقوة في اجتياز عقبة الزمان.

واعترافا بما أسداه أستاذي الفاضل **الدكتور سالم يعقوب** من نصائح علمية فريدة في بابها وتوجيهات قيمة خلال مدة البحث، أسجل له خالص شكري داعيا له من العلي القدير أن يرفع شانه ويمنحه العزة.

ختاما: اسأل الله ان يوفق الجميع انه نعم المولى ونعم النصير.

المؤلف

التمهيد

تعريف بمصطلح الفضاء

لعلّ موضوع الفضاء من الموضوعات حديثة العهد، وان جميع الدراسات النقدية التي قامت حوله، لم تكون بجملتها نظرية شاملة حوله، مما يدلّل على انها دراسات في بداية الطريق، فهو اذن بحاجة الى دراسات اخرى اكثر عمقا وشمولا، اذ انه لا يزال محتاجا الى كثير من التمعن والتصنيف لمصطلحه وللموضوعات التي يشتمل عليها،نتيجة للمكانة التي شغلها في الفكر العربي قديما وحديثا، فقد ركنت المعاجم العربية الى القول بان الفضاء هو ((المساحة وما اتسع من الارض))[1]، أي انه ((المكان الواسع من الارض، والفعل: فضا يفضوا فهو فاض، وفضا المكان: اذا اتسع فلان الى فلان اذا وصل اليه))[2].

اما تعريف الفضاء في الاصطلاح، فيلزمنا الاشارة الى ان كل الدراسات التي تناولت الفضاء لم تحدّد لنا مفهوما واحداً له، مما يعني انه موضوع معقد وشائك في الوقت ذاته.

فهناك من ذهب الى ان الفضاء يتجلى باربعة اشكال هي: الفضاء الجغرافي والفضاء النصي والفضاء الدلالي والفضاء من حيث هو منظور روائي.[3]

ومنهم من ذهب الى انه ((الحيز الزمكاني الذي تتمظهر فيه الشخصيات والأشياء متلبسة بالإحداث تبعا لعوامل عدة تتصل بالرؤيا الفلسفية وبنوعية الجنس الأدبي وبحساسية الكاتب))[4].

---

(1) الصحاح / (مادة فضا)

(2) لسان العرب / (مادة فضا)

(3) ينظر: بنية النص السردي /62.

(4) الفضاء الروائي في الغربة /21

اذن فالفضاء بمفهومه العام هو ((كل ما يحيط بالإنسان من أشياء، حتى الإنسان ذاته يعد احد مكونات الفضاء فقد يكون الشيء مكانا للإنسان او الإنسان مكانا للشيء))[1].

وعلى الرغم من تلك الإشكاليات العديدة التي نواجهها في ضبط تعريف محدد لهذا المفهوم (الفضاء) بسبب اعتماد تلك الدراسات على شعرية الحداثة الأوربية بمختلف اتجاهاتها فضلا عن قلتها، فأننا نواجه باشكالية اخرى تمثلت بعدم الفصل بين المكان والفضاء، وكأن الفضاء هو المكان، في حين ان حميد لحمداني قد سبق النقاد العرب في معالجة الفضاء، عندما تناوله تحت عنوان ((الفضاء الحكائي))[2]، حيث اكد من خلاله ان الفضاء ((اوسع من المكان، وانه مجموع الامكنة التي تقوم عليها الحركة الروائية المتمثلة في سيرورة الحكي))[3]، هذا يعني ان المكان يشكل احد المكونات الاساسية للفضاء وليس الفضاء كله.

ولعل ذهابنا وراء هذا الفصل بين المكان والفضاء، لينسجم مع تعدد مستويات الفضاء، الا اننا نلاحظ على مستوى التطبيق ان مصطلح المكان لا زال يستعمل بمعنى الفضاء، ومع استعمال بعض الباحثين مصطلحات اخرى كالحيز والمدى، الا ان الفضاء يعد اكثرها حضوراً او اغناها دلالةً وتجربةً واعمقها بعداً[4]

وما دام المكان جزءاً من الفضاء على حدّ قول لحمداني، وما دام علماء الطبيعة يقولون بانفصال الزمان عن المكان، فأن هذا يعني انفصال الزمان عن المكان في شكل العمل الفني، الامر الذي تصدى له (باختين) عندما ربط بين الزمان والمكان، حيث ذهب الى ان المكان بدوره يندمج في حركة الزمن الموضوع

---

(1) ديوان اللصوص 199/1.

(2) في نظرية الرواية/ 46

(3) بنية النص السردي/ 64

(4) ينظر: الفضاء المصطلح والاشكاليات الجمالية/ 9

بوصفه حدثا او جملة احداث، وعلاقات الزمان تتكشف في المكان، والمكان يدرك بالزمان.[1]

كما الحّ على مسألة تلازم الزمان والمكان في الفضاء الادبي ((غاستون باشلار)) في كتابيه (جماليات المكان وجدلية الزمن)، حيث يرى ((ان المكان في مقصوراته المغلقة التي لا حصر لها يحتوي على الزمن مكثفاً وان هذه هي وظيفة المكان))[2].

ولعل رؤية (باشلار) الفلسفية هذه في عملية الربط بين المكان والزمان تبدو اكثر وضوحا عندما رصد ((التوافق البطيء بين الاشياء، والازمان بين فعل المكان في الزمان ورد فعل الزمان على المكان))[3] هذا يعني ان الزمان يترك اثاره على المكان

وان المكان عبر تحولاته يدل على تسلط الزمن في نظر الفيلسوف الظاهراتي باشلار.

ويذهب (عبد الرحمن منيف) مذهب (باشلار) في تلازم الزمان والمكان في رؤية فلسفية تكاد تشابه رؤية زميله (باشلار) حيث يرى ان ((المكان يكتسب ملامحه من خلال البشر الذين عاشوا فيه، والبشر هم تلخيص للزمن الذي كان وفي مكان محددّ بالذات))[4].

اما (كمال ابو ديب) فيرى استحالة فصل الزمان عن المكان وقد اطلق عليها مصطلحا جمع بينهما اسماه (الزمكان) [5]، وبذلك يتسع مفهوم الفضاء ليشمل الزمان والمكان معاً، وان كلا منهما لا يتحقق بدون الاخر، فالشاعر لا يمكن ان

---

(1) ينظر: اشكالية الزمان والمكان في الرواية /6

(2) جماليات المكان /39.

(3) جدلية الزمن /8

(4) سيرة مدينة /5

(5) ينظر جدلية الخفاء والتجلي /13

يرى الحاضر (الزمن)، الا من خلال المكان والناس، والا من خلال عمره ومدى تجربته مع الماضي وتصوره للمستقبل[1]، اذن فالفصل بينهما اصبح وهما لا اساس له، بل ان اندماجهما بشكل من الاشكال هو الحقيقة ذاتها، فهما يمثلان ((الصورة التي ندرك فيها العلاقة بين الاشياء من حيث هي متقابلة او متجاورة، او الصورة التي ندرك بفضلها الاشياء من حيث هي متعاقبة او متأنية))[2].

من هذا ندرك جيداً ان الفصل بين الزمان والمكان عملية صعبة لان ((مجرد التواجد في المكان هو استمرار زمني والتحرك في المكان انما يتحقق في زمان))[3]، ومع ان جوهر الزمان هو الانفصال لان وجوده يقوم على تعاقب لحظاته، وجوهر المكان هو الاتصال لان وجوده يقوم على المسافة والامتداد، فأن المكان يدخل في تركيب الزمان، والزمان هو الأخر يدخل في تركيب المكان.[4]

وبذلك نصل الى القول ان الفضاء يشمل على المكان والزمان لكن لا كما هما في الواقع، بل كما يتحققان داخل النص الادبي مخلوقين من لدن الكاتب ومسهمين في تخصيص واقع النص وفي نسج نكهته الخاصة [5]. أي اننا لا نستطيع ان نحدد الفضاء بالامكنة وحدها ولا بالازمنة وحدها، فكلاهما منفصلاً بحاجة الى الاخر، ولذا يتحدّد الفضاء بالمكان في زمان محدد.[6]

لذا ستكون دراستنا للزمان والمكان متلازمين في فضاء الصعاليك الشعري، ايماناً منا من ان المكان متحول عبر الزمان، ولان المكان يصفه ناسه، ويصفهم هو في صيرورة دائبة.

---

(1) ينظر: الزمن عند الشعراء العرب قبل الاسلام /249.

(2) ما هي الابستمولوجيا /89-90

(3) ثلاثية الرفض والهزيمة، دراسة نقدية لثلاث روايات لصنع الله ابراهيم /37.

(4) ينظر: الفضاء الروائي واشكالياته /13.

(5) ينظر: الفضاء الروائي عند جبرا/25

(6) ينظر: التقنيات السردية في روايات عبد الرحمن منيف /89.

من خلال ذلك كله يتضح لنا ان الفضاء لا يظهر في العمل الادبي كما هو في الواقع، بل يظهر كما يريده الكاتب، فيعمل على رسم ملامحه وطريقة تحركه بعد ان يسقط عليه رؤاه وتجربته الحياتية فيظهر بناءً على ذلك فضاءً خاصا به وبنصه الادبي، حاملا خصوصية الكاتب وطريقته في التعامل مع الاشياء، فهو فضاء تخيليّ وان اخذ من الواقع بعض اشاراته وملامحه وبذلك يكون الفضاء في حالة تاسيس دائمة داخل النص الادبي يتجدد ويتولد مع كل قراءة جديدة، لان النص وفق التصورات الحديثة ليس له معنى نهائي، اذ ان أي معنى يتوصل اليه المتلقي يمثل المعنى الذي يقصده هو لذلك النص[1]، معنى ذلك ان للاخر معنى يخالف به الاول حسب وجهة نظره وطريقة تلقيه.

وتأسيساً على ذلك يبقى الفضاء متأرجحا بين هدمٍ وبناءٍ متواصلين، لان الزمان والمكان لا يبدوان لا متناهيين الا عندما لا يوجدان[2]، وهذا ينسجم مع طبيعة الادب التخيليّة.

---

(1) ينظر: المعنى الادبي من الظاهراتية الى التفكيكية /18

(2) حدس اللحظة /41

الباب الأول
المكــان

الباب الأول
المكان

1- المعنى اللغوي للمكان:

وردت لفظة المكان في المعاجم اللغوية بمعانٍ ودلالات متقاربة، تدل جميعها على ان المكان يعني الموضع[1]، ولعل هذه الإشارات اللغوية متولدة من ادائية السياق الذي ينشده المعنى القرآني في اياته المباركة، وقد جاء توكيد ذلك في قوله سبحانه ((واستمع يوم يناد المناد من مكان قريب))[2] اذ جاء المكان حاوياً لمعنى الموضع والمستقر.

وما زلنا قد بدأنا الحديث عن معنى المكان لغوياً، قررنا التعريج على بيان ذلك المعنى في ثلاثة معجمات لغوية مختلفة العصور، وسنجد بأن المعنى فيها جاء بدلالات متقاربةٍ وهذا مصداق ما اثبتناه في مستهل كلامنا، فابن منظور يرى أن ((المكان والمكانة واحد...مكان في أصل تقدير الفعل مفعل، لانه موضع لكينونة الشيء فيه... والمكان الموضع والجمع أمكنة))[3].

أما صاحب معجم المحيط فيرى أن ((المكان الموضع او هو مفعل في الكون جمع أمكنة وأماكن وأمكن قليلا، ويقال: هذا مكان هذا أي بدله،وكان من العلم والعقل بمكان أي رتبة ومنزلة...))[4].

---

(1) ينظر: الصحاح، لسان العرب، محيط المحيط (مادة مكن).

(2) سورة ق /41.

(3) لسان العرب (مكن).

(4) محيط المحيط / (مكن).

أما صاحب المعجم الوسيط فلم يضف شيئاً على سابقيه، فقال ((المكان، والمنزلة يقال هو رفيع الشيء، والموضع جمع امكنة... وفي التنزيل العزيز ((ولو نشاء لمسخناهم على مكانتهم))[1]، أي موضعهم))[2].

لكن هذه السكونية في الدلالة اللغوية، اذا صح ذلك. والتي جعلت من المكان منظومة جامدة عند معنى ودلالة محددتين، قد تجاوزتها الشعرية الحديثة، اذ عملت على أخراجه من نظام الارتباط الطبيعي للإشارة اللغوية الى صيغة تشظي الإشارة المألوفة له وتدخله ضمن انساق تعبيرية مطلقة، فلم يعد المكان عنواناً سطحياً يحتوي سياق الحدث بل فعلاً دلالياً مشاركاً تلتزم اللغة بصناعة ابعاد سيمائية له واقتراح تشكيل متعدد الدلالة يستطيع بواسطته فاعل فرز قناعات متعددة لتلك الدلالة، لانه قادر على منح الأمكنة قيمتها وابعادها الذهنية والماورائية وقادر أيضا على تغيير ملامحها وتشكيلها وفق انماط مختلفة فضلاً عن ابتداع بعض انواعها[3].

بقي ان نشير إلى ما ورد عن بعض العرب من مرادفات لهذه اللفظة ومنها على سبيل المثال الحيز، المحل، الملاء، الخلاء، الا أن المعاجم اللغوية قد تناولت هذه المترادفات فقط من جانب اللغة واشتقاقاتها[4].

2- المفهوم الفلسفي للمكان:

اذا تجاوزنا الفكر المثيولوجي الذي صور المكان تصويراً حسياً عينياً[5]، إلى ما طالعتنا به الفلسفة اليونانية فعلى لسان أفلاطون الذي يعدّ الرائد الأول في أعطاء المكان بعده المفهومي الفلسفي، فهو يرى انه ((أطار موجود بالضرورة منذ

---

(1) سورة ياسين / 67.

(2) المعجم الوسيط (مكن)

(3) ينظر: شعرية المكان في الرواية الجديدة /109.

(4) ينظر: تهذيب اللغة /10-294، معجم مقاييس اللغة 5-302، تح عبد السلام هارون.

(5) ينظر: الزمان في الفكر الديني القديم /12.

الازل))[1] وعرّفه ((بالبعد المجرد الموجود وهو الهيولي اذ يسمح بتعاقب الاجسام فيه))[2] وهو بهذا اعطاه معنى حدسياً جعله يخرج الى المفهومية والكينونة المتحولة، الامر الذي جعل من الدراسات الفلسفية بعد افلاطون ان تهتم بالمكان اهتماماً واسعاً، فهو عند ارسطو ((يعد محلاً، وعند اقليدس فانه ذو ثلاثة ابعاد هي الطول والعرض والعمق))[3].

اما الفلاسفة العرب فقد اخذوا فكرتهم عن المكان من الفلاسفة اليونان، فالكندي مثلاًنجده يسير على خطى افلاطون وارسطو.[4]

اما الفارابي فقد اقتفى اثر الكندي ونظر الى المكان بانه ((موجود وبيّن ولايمكن انكاره))،[5] وتابعهم الرازي عندما حدّد ابعاد المكان ووصفه((بالمطلق وشبهه بالوعاء)).[6]

وذهب ابن الهيثم مؤكداً اقوال من قال ((ان المكان هو الابعاد))[7] واذا انتقلنا الى الدراسات الحديثة للمكان فنجده لدى ديكارت ((الممتد في الابعاد الثلاثة وعند اسبينوزا ومالبرانش هو الامتداد غير المتناهي))،[8] اما باشلار فان مجمل نظرته تتلخص بان الانسان دون المكان - لا سيما البيت - يصبح كائناً مشرداً لا استقرار له.[9] والمكان عند(كانت) تصوّر غير تجريبي أي انه مجرد من التجربة الخارجية

---

(1) الزمان الوجودي / 53.

(2) المعجم الفلسفي /412/2.

(3) مدخل جديد الى الفلسفة /196-197.

(4) رسائل الكندي الفلسفية /26/2.

(5) رسالة الحروف /88.

(6) ينظر: اصول الفكر الفلسفي عند ابي بكر الرازي /12-14.

(7) نظرية المكان في فلسفة الحسن بن الهيثم الطبيعية (بحث) /526.

(8) المكان الطبيعي في فلسفة ابن سينا (رسالة ماجستير) /8

(9) ينظر: جماليات المكان /45

التي لايمكن ان تكون ممكنة الا من خلال مثول المكان، ويشكل المكان عنده الاساس لجميع الادراكات الخارجية... [1].

من خلال ما تقدم تبيّن لنا بان المكان وفكرته قد لعبتا دوراً اساسياً في الفكر الانساني قديماً وحديثاً، فحياة البشر لا يمكن فهمها فهماً حقيقياً الا في الاطار العقلي لمقولتي المكان والزمان بوصفهما عنصرين لا ينفكان عن الخبرة التاريخية للبشر. [2].

كما تبيّن لنا ايضاً أن المكان حظي بعناية كبيرة من لدن الفلاسفة والمفكرين تفوق عناية اللغويين به، وهذا يرجع بطبيعة الحال الى حالات الاجتهاد والنظرات التجديدية للمكان من قبل الفلاسفة في حين اننا نجد جموداً للفظة المكان عند اللغويين، وهذا ما بيّناه اثناء الحديث عن معناه اللغوي.

3- المفهوم الادبي للمكان:

لدارسي الادب تعريفات كثيرة للمكان، فالنصيّر يرى انه ((البعد المادي للواقع، أي الحيّز الذي تجري فيه لا عليه الاحداث)). [3] فهو يشكل الأرضية الفكرية والاجتماعية التي يحدد فيها مسار الشخوص ويركز فيها وقوع الإحداث ضمن زمن داخلي نفسي ـ يخضع لواقع التجربة في العمل الفني، [4] وهنا يصبح ((مساحة ذات ابعاد هندسية او طبوغرافية تحكمها المقاييس والحجوم)). [5].

وبدون المكان يستحيل ان يسمى الفن فناً، فالمكان في العمل الادبي يبقى بعيداً عن المكان والأرض... والعلاقة بين الاثنين لا تعكسها الكلمات والمسميات بل

---

(1) ينظر: دراسات في الفلسفة العربية الحديثة /13-16.

(2) ينظر: الوعي التاريخي وموقف الوعي العربي المعاصر منه (بحث)/148

(3) اشكالية المكان /155

(4) ينظر: المكان عند الشاعر العربي قبل الاسلام (رسالة ماجستير) /17

(5) الشعر ومتغيرات المرحلة /51.

تعكسها تلك النغمة المستحبة وذلك المناخ الذي يتيح لك ان ترى ما لا يمكن ان تراه... وان تشعر بانك في مكان له صلة بروحك وتاريخك وتكوينك الاجتماعي،[1] و هذا لا يمكن ان يتم الا من خلال الادب الذي هو ((من احلام اليقظة الواقعية التي تقهر الخيال والتأويل فيصبح مكاناً محسوساً قائماً على ارض ومعيشاً))[2].

فالمكان في الادب اذن هو وسيلة المبدع في الهرب الى عالم غريب عن واقعه يسقط عليه رؤاه التي يخشى معالجتها في هذا الواقع فيتحول المكان هنا الى تقنية مستقبلية يتجاوز بها المبدع مكانه وواقعه، ليصعد الى السماء والفضاء وينزل الى اعماق الارض والبحار.[3] وهذا يعني ان للمكان دوراً بارزاً في العمل الادبي وانه يشكل جزءاً مهماً من التاريخ الخاص لذلك العمل ولكنه ليس ذلك المكان الذي يتمثل في الأرضية التي تتوزع عليها خارطة الاحداث،[4] وعلى الفن - أي فن - ان يحتوي المكان، ذلك لانه لو فقد المكان فانه يفقد واقعيته.

وما دام الامر كذلك فلا بدّ ان تتحقق هوية المكان في العمل الادبي وهذا لا يتم الا من خلال مفردات اللغة، ذلك ان لكل مكان الفاظه الخاصة التي لا تقال الا به.[5] وعلى اساسها يكون المكان شخصية متماسكة ومسافة مقاسة بالكلمات ورواية لامور غائرة في الذات الاجتماعية... وبعكسه سيكون المكان عند كاتب عادي مجرداً من معناه الفلسفي والفكري.[6]

وبذا يمكن القول ان المكان يحمل طموحات الاديب الثقافية، لانه يجعله في مواجهة ثقافية مع العصر، ويتحول الفعل في المكان لدى الاديب الى فعل في

---

(1) ينظر: الرواية والمكان /15-18

(2) اشكالية المكان /158.

(3) ينظر: جماليات المكان في مسرح صلاح عبد الصبور (بحث)/23.

(4) ينظر: الرواية والمكان /15.

(5) ينظر: الحد، استقصاءات في البنية المكانية للنص (بحث) /87.

(6) ينظر: الرواية والمكان /17

البحث عن الشخصية المستقبلية والمتطلّعة الى الواقع كما لو كان قدرها المرتبطة به،[1] معنى ذلك ان المكان يكتسب جماليته من الاديب ذاته، عندما يكون قادراً على تحويل الامكنة الاعتيادية الى امكنة فنية عن طريق الاستخدام الامثل لالفاظ اللغة وذلك بانزياح مفردات اللغة وخلق مكان خاص يمكن ان نسميه بالمتخيّل وهو ما يطلق عليه المكان الشعري.

(1) ينظر: إشكالية المكان في النص الأدبي /18.

الفصل الأول

المكان الموضوعي (الطبيعي)

الفصل الأول
المكان الموضوعي (الطبيعي)

تـوطـئـة:

لقد تحدثت كتب النقد قديمها وحديثها عن الأماكن الموضوعية لـدى الشعراء في مختلف العصور، فجاءت فيها على نوعين، احدهما يتعلق بموطن ومسكن أبناء القبيلـة كالديار والمنازل والبلاد والمدن والقرى ومع مـرور الـزمن أصبحت تلك الأماكن تعـرف بساكنيها فيقال منازل تميم [1]، وديار بني عبس [2] ومنازل هذيل [3].

والأخر من تلك الأماكن يظهر في اشعار الشعراء ضمن اماكن الطبيعة الصامتة [4]، التي سرعان ما تخلق في نفوسهم وقعاً تاريخياً معيناً سواء الفها سـاكنوها او لم يألفوها، ذلك ان المكان الموضوعي في الشعر مكان يستثير في ذاكرتنا ما انطبع بها تجاهـه مـن تصور فردي او جمعي وهي امكنة تستمد قيمتها الابداعية من جوهر الموقف الانسـاني العام تجاهها والاستجابة النفسية الواعية واللاواعية اليها [5]، ((فحس المكان حس أصيل عميق في الوجدان البشري)) [6].

وألفة المكان وعدمها تتمثل بموقف الشاعر منه مـن خـلال ولائـه وانتمائـه لـه وانصهاره به، الى الحد الذي يصبح فيه مثلاً لشخصية الشاعر وقيمته او عكس ذلك. ان هذا الموقف من الشعراء تجاه المكان يقودنا الى الحديث عن اثر البيئة في حياة الشاعر وذلك من خلال تباين احوال القبائل العربية في العيش ما بين المدينة

---

(1) العقد الفريد /6-66

(2) امالي القالي 291/2/

(3) صفة جزيرة العرب /323

(4) ينظر: الطبيعة في الشعر الجاهلي /295

(5) ينظر: المكان ودلالته في شعر السياب (رسالة ماجستير) 17

(6) جماليات المكان /77.

والبادية، فضلاً عن ذلك فان ((ابناء القبيلة الواحدة لم يخضعوا لظروف واحدة او يحيوا حياة واحدة بل توزعتهم انحاء مختلفة فمنهم مـن استقرّ وتحضر- ومنهم مـن ألف الضرب في اعماق الصحراء)) [1].

ولعل حديثنا عن اثر البيئة في حياة الشاعر يقودنا الى التعرف على كيفية تعامـل الشعراء اللصوص مـع أمكنتهم، ولاسيما اذا عرفنا ان المكان الموضوعي لـه دور كبير ومؤثر في حياتهم، فكل مكان من تلك الأمكنة الموضوعية له ذكرى خاصة في نفوسهم، الامر الذي جعلنا ننظر الى المكان الموضوعي عند اللصوص مـن وجهتين، الاولى: تتميّز بالألفة والمحبة تجاه تلك الأمكنة، التي جعلتهم يشعرون بالانتماء اليها والحنين الى كل شكل من اشكالها، فهي بالنسبة لهم كما يقول الدكتور نوري القيسي احداث امتزجت بخيالهم وحياتهم وأصبحت جزءاً من ذكرياتهم الجميلة [2].

أما الوجهة الأخرى، فتتمثل بالضيق وعدم الألفة، وهذه الأمكنـة تـؤدي بالشاعر الى حالة من الانقطاع عن المكان عندما ((تصبح أعماق الذات بكل ما تنطوي عليـه مـن رؤى وأشواق وعذابات أيضا فردوساً داخلياً موازياً لجحيم الخارج، جحيم القهر والخوف ورعب الاقتلاع مـن الجذور، ان تـوازي المكـان الداخلي مـع جحيم الخارج يؤدي الى انقطاع عن المكان)) [3]، والانقطاع يعني الرفض النفسي لذلك المكان، لكن ذلك الانقطاع لا يعني انقطاعاً ابداعياً للشاعر في تعابيره الشعرية فقـد يكون الشاعر متمـرداً عـلى المكان ورافضاً له لكنه في الوقت ذاته يتمتع بحس مكاني تجاهه، وهذا ما سنبيّنه لاحقاً في البحث ان شاء اللـه.

---

(1) مقدمة القصيدة العربية 37/.
(2) ينظر: شعراء امويون 37/.
(3) جماليات المكان 93/

المبحث الأول
المكان الأليف

ربما يستغرب المتلقي عندما يقرأ في كتابات النقاد بأن المكان يوصف بالأليف والمحبب مع انه جماد، وإذا أردنا أن نعرّف المكان الأليف فنقول بأنه المكان الذي يترك في نفس ساكنه ارتياحاً وطمأنينةً نتيجة توافر ما يحتاجه ساكنه من متطلبات الحياة، لكنني أجد في أمكنة اللصوص التي أطلق عليها البحث بالأليفة - في هذا المبحث - بأن اكتسابها للألفة جاء نتيجة العوامل النفسية التي يكنّها ساكنوها تجاهها، وهذه العوامل تجعل من المكان مألوفا عند بعض، بينما يراه الآخرون غير مألوف، او تراه أنت ملائماً مع انه غير ملائم عند غيرك.

ويعني هذا أن الألفة وعدمها لا يخضعان لتقييم محدد، بل تكونان تبعاً للتعامل النفسي والعاطفي القائم بين المكان وقاطنه. واليك بعضاً من هذه الأمكنة.

(1) الصّحراء:

تمثل الصحراء أوسع المعالم الأرضية التي شاهدتها البشرية فأينما تلتفت تجد الصحراء، ولا شك أن الشعر العربي نشأ في الصحراء واستوعب أوصافها، لان الشاعر الجاهلي لم يدع شيئاً منها من دون وصفه وتصويره[1]، والصحراء مثلها في الواقع مثلها في الشعر، عالم لا متناه من الكبر والسعة[2]، لذلك فان أحسن الشاعر رسمها ووصفها، فأنها يمكن أن تكون عالماً كبيراً منفتحاً على دلالات كثيرة.

والصحراء أيضا تبدو فضاءً معزولاً، أي انها تنتمي الى العزلة المركّزة والإنسان يعلم غريزياً ان المكان المرتبط بوحدته مكان خلاّق، يحدث هذا حتى حين

---

(1) ينظر: الطبيعة في الشعر الاموي (ماجستير) /38

(2) ينظر: جماليات المكان (مجموعة من الباحثين) /61

تختفي هذه الاماكن من حاضره[1]. لذا نجد الشاعر الصعلوك يحمل الصحراء في ذاته ويجعلها كيانه بكل ما تعنيه من جدب وجفاف وقسوة فهي لديه نشوةٌ من نشوات النفس اكثر من كونها مكاناً بيئياً معاشاً. اذ انها لو كانت مكاناً بيئياً فحسب لما ذكرها الشعراء من اهل المدن والحواضر، فهي تحمل من الدلالات الرمزية العميقة ما لا يحملها مكان اخر لدى اللصوص. فقفارها وفيافيها وقسوة حرارتها ومخاطرها ووحشتها، تعني لديهم الصلابة والخشونة والشجاعة واليقظة والحذر، وغيرها من الدلالات الرمزية الأخرى بل انها فوق ذلك ((منفذ تعبيري يلوذ اليه الشاعر حين تضيق امامه الأفاق وتنغلق السبل))[2].

فهي تلك الطبيعة الصامتة التي تمتلك اللامحدود من الارض[3]، فضلا عن ذلك فانها ترتبط ((ارتباطاً لصيقاً بمفهوم الحرية، ومما لا شك فيه ان الحرية في اكثر صورها البدائية هي حرية الحركة))[4]، لذا نجد ان معظم الطوائف التي تثورعلى القانون - أي قانون - تقطن الاماكن الصحراوية النائية كما يقرر ذلك البلاذري بقوله ((فلما كثر اللصوص.... جعلوا هذه الناحية [يعني الصحراء] ملجأً لهم فلا يطلبون))[5]، فاذا كانت الصحراء رمزاً مكانياً للجفاف والجدب والقسوة، وارتباط جميع هذه المعاني في مخيّلة الإنسان، فاللصوص قد احالوا هذه الرموز والدلالات الى مستوى نفسي، ليتحول الجدب والجفاف المقترن بالصحراء الموضوعية الى جدب وجفاف روحيين يحلمان بالارتواء من الصحراء النفسية هذا ما طالعنا به مالك بن الريب:

---

(1) ينظر: جماليات المكان / باشلار /47.

(2) الرحلة في ادب ابي العلاء /7.

(3) ينظر الأسس الجمالية في النقد الأدبي /226.

(4) جماليات المكان (مجموعة من الباحثين) /62.

(5) حكايات الشطار والعيارين في التراث العربي /19، نقلا عن جماليات المكان (باحثين) /61.

الا ليــت شـعـري هــل ابـيتـنّ ليلـةً   بجنب الغضــا ازجي القلاص النواجيا
فليت الغضـا لم يقطع الركب عـرضه   وليت الغضــا ماشى الركـاب لياليـــا
لقـد كان فـي اهل الغضا لو دنا الغضا   مــزار ولكـن الـغضــا ليـس دانيـــا[1]

فإذا عرفنا ان الغضا نبات شوكي لا ينبت الا في الصحراء، ادركنا ان مالكاً استعمله للدلالة عليها، فهو يتمنى الرجوع اليها وان يقضي- فيها ليلة واحدة ويزاول اعماله الاعتيادية لكي ترتوي نفسه من ظمأ فراقها، فصحراء مالك لم تكن مكاناً موضوعياً - كما هو واضح - بل كانت تمثل عنده الخصب والحياة و ديمومة العيش فضلاً عن ذلك فان النص كما هو واضح من أبياته يكرر دلالة الصحراء من خلال لفظ الغضا، ولعل ذلك يعود الى ان هذا التكرار يعبر عن كم من المشاعر الدفينة التي تركتها ظروف الحياة التي عاشها، ولاسيما انه شاعر صحراوي عاش وترعرع فيه، فملكت قلبه وعواطفه وجعلته اسيرها، الامر الذي دعاه الى تكرار الألفاظ الدالة على أمكنته الصحراوية، لكونها المفرّج عن همومه وعواطفه واشتياقه هذا ما دلّ عليه بيته الاتي:

فيا زيد عللني بمن يسكـن الغضـــا   وان لم يكن يا زيد الا امانيـــا [2]

اما النشناش النهشلي فيبيّن لنا ان ترحاله في صحرائه، جاء نتيجة لطلب الثأر او لطلب الرزق والمغانم، يقول:

وسائلــة أيـن الرحيــل وسائـل   ومن يسأل الصعلوك اين مذاهبه
وداوية يهماء يخشى بها الرّدى   سرت بأبي النشناش فيها ركائبـه
ليدرك ثأراً او ليـــدرك مغنمـــاً   جزيلاً وهذا الدهر جمّ عجائبــه[3]

---

(1) ديوان اللصوص/2/177.

(2) شعرة /ق25/ ولم اعثر على البيت في ديوان اللصوص.

(3) ديوان اللصوص / 2 /285

فالشاعر يـرد عـلى سـائلته بـالأداة الاستفهامية (مَن) التـي افادت الاستفهام والتعجب معاً، لانه لا يريد جواباً عندما جعلها كذلك، فهو يريد ان يقول ان طرق الصعلوك معروفة، لا يمكن سؤاله عنها، فهو دائم التجوال في الفلوات والصحاري، لانها مصدر كسبه ورزقه وهي كذلك مطلب لثأر قديم، وهذا ما جعلها أليفة لدى النهشلي.

وهي لدى (جعفر بن علبه الحارثي)، الحبيبة بعينها التي حدد مكانها (نجد) وقبيلتها (بني عامر) يقول:

احقاً عبـاد الـله ان لـست رائـياً   صحاريَّ نجد والرياح الـذواريا

ولا زائراً شـم العرانـين تنتمي   الى عامـر يحللـن رملاً معاليا[1]

فصحراء الشاعر هنا تذكرنا بصحراء ابن الريب، لانهما يمثلان الحبيبة فابتعادهما عن صحرائيهما يعني ابعادهما عن الحياة (الحبيبة) والمخطط الاتي يمثل تلك الجدلية:

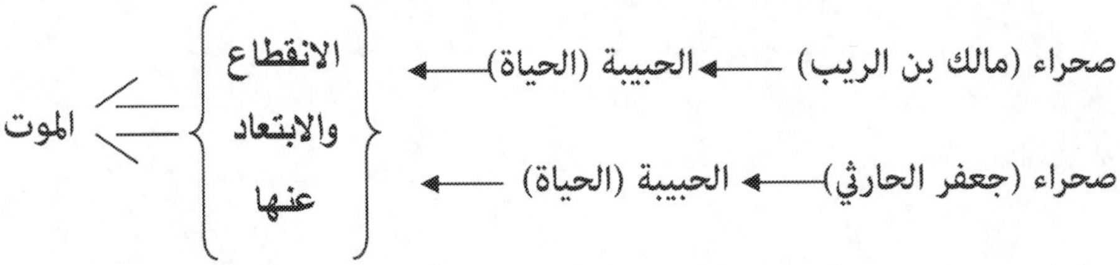

فالحبّ الذي يكنّه الصعلوك للصحراء / الحبيبة، جعله دائم الترحال فيها للبحث عنها حتى انه الف وحوشها يقول السعدي في ذلك:

اراني وذئب القفر الفين بعدما   بـدأنا كلانا يشمـئز ويذعـر

تالفنـي لـما دنـا وألفتـه   وامكنني للرمي لو كنت اغدر[2]

(1) ديوان اللصوص / 1 /199.

(2) المصدر نفسه /57/1.

بل والأكثر من ذلك أصبح بينهما صلة وقرابة، كما يرى عبيد العنبري، يقول:

كأنـــي وآجال الظبــاء بقفـــرة　　　لنا نســـبٌ نرعــاه أصبح دانيا[1]

حتى أصبح يطلق عليه لكثرة ترحاله في مكانه الأثير (الصحراء)، بأخي الفلوات

اخو فلوات حالف الجنَّ وانتحى　　　عن الانس حتى قد تقضَّت وسائله

له نسب الانسيّ يعـــرف نجـــره　　　وللجنّ منـــه شكلــه وشـمائلــه[2]

من خلال ما تقدّم يتبيّن لنا ان الشعراء اللصوص يحملون صحراءهم في ذواتهـم، فهي ليست مكاناً جغرافياً فحسب، بل تعني لديهم كلّ شيء، الأمر الذي لم يتحقق لدى سواهم من الشعراء، وهذا متأتٍ من المعايشة الحقيقية واللصيقة لهـا. يقـول باشـلار في ذلك ((أن اتساع الصحراء الهائل المعاش ثـم التعبـير عنـه مـن خـلال التـوتر الـداخلي... يجب أن تعاش الصحراء على النحو الـذي تـنعكس فيـه عـلى الرحالـة))[3]، فهواجسـهم تجاهها هي هواجس خبير عارف بمسالكها وأسرارها وطبيعتهـا الأمـر الـذي تجعـل مـن يألفها ان يميّزها على غيرها من الصحارى، يقول جحدر في ذلك:

يـا صاحبيَّ وباب السجن دونكما　　　هل تؤنسان بصحـراء اللـوى نارا

لِوَى الدخول الى الجرعاء موقدها　　　والنار تبدي لذي الحاجات أذكارا[4]

(1) ديوان اللصوص / 1 /414.

(2) المصدر نفسه / 1 /404

(3) جماليات المكان / 229.

(4) ديوان اللصوص /1/156.

فصحراؤه تمتاز بالكرم والعطاء، وهذا ما دلّت عليه لفظتا (نار - موقد) فضلاً عن ذلك فان النار تدل على مكان الحبيبة في تلك الصحراء، فنراه يمنّي النفس باللقاء باحبته مرةً اخرى فجاء بلفظتي (النار - الموقد) ظناً من ((انه اقترب من حبيبته بحيث يرى نارها))[1].

اما صحراء الخطيم المحرزي فهي ترمز الى تحدي الانسان وقدرته على اجتياز مسالكها المبهمة التي تحتضن الموت والهلاك في كل شكل من اشكالها، لكنها عنده تدل على تحدي هذا الموت، لذا اطلق عليها (فلاة) والفلاة تعني المفازة ((لان عبورها واجتياز مهالكها يعد فوزاً))[2]، يقول الخطيم:

فلاة يخاف الركب ان ينطقوا بها ... حذار الردى فيها مهولة قفر
سريع بها قول الضعّيف الا اسقني ... اذا خبَّ رقراق الضحى خبب المهر
سَمَتْ لِيَ بالبين اليماني صبابةٌ ... وأنت بعيدٌ قد نأيتَ عن المصر[3]

ففوز الشاعر في مقطوعته هذه يتحقق بلقاء احبته وشوقه اليهم.

وفي نهاية الحديث عن صحراء اللصوص، يتبيّن لنا ان الصحراء وما تعنيه من قسوة ومهالك وجدب الاّ انها أخذت تعني عندهم الوفاء والألفة والمحبة، فعاش اللصوص إخوة متحابّين، وأجمل مثال على ذلك رثاء تأبط شراً للشنفرى بعد موت رفيق دربه، يقول:

على الشنفرى ساري الغمام ورائحٌ ... غزير الكلى وصيّبُ الماء باكرُ
تحاول دفع الموت فيهم كأنهم ... بشوكتك الحذّا ضئين عواثرُ
لا لفيتني في غارة ادعي بها ... اليك واما راجعاً انا ثائر[4]

---

(1) المرأة في الجزيرة العربية (رسالة دكتوراه) /173.

(2) لسان العرب (مادة فوز).

(3) ديوان اللصوص / 1 / 242

(4) ديوانه /27.

من خلال ما تقدم من تتابع الصور الصحراوية تظهر لنا علاقة الصعلوك بصحرائه فهي علاقة مشاعرية متطوره، تثبت مدى تعلّق الانسان بأخيه وتعلّق الارض بالانسان، فهي علاقة جدلية قوية لا يمكن فصلها.[1]

(2) الجـبـال:

تمثل الجبال لدى الشعراء عامةً منبعاً زاخراً يستقون منه معاني العلو والثبات والشدة والصلابة، وتمتاز بمكانة مقدسة لعلها متأتية من ارتفاعها وعلوها وقربها من السماء مصدر الإلهام والمعرفة الإلهية[2]. فضلاً عن ذلك فالجبال تعدّ مظهراً من مظاهر الجمال في الطبيعة،اذ خصّها سبحانه وتعالى بوقار وهيبة وشموخ، الامر الذي جعل الشاعر يجد فيها مجالاً للتأمل والعزلة والانفراد بالنفس للترويح عنها.[3]

وقد مثّل الشعراء اللصوص تلك الجبال بعلوها وشعابها خير تمثيل، ولا غرو في ذلك لان الصعلوك ابن البيئة والصلة بين الشعر والبيئة كالصلة بين النبات ومنبته.[4]

فمالك بن الريب تذكرّ اهله النازلين بجبال بلاده عندما شاهد قباب الترك، يقول:

تذكّرني قبـــاب الترك أهلي	ومبدأهـــم اذا نـزلـوا سنامـا
وصوت حمامة بجبـــال كسٍّ	دعت مع مطلع الشمس الحماما[5]

---

(1) ينظر مثلاً، ديوان اللصوص /56،199،351،163، - ديوان تأبط شراً، 153، ديوان الهذليين 112، عشرة شعراء مقلون / 35.

(2) ينظر: المكان في ادب عبد الرحمن منيف الروائي (ماجستير) /28.

(3) ينظر: المكان في الشعر المهجري (ماجستير)/121.

(4) ينظر: الواقع والاسطورة في شعر ابي ذؤيب الهذلي /19.

(5) ديوان اللصوص / 2 /173.

فجبل ابن الريب شكّل مكاناً للذكريات الماضية التي تربطه بأهله بكل ما فيها من سعادة وأمل، وان رؤيته تعدّ نوعاً من الحنين الى ذلك الماضي السعيد، فجبل الشاعر يمثّل لديه الاهل والاحبة والماضي الجميل لذا فهم يدعون له بالسقيا، لان فيه ديار الحبيبة كما هو عند (طهمان الكلابي)، يقول:

سقى دار ليلى بالرقاشين[1] مسبل — مهيب باعناق الغمام دفوق[2]

وكذا يطالعنا بالمعنى نفسه القتال الكلابي، يقول:

سقى الله ما بين الشّطون وغمرةٍ — وبئر دريرات وهضب دثين
أباكية بعدي جنوب ُصبابةً — عليَّ واختاها بماء عيونِ[3]

ومن المعاني الاخرى التي تناولها اللصوص وقرنوها بالجبال، معاني الغزل كقول ابي ذؤيب الهذلي:

توقّى باطراف القران وعينُها — كعين الحبارى اخطأتها الاجادلُ[4]

حيث وصف الشاعر المرأة التي تستتر بقرون الجبال وطرفها كطرف الحبارى من الخجل والحياء، فاراد الشاعر ان يصف لنا من خلال تلك الصورة، جمال حبيبته واعتدال مفاتنها من خلال استتارها بالجبل من حيث ارتفاعه وشموخه وصلابته.

اما (القتال الكلابي) فنراه يدعو الله لمكانه / الجبل (عماية) خير الجزاء لانه آواه وامثاله من اللصوص المطاردين، يقول:

(1) الرقاشين / جبلان في ملتقى دار كعب وكلاب.
(2) ديوان اللصوص / 1 / 337.
(3) المصدر نفسه /109/2.
(4) ديوان الهذليين / 1 /82.

جزى الله عنا والجزاء بكفه عماية خيراً امَّ كلِّ طريد
فلا يزدهيها القوم ان نزلوا بها وان ارسل السلطان كل بريد
حمتني منها كلُّ عنقاء عيطلٍ وكل صفا جمِّ القلات كؤود[1]

ويذكر لنا (ابو ذؤيب) بعض صفات الجبل بقوله:

وما ضرب بيضاء يأوي مليكها الى طنف اعيا براقٍ ونازلِ
تُهال العقاب ان تمرّ بريده وترمي دروء دونه بالاجادل
تنمىَّ بها اليعسوب حتى اقرّها الى مألفٍ رحبِ المباءة عاسل[2]

فالجبل يظهر من خلال المقطوعة شديد الارتفاع بحيث اعيا الراقي والنازل وليس من شيء ادلّ على ارتفاعه من ان بعض الكائنات المعروفة بشدة طيرانها، قد قصرت عنه فالعقاب تخشى من المرور (بريدة) اما الصقور فانها تخشى من ان تصل قمته.

ويستغل مالك بن خالد صفات وتضاريس جبل هذيل ليجعل منها مسرحاً مكانياً لوصف فراره من اعدائه، يقول:

بودك اصحابي فلا تزدهيهم بساية اذ مدّت علينا الحلائبُ
غياراً واشماساً وما كان مقفلي ولكن حمى ذلَّ الطريق المراهبُ[3]

فالمقطوعة احتوت بعض صفات جبال هذيل وطرقها،التي سهّلت له الفرار من اعدائه، ويظهر الشاعر في هذه المقطوعة خبيراً بتلك الجبال وشعابها فعدوه سريع في طرقها الملتوية، اما موضعه للمراقبة فهو بين اخبية الصخور في اعالي الجبال.

---

(1) ديوان اللصوص /65/2.
(2) شرح اشعار الهذليين /103/1.
(3) المصدر نفسه /305.

من خلال ما تقدم يتبيّن لنا ان للجبال مكاناً بارزاً في موروث اللصوص، وان كان الحديث عنها لم يأت مقصوداً، بل كان مجيؤه مرتبطاً ببواعث نفسية اخرى، وان تلك البواعث مرتبطة بطبيعة حياة اللصوص انفسهم،التي تتسم بالقلق وعدم الاستقرار لذلك اتخذوا من الجبال والاماكن النائية مسرحاً للصراع.

كما تبيّن لنا ان ارتباط الصعلوك بالمكان / الجبل لم يكن لذات الجبل بل لانه شكل عنده موطناً للذكريات ومكاناً للاحتضان والامومة النفسية ((لان الالفة لا تتم بين الانسان والمكان المجرد))[1]، بل ان هذا المكان / الجبل حدث معه شيء اكسبه هذه الصفة الاليفة.

(3) المراقب والمراصد:

لقد شغلت المراقب مكاناً واسعاً في حياة اللصوص واشعارهم، ذلك لانها مكان حصين يحقق للصعلوك غرضين، احدهما مراقبة طريقه والمكان الذي يحيط به، والاخر يتجسد بحصانته، بحيث تتيح له الاختفاء عن اعين الرقباء.[2]

والمرقبة جبل كان فيه رقباء هذيل[3]، هذا يعني اشتهار جبال هذيل بمرقباتها، وان الوقوف على المرقبة يزدوج فيه معنيان، الهروب والمواجهة[4]. والذي ساعدهم على ذكر المراقب والتغني بها - كما يبدو لي - طبيعة منطقتهم الجبلية حيث وجدوا في مرتفعاتها ما يعينهم على اتمام مغامراتهم، واتخاذ قممها العالية مراقبا يرصدون من خلالها اعداءهم، حتى يوجهوا اليهم ضربتهم في الوقت الملائم، لذا حرص الشعراء اللصوص على وصف مراقبهم بالمناعة والاباة على غيرهم، كما انهم يختارون الليل وقتاً لتربعهم فوقها، لكي يكون هذا الوقت امعن في

---

(1) البناء الفني في الرواية العربية في العراق /102/2.

(2) ينظر: البنية السردية في شعر اللصوص (رسالة دكتوراه)/92.

(3) البناء الفني في الرواية /160.

(4) المصدر والصفحة نفسهما / وينظر: دراسة الادب العربي /30.

الاختفاء واقرب الى تحقيق غرضهم، فضلاً عن دلالته لجرأتهم وقسوة قلوبهم، هذا ما طالعنا به (تأبط شراً) بقوله:

ومرقبةٍ شمـــاء اقعيـــت فوقهـــا ليغنـــم غـــازٍ او ليـــدرك ثائـــر[1]

ونجد المعنى ذاته عند (الشنفرى) بقوله:

ومرقبـةٍ عنقــاء يقصــر دونهـــا اخو الضِّروةِ الرجلُ الخفيُّ المخفَّفُ[2]

اما مرقبة (عمرو ذو الكلب) فهي مرقبة يحار الناظر فيها من بُعدها، فهي قمة عالية لكنه - كما يذكر في ابياته - لم يخشها، وقد عرف طريقة لها فهو فيها كالماء الذي يهتدي لمنحدره، ويقول:

ومرقبةٍ يحــار الطرف فيها الى شمّاء مـشرفــة القذال
اقمت بـريدها يومــاً طويلاً ولم اشرف بها مثل الخيال[3]

وتحمل المراقب عند اللصوص دلالات كثيرة منها، ما طالعنا به (جعفـر بـن علبـه الحارثي) حيث تمثل المرقبة عنده النصرة والفـرج واظهار الشجاعة، لانها مكان جيد للتربص بالاعداء والتهيء لانزال الضربة في الفرصة المواتية، يقول:

اذا ما رصدنا مرصداً فـرجت لنا بأيماننا بيضٌ جَلَتْها الصياقلُ
ولما أبـــوا الا المـضيَّ وقـــد رأوْا بأن ليس منّا خشية الموت ناكلُ[4]

والمرقبة عند ابي كبير تأخذ بعداً اخر، فهي ليست للسطو والاستلاب، بـل لحماية ديارهم من مباغتة أعدائهم، لذا حمّلها كل صـفات العلـو والارتقـاء، حتـى كأنهـا تـلازم السحاب، يقول:

---

(1) ديوانه /30
(2) المصدر نفسه /104
(3) ديوان الهذليين /119/3.
(4) ديوان اللصوص /192/1.

ولقد ربأت اذا الرجال تواكلوا   حَمَّ الظهيرة في اليفاع الاطولِ
في رأس مشرفة القذال كأنما   اطرُ السحاب بها بياض المجدل[1]

الذي يبدو لي من خلال مرقبة (ابي كبير) هذه انه اختارها بهذه الصفة لتدل على الشموخ والعزة والاباء وان ارتفاعها يحقق الامان والسلامة له، فضلاً عن ذلك فان ارتفاعها ((يشكل لديه نوعاً من الهروب الواقعي والبعد عن الفناء الارضي الى الخلود السماوي[2])).

اما مرقبة (ابي خراش)، فلم يكن فيها وحيداً، بل كان معه صاحب له وصفه بأنه رافض لحياة الذل والعبودية والخمول،وارتضى الحياة العامة النبيلة بما فيها من متاعب ومخاطر، يقول:

لست لمرّة ان لم اوف مرقبة   يبدو لي الحرف منها والمقاضيبُ
في ذات ريدٍ كذلق الفأس مشرفةٍ   طريقها سرب بالناس دعبوبُ
لم يَبق من عرشها الا دعامتها   جذلانٌ منهدمٌ منها ومنصوبُ
بصاحب لا تنال الدهر غرّته   اذا افتلى الهدف القن المعازيبُ
بعثته بسواد الليل يرقبني   اذ اثر النوم والدفء المناجيبُ[3]

فمرقبته تشرف على طريق ضيق كأنه نفق يسير الناس فيه واحداً واحد، وكان معه صاحب قوي النفس، لم يرض حياة الذل والدعة،و اثر ان يكون ذئباً يرصد فريسته من فوق مرقبته والوقت ظلام والليل دامس فهو يرفض الراحة التي يرتضيها الضعفاء.

وبعد، فان الحديث عن مراقب اللصوص يذكرنا بأحاديث مغامراتهم وشجاعاتهم التي جعلتهم يضعون في كل مكان رقيباً يترصد لهم الأعداء حتى أن

(1) ديوان الهذليين /96/2.
(2) الزمان والمكان واثرها في حياة الشاعر الجاهلي /76/1.
(3) ديوان الهذليين /159/2

تلك المراصد والمراقب تبقى موحشةً من دون رجالات تلك المراقب، يقول في ذلك (مالك بن خالد):

وكأن لهم في راس شعب رقيبهم　　　وهل توحشن من الرجال المراقب[1]

فمالك يؤكد لنا بأن مراقبهم لا تخلو من الرجال يترقبون فيها، وهذا يدل على شجاعتهم واستعدادهم لعدوهم، فضلاً عن حياتي العزلة والتشرد اللتين يعيشونهما، واللتين أملتها عليهم الحياة الصحراوية، ذلك لان ((البيئة تصنع الشخصية))[2] مما ادى الى ارتباط وثيق بين الشاعر (الصعلوك) والمكان (المراقب)، ادى بعد ذلك الى ايجاد علاقة متبادلة بينهما بحيث يؤثر كل طرف في الطرف الاخر.

اما (ابو المثلم) فقد ذكر في رثائه لصخر الغي، ان صعوده الى المرقبة وبقاءه عليها جاء لكي يمنع الشرّ عن اخوته ودياره، يقول:

ربّاءُ مرقبةٍ منّاعُ مغلبةٍ　　　ركّاب سلهبةٍ قطّاع اقرانِ

يحمي الصّحاب اذا كان الضّراب ويك　　　في القائلين اذا ما كُبِّل العاني[3]

من خلال ما تقدم نستنتج بان شعر اللصوص عني عناية كبيرةً بمراقبهم[4]، لأهميتها في حياتهم ولا سيما اذا علمنا ان بعض ظروف حياتهم البيئية والحياتية جعلتهم يكشفون لنا عن الصور التي تحمل بعض صور الطبيعة وتكشف عن معاني الخوف والمخاطر والحذر.

كما تبيّن لنا بأن تعامل الشعراء اللصوص مع مراقبهم كان متقارباً في الدلالات والرموز وما يوحيانه من مضامين، و يرجع هذا بطبيعة الحال الى التشابه

---

(1) ديوان الهذليين /12/3.

(2) تكنولوجيا السلوك الإنساني /38.

(3) ديوان الهذليين /239/2.

(4) ينظر على سبيل المثال / ديوان اللصوص /309، 68، ديوان الهذليين/49، 138، 119، 28 239

في عناصر الحياة التي يحيونها والاسباب التي دفعتهم الى حياة التصعلك، غير اننا لا نجد في شعرهم الاسلامي من يتحدث عن هذه المراقب، لان دواعي الحياة الجديدة - كما يبدو لي - قد صرفتهم عن ذلك.

(4) الوديان

تعد الوديان من الأماكن الطبيعية الأليفة التي ذكرها اللصوص في أشعارهم والملاحظ أن ذكرها يأتي ((في كثير من الأحيان مقترناً بذكر الأحبة والاشتياق الى ديارهم))[1]، وتمتاز الوديان بجمالها ودورها الكبير في حياة الصحراوي، فهي تقوم بإرسال مياه الأمطار عند نزولها من منحدرات الجبال إلى الفيافي والأنهار، فضلاً عن ذلك فهي تشكل الأرض الخصبة التي تقيم القبائل حولها[2]. ولهذا نجد الصحراوي قد ارتبط كثيراً بهذا المكان وإلفه واشتاق اليه، فما أن ذكرت أيامه الماضية الا وساقه الحديث عن الوديان التي يتمنى ان يقضي فيها ليلةً واحدةً من عمره، كقول الخطيم في ذلك:

الا ليت شعري هل أبيتن ليلةً ... باعلى بليّ ذي السلام[3] وذي السدر
وهل اهبطن روض القطا غير خائفٍ ... وهل اصبحنّ الدهر وسط بني صخر
وهل ارين يوماً جيادي اقودها ... بذات الشقوق او بأنقائها العفر[4]

اما (السمهري) يتمنى زيارة واديه (ساجراً) لكي يلتقي بحبيبته التي تقيم حوله طلباً للماء والكلاء، فيقول:

تمنّت سليمى ان اقيل بارضها ... واني لسلمى ويبها ما تمنّت
الا ليت شعري هل ازورنّ ساجراً ... وقد رويت ماء الغوادي وعلّت[5]

(1) الطبيعة في الشعر الجاهلي /31.
(2) ينظر: وصف الطبيعة في الشعر الاموي /34.
(3) ذو السلام وذو السدر / واديان.
(4) ديوان اللصوص / 1 /244.
(5) المصدر نفسه / 274/1.

اما (جحدر العكلي) فقد اتخذ من وادي اليمامه مكاناً لاعلان خبر وفاته حيث قال:

اذا جاوزتما سعفات هجرٍ   واودية اليمامة فانعياني
الى قوم اذا سمعتوا بنعيي   بكى شبّانهم وبكى الغواني
وقولا جحدر امسى رهيناً   يحاذر وقع مصقول يمان[1]

فكان الشاعر فيما سبق من ابياته، يخاطب رفيقيه ويحّملهما رسالةً مفادها، التبليغ بخبر وفاته الى اهله، فيوصيهما اذا وصلوا الى هذه الاودية يعلنان انتقاله الى العالم الاخر ويبدو ان اختيار الشاعر لهذا المكان (اودية اليمامة) دون غيره مسرحاً لنعيه، لعلمه بان بنات قومه تقيم حوله ومنهنّ حبيبته المقصودة ثم اخذ يصوّر بعد ذلك كيفية استقبال خبر وفاته من قبل قومه فيبكونه ويبكينه.

اما (غيلان بن الربيع)، فنراه يظهر ظمأه وحنينه الى واديه الاثير (وادي سبيع) ويتمنى الرجوع اليه، فيطلق رسالته المتوجعّة من الزمن بكلمات ملؤها الحيرة والتساؤل، فيقول:

الا هل الى حومانةٍ ذات عرفج   ووادي سبيع يا عليل سبيل[2]

فنحن الان امام شاعر تتأرجح نفسه بين شك ويقين، فهو يدرك بأن ايامه الجميلة في هذا الوادي لن تعود، وفي الوقت نفسه متيقن ايضاً بأنه لن يهدأ، ولن تسكن عواطفه عن ذلك الوادي، وهذا يرجع بطبيعة الحال الى (ان اندغام الشاعر وعلاقته المرنة والمتناسقة معه)[3] والذي جعل من نفسه في حالة من الحنين والشوق الدائمتين الى ذلك الجمال الطبيعي.

---

(1) ديوان اللصوص / 174/1.

(2) المصدر نفسه / 33/2.

(3) جماليات المكان في شعر عرار /208.

(وللمرار الفقعسي) قصيدة ربط فيها بين سجع الحمام في (وادي نعمان) وما يحمله من الهموم والمتاعب والحنين الى احبته الذين فارقهم، يقول:

وهاج المعنى مثل ما هاج قلبه ... عليك بنعمان الحمام السواجع
وما خفت بين الحي حتى رايتهم ... ببينونة السفلى وهن نوازع
واصبحت مهموماً كأن مطيتي ... بجنب مسولا او بوجرة ظالع
لنفسي حديث دون صحبي و اصبحت ... تزيد لعينيّ الشخوص السواجع[1]

فالشاعر اتخذ من الحمامة رمزاً ليعبرّ من خلاله عن اشجانه واحزانه، لانها تثير في نفسه الشجن[2]، لذلك الوادي الذي الفه وعاش فيه ردحاً من الزمن شهد حبّاً صادقاً وذكريات جميلةٍ بقيت عالقةً في ذهنه يشتاق اليها كلما سمع سجع الحمام، لان هديلة اشبه بأنين العاشق لمن يهوى[3].

اما (الخطيم المحرزي) فقد الف الوادي نتيجة سير حبيبته فيه بتمايل وسكون يقول مصوراً ذلك:

تهادى كعوم الرّك كعكعة الصبا ... بابطح سهل حين تمشي تأوّدا
يهيم فؤادي ما حييتُ بذكرها ... ولو انني قد متّ هام بها الصّدا[4]

فحبّ الخطيم لواديه لم يكن الا لان الحبيبة تسكن وتتأود فيه ببطء وتمايل ذلك الحبّ الذي لا ينتهي بنهاية الحياة بل يمتد بعد مماته، هذا ما دلّ عليه (هام بها الصّدا).

---

(1) ديوان اللصوص 3 /245.
(2) ينظر: الحياة العاطفية بين العذرية والصوفية /76.
(3) ينظر: قراءة جديدة لشعرنا القديم / 1 / 236.
(4) ديوان اللصوص / 1 /236

من خلال ما تقدم يتبين لنا ان المكان (الوادي) شكّل للشعراء اللصوص مكاناً للقاء والالفة والمحبة وموطناً للذكريات الماضية[1]، وهذا يعود بطبيعة الحال الى ان هناك دوراً للوادي يحدّد هوية الأمكنة الأخرى، فهو الذي يجعل من الصحراء مخضرةً والنهر الصغير نهراً والقرية قرى[2].

(5) الميـــاه:

تعد المياه عنصراً مادياً بالغ الالفة والايحاء بالحياة، فهو ذو اصول ميثولوجية ودينية موغلة القدم كما لها ارتباط فطري وثيق بجدلية الوجود / العدم، لانها تمثل اهم اجزاء معادلة الخلق التي اجملها سبحانه وتعالى بقوله (وجعلنا من الماء كلّ شيء حي)[3]، وقد ادرك الانسان ذلك منذ بداية حياته، فنظر اليها على انها (قوة خلاقة وارادة الهية لإنتاج حياة جديدة وكائنات جديدة واشياء جديدة فالماء هو عنصر الخلق في الفكر... يصدر الأوامر المشددّة التي تتألف منها رقي الكاهن، تلك الاوامر التي تسكن ثائرة القوى الساخطة وتطرد الارواح الشريرة التي تهاجم الانسان)[4]، لذا فقد اخذ العرب تقديسها لندرتها في شبه الجزيرة العربية، اذ يبدو مزاجاً من القدسية والإسرار ومن تلك المياه الصافية تنبثق صورة الأمومة وترتبط كل عناصر المياه بالأرض والديمومة والخصب والعطاء، وللمياه علاقة بالتطهير والنقاء وبالسماء وبباطن الأرض وبعنصر النار فاحدهما يطفئ حريق الثاني[5].

وعلى هذا الأساس صار الشعراء اللصوص (يرونه في أبهى الأشياء وأكثرها حركة، فأكثروا من استعماله في أشعارهم ووجدوا أوجه شبه كثيرة بين الماء وبين

---

(1) ينظر: ديوان اللصوص/ 1/ 237 -24(4)17(4)245/2/279

(2) يظر دلالة المكان في قصص الاطفال /6(2)63

(3) سورة الانبياء /30.

(4) ما قبل الفلسفة / 17.

(5) ينظر: جماليات المكان /132.

مفردات حياتهم)[1]، (فبكر بن النطاح) يربط بين البحر ومكان حبيبته (العراق)، يقول:

فيا حبذا برّ العراق وبحرها   وما يجتنى فيه من الثمرات
كفى حزناً ما تحمل الارض دونها   لنا من ذُرا الاجبال والفلوات[2]

فالشاعر الف بحر العراق، لانه مكان حبيبته التي ابعدته عنها ايام الزمن الصعب، ذلك البحر الذي كان وما زال شاهداً على حبّهما، فاشتياقه الى بحر العراق اشتياق الى حبيبته البعيدة.

اما (مالك بن الريب) فان للمياه عنده دلالات اخرى، فهي (نوع من الوطن الكوني ودعوة الى الحلم)[3]، هذا ما طالعنا به الشاعر عندما اختار مكان اعلان وفاته (بئر السمينة) الذي يدل دلالة واضحة على مكان الحبيبة، يقول:

وقوماً على بئر السمينة اسمعا   بها الغرّ والبيض الحسان الروانيا[4]

فابن الريب يدرك كثيرا ان (الاحلام تحيا في المياه)[5]، وان حنينه وحلمه في الرجوع الى وطنه يملي عليه الحنين الى مائها ذلك ان العرب (اذا ذكروا ديارهم فان اول ما يشتاقون اليه ويتمنّونه هو ماؤها وشرابها)[6]

اما دلالة المياه عند (بكر بن النطاح) فلا تتعدى الكرم وشدة سخاء الممدوح وعطاياه، فممدوحه كالغيث على الناس وكالبحر كرماً يقول:

كان لاهل الأرض في كفّه   غنى عن البحر وصوب الغمام[7]

---

(1) الزمن عند الشعراء العرب قبل الاسلام /146.
(2) ديوان اللصوص / 1/90.
(3) حركة الابداع /135
(4) ديوان اللصوص /2 / 182
(5) اشكالية المكان في النص /119
(6) الماء في الادب العربي /7
(7) ديوان اللصوص / 1 / 129

ونجد الدلالة ذاتها عند (القتال الكلابي) الذي تحدث عن كرم ابائه واجداده فهم بحور في الكرم، يقول

بحـــراً تنازعـــه البحـــور تمدّه ان البحـــور ترى لهـــنّ شرايعا[1]

وقد تتبادل الامكنة الادوار فيتحول معها المكان الاليف الى مكان غير اليف والعكس، تبعاً لرؤية الشاعر لها كما في قول مسعود بن خرشة المازني:

فكيف بكم ياجمل اهلاً ودونكم بحـــور يقمصـــن السّفين وبيدُ[2]

فالذات الشاعرة في هذا البيت تكشف لنا عن دلالة جديدة للبحر، ذلك لان الشاعر ربط صورة البحر فيه بمشاعر خاصة استثارة خوفه من عدم لقاء احبته والوصول اليهم، هذا التناوب والتبديل في دلالة البحر، جاء نتيجة ربط الشاعر تلك الامكنة بالزمان ففي الماضي كان هذا المكان مصدراً للفرح والالفة، لكنه في الحاضر اصبح مصدراً للآلام والاحزان والرفض كما هو واضح.

من خلال ما تقدم يتبين لنا ان المياه احتلتّ مكاناً مهماً في أشعار اللصوص، اذ شكّلت لهم مصدراً لدوام الحياة ومكاناً للقاء احبتهم، ودلالة على كرمهم وسخائهم، وهذا يرجع الى التعامل الابداعي من قبل اللصوص لامكنتهم المائية عندما استطاعوا تحويلها الى رموز محملةٍ بالدلالات والايحاءات، ونقلها بلغة فنّية، نقلا يمثل (الثقل الوجداني لابعاد المكان متنامياً مع نمو الحدث ومسار الشخصيات)[3].

(1) ديوان اللصوص / 89/2

(2) المصدر نفسه /276

(3) اشكالية المكان في النص الادبي /70

(6) الاماكن المقدسة:

لقد تنوعت الاماكن الدينية المقدّسة في شعر اللصوص، وان تنوعها هذا لا يمنع ان تحمل فكرةً روحيةً تخضع لاعتقاد قائلها، فهي (تظل معبرةً عن دلالة دينية لواقع حقيقي في مرحلة تاريخية معروفة، وقد تستجيب لدواعٍ نفسية وفنية بحته لما تثيره من احاسيس وكوامن عند الشعراء، ولما تقدمه لهم من مادة جديدة وطريقة للتمثيل والتصوير)[1]. فالشعراء اللصوص يرون انفسهم وهم يحلّون بهذه الامكنة المقدسة بانهم ينتقلون من حالة مادية الى حالة روحانية يعرضون من خلالها ما يعانونه من شظف العيش والتشرد القبلي والسياسي، ويذكّرون بها احبتهم الراحلين، هذا ما طالعنا به (بكر بن النطاح) يقول:

وليلةٍ جمع لم ابت ناسياً لكم   وحين افاض الناس من عرفاتِ[2]

اما (مكة المكرمة) فقد احتلت الحيّز الاوسع في اشعار اللصوص، ولا سيما الاسلاميون منهم، لان فيها بيت الله الذي يؤمه الناس للحج قبل الاسلام وبعده، فعظموا مكانتها واتخذوا منها مكاناً امناً للسكن وقسماً موازياً للقسم بالله تعالى، يقول في هذا المعنى (يعلى الازدي):

فبتّ لدى البيت الحرام اشيمه   ومطواي من شوق له ارقانِ[3]

كما اكثروا من القسم بالبيت الحرام كما هو عند مالك بن الريب يقول:

بعدتُ وبيت الله من اهل قرقرى   ومن اهل موسوج وزدت على البعدِ[4]

---

(1) امرؤ القيس امير شعراء الجاهلية /95.

(2) ديوان اللصوص / 89/1

(3) المصدر نفسه 311/2.

(4) المصدر نفسه 2/ 192.

وقول بكر الحنفيّ:

زوروا الامير وبيتِ الـلـه تنتفعوا   فاختار وجهك فينا كلّ منتفعِ [1]

اما المساجد فكان لها حضور في اشعار اللصوص، لانها تشكل في الاسلام (بنية مكانية حضورها المتجسد بوصفه مكانا للسجود الموجه، بينما حقيقة هذا الوجود تكمن اهميتها خارج وجوده بمستويين: الروحي، مؤسسا بفعل التقرب الى الـلـه، والسجود له، والمادي مؤسسا بفعل الاتجاهية الى ما يوجد ابعد منه) [2]، لذا اهتم اللصوص ولاسيما الإسلاميون ببناء المساجد وأعمارها، لكي تصبح مكاناً امناً يؤمه الناس للصلاة والتقرب إلى الخالق، لكي يخلصهم وينجيهم مما هم عليه من متاعب وهموم، يقول (المرار الفقعسي) في هذا المعنى:

لنا مساجد نبنيها ونعمرهـــــــــا   وفـي المنابر قعـدان لنــا ذلــــل [3]

كما اننا نلحظ في اشعار اللصوص بعض الاماكن ممّـن ترك اثراً نفسياً في نفس قائلها وصل الى حدّ التقديس، كما طالعنا بذلك (بكر بن النطاح)، حيث جعل مـن قبر النبي (صلى الـلـه عليه واله) مكاناً يألفه الناس ويؤمونه، لذا نجده يأمرهم اذا مرّوا على قبره (صلى الـلـه عليه واله) ان يكثروا من التسليم والصلوات عليه، يقول:

ومرّوا على قبر النبي واكثروا   عليه من التسليـــم والصلوات [4]

فالشاعر يجد في ذلك المكان المقدّس (قبر النبي) (صلى الـلـه عليه واله)، عبق الماضي السّعيد الذي حرمته منه حياة التصعلك والخلع القبلي،وقد اتسمت كلماته في بيته السابق بعاطفة صادقة، ومشاعر مرهفة كان وراءها الاعتناق الديني للشاعر والشوق الى اماكن ذلك البيت المقدس، هذا الاعتناق الديني خلق نوعاً من التالف بين الشاعر واماكنه المقدسة هذه.

---

(1) ديوان اللصوص: 1 / 119.
(2) جماليات المكان في الرسم العراقي (اطروحة دكتوراه):71.
(3) ديوان اللصوص: 2/ 253.
(4) المصدر نفسه: 1 /90.

المبحث الثاني
المكان المعادي (المرفوض)

هو المكان الذي يثير في نفس الانسان الخوف والقلق ويشعره بالوحشة، ويكون فيه عرضةً للهلاك والضياع، وهذه الامكنة (اما ان يقيم فيها الانسان مرغماً او ان خطر الموت يكمن فيها لسبب او لاخر)[1].

ولابدّ ان نشير هنا الى ان المكان لا يكتسب صفة عدم الالفة الا من خلال الظروف التي تحيط به او المواقف التي يمرّ بها الانسان في مختلف مجالات الحياة، فعلى سبيل المثال، البيت، مكان اليف الا انه يكون غير أليف اذا فقدنا الاحبة فيه، وكذا الامر بالنسبة للقرية والمدينة وغيرهما من الاماكن، هذا يعني ان الأماكن المعادية ترتبط بشكل مباشر بحالة الانسان النفسية -والشاعر من ضمنهم- فتصبح هنا في ضيق مستمر وفي منأى عن دواعي الفرح والاطمئنان لذا فالشاعر انما يريد الهروب من هذه الاماكن حتى ولو كان هروبه خيالياً، يوحي به النص الشعري وبهذا الهروب (يتحول المكان الى رمزٍ وقناع يخفي المباشرة ويسمح لفكر المبدع ان يتسرب من خلاله)[2]، ليبث من خلاله حزنه وشكواه وعذاباته كما سنرى في دراستنا لهذه الامكنة.

(1) السّجـــن:

يعد السّجن من الاماكن التي تعوق حريةالانسان مهما كان نوعه،ويكون السجين فيه فاقداً حريته، مقيدة حركته لا يملك من امره شيئاً، ذلك لانه (بؤرة الحصار المكاني بل ويمكن عدّه نقيضاً لباقي الامكنة، اذ يظل معبراً عن حضور الموت والقمع وتسييج الذات ومحاصرتها مادياً، واذا كانت الامكنة الاخرى تحاصر

(1) البناء الفني في الرواية العربية /343.
(2) جماليات المكان (باحثين) /23.

الذات معنوياً وفكرياً بحصار تعيشه هذه الذات على مستوى الوعي فان حصار السجن- فضلاً عن ذلك - حصار مادي يعاش فيه على مستوى الجسد كفعالية حيوية، وهو تصعيد لمفهوم العقوبة، بخلاف الامكنة الاخرى التي تعدّ تعبيراً عن حضور الروادع الاجتماعية المتعارف عليها)[1]، ولعلّ هذا المكان كان حافزاً للشعراء لإيقاظ ملكاتهم الشعرية ليعبروا عما يقاسونه من معاناة وحرمان، وهذه المعاناة تقوى وتضعف حسب الظروف التي يمر بها السجين داخل سجنه، لذلك فان اشعارهم في السجن بمثابة استجابة نفسية لحالاتهم والامهم التي يقاسونها، ذلك لان السجن يمثل للسجين (حالة من حالات الحرمان الحسي.. تنطلق مخزونات الباطن لتصور العزلة التي يحققها الشاعر بين الجدران والاصفاد ادق تصوير وافضل وصف. الشاعر السجين يبدأ بمعاناته من انخفاض كبير وشامل لكل حواسه ووسائل تواصله مع الواقع).[2]

ولعل موضوع السجن في شعر اللصوص، موضوع طريف وقد اعتبره الدكتور حسين عطوان من الموضوعات الجديدة لدى اللصوص الأمويين، بمعنى ان هذا الموضوع جدّ في العصر الأموي – على حد قول الدكتور عطوان – بدعوى ان حياتهم اختلفت عن حياة سابقيهم من اللصوص الجاهليين الذين كانون يعيشون في مجتمع قبلي لا حكومة له ولا سلطان لاحد على احد فيه، اما اللصوص الأمويون فعاشوا في مجتمع تحكمه دولة لها قوانينها واحكامها[3]، لكننا لا نوافق الدكتور عطوان على ذلك، لان السجون وذكرها كانا معروفين قبل العصر الأموي لكن الذي يميزها عن سجون العصر الأموي، هو انها كانت لا تتعدى احدى غرف بيت الوالي، او رئيس القبيلة او تكون على شكل حفر او ابار مظلمة يلقى فيها المسجون الى حين مجيء احد القضاءين: الاجل او الفرج، اذا ما تذكّره

(1) الفضاء الروائي عند جبران ابراهيم /242

(2) نقد الشعر في المنظور النفسي /126.

(3) ينظر: الشعراء اللصوص في العصر الاموي /120.

حاكمة او ذكّر بوجوده في السجن، او قدّم استعطافاً الى اولي الأمر لاخلاء سبيله[1]، وفي الشعر العربي في مختلف عصوره امثلة على ذلك[2]، وكثيرا ما شكى الشعراء اللصوص من هذا المكان (السجن)، وهذه الشكوى بمثابة حاجة نفسية منبعثة من نقص حاجة، فاذا كان الطليق من البشر يشكو فحريّ بمسلوب الارادة والحرية ان يشكو كذلك، ليجد في شكواه هذه متنفساً لهمومه والامه ومعاناته، ليخفف من ثقلها على كاهله.

وكما ذكرنا سابقاً ان شعر السجون قديم قدم الحياة فأننا نؤكد هنا بأن كلّ من دخل من الشعراء الى السجن جادت قريحته بما عبرّ عنه من معاناة[3]. وما دام السجن مكانا ضيّقا موحشا يؤذي النفس ويسلبها حريتها، فقد ذكر اللصوص معاناته وظلمته ووحشته وغربته وصورها ابلغ تصوير، ولعلنا نجد عند (جعفر بن علبه الحارثي) وصفاً دقيقاً لحالة ما يعاني ساكنو السجن من الام وويلات، يقول:

اذا باب دوران[4] ترنمّ في الدجى	وشد باغلاق علينا واقفال
وظلم ليل قام علج بجلجل	يدور به حتى الصباح باعمال
وحراس سوءٍ ما ينامون حوله	فكيف لمظلوم بحيلة محتال
ويصبر فيه ذو الشجاعة والندى	على الذلّ للمأمور والعلج والوالي[5]

فالحارثي وصف لنا فيما سبق الأجواء الموحشة داخل سجنه، ابتداءً من صوت أبوابه الحديدية وظلمته ووحشته ومراقبة حراسه الشديدة الذين لا يتركون مجالاً للهرب، الأمر الذي جعل اللصوص يتخذون عدة مواقف، احدهما الشكوى

---

(1) ينظر: السجون واثرها في الاداب العربية /235.

(2) ينظر على سبيل المثال: ديوان ا لحطيئة /208.

(3) ينظر: أدباء السجون /11.

(4) دوران: اسم سجن.

(5) ديوان اللصوص / 194/1

الى اللـه والتضرع اليه بالفرج والذي يمثل عند (غيلان بين الربيـع) بـالهرب مـن سجنه اذا خيّم الليل وهدأ الحراس فهو عارف قوي بطريقة ليلاً، يقول:

الى اللـه أشكو محبسي في مخيسٍ   وقرب سجـا يا ربّ حين اقيـل
واني اذا ما الليل أرخى سدولـه   بمنعرج الخلّ الخفـيّ دليـل[1]

اما الموقف الأخر فنجده عند (القتال الكلابي) الـذي لم يتحمّـل سجنه وعذاباتـه وآلامه، فاضطر الى قتل سجّانه ليهرب منه، وأظن ان هذه الحادثة بحد ذاتها جديـدة في الحياة العامة في العصر الأموي وفيها يقول:

ولما رايت البـاب قـد حيـل دونه   وخـفـت لحاقاً من كتاب مؤجل
رددت على المكـروه نفسـاً شريسةً   اذا وطّنـت لم تستقـد للتذلّل
وكالىء باب السجـن ليس بمنتهٍ   وكـان فراري منـه ليـس بمؤتلي
اذا قلت، رفهني من السجن ساعةً   تدارك بها نعمـى عليّ وافضل[2]

فالقضية – اولاً – تتلخص في شعور الشاعر بدنو اجله داخل سجنه فهو ذو نفس شديدة الشراسة لم ترض الانقياد للذل وحارسه لا يغادر باب سجنه فطالعنا بذلك السرد المؤلم الذي اودى بحياة سجّانه بدقة نفسية وفكرية بالغة يزيد من براعتها في العرض ما استكمله من وصف علاقته بالحارس، يقول:

اذا قلت رفهني من السجن ساعة   تدارك بها نعمى عليّ وافضل
يشـدّ وثاقـي عابسـاً ويتلنيّ   الى حلقـاتٍ في عمـود مرملِ[3]

وهذه هي القضية – ثانياً – وتتلخص في رغبة الشاعر بأخذ ساعة من الراحة لكن الحارس لم يتقبل طلبه ويرد عليه بوجه عابس تصاحبه إساءة لسجينه مـن خلال شد الوثاق والجر بقسوة والتقيد على عمود ملطخ بالدماء مما يزيد من

---

(1) ديوان اللصوص / 2 /33.

(2) المصدر نفسه / 2/ 100

(3) المصدر والصفحة نفسهما.

مأساة الشاعر والامه - الامر الذي سوّغ له قتل سجّانه وفراره منه وهناك موقف ثالث عند (جعفر بن علبه) مغاير للموقفين السابقين الذكر بيّن فيه حالة داخل السجن، فهو لم يشك وضعه الماساوي ولم يحرض الاقارب على خروجه لانه يحرس من ثلاثة اشخاص ومقيدّ بقيود تمنعه من السير، بل طلب من اقاربه الذهاب الى السلطة للنظر في امره، يقول:

وقـــل لابي عـون اذا ما لقيتـــه   ومن دونه عرض الفلاة محول
تعلم وعدّ الشك اني يشفني   ثلاثـــة احراس معاً وكبول
اذا رمت مشياً او تبوّات مضجعاً   يبيت لها فوق الكعاب صليل[1]

وما دام الشعراء فيما تقدّم قد وصفوا احوالهم من الالام والعذاب التي يلاقونها في سجونهم. فقد تولدت لديهم -اثر ذلك- فكرة جديدة تتضمن ذكراً للمدن التي تحتضن السجون، وهي في النهاية ليست موضع رفض منهم فحسب بل من خالق هذه المدن، لما تشتمل عليه من عذابات والام ومعاناة، حتى كأن النار التي يتوّعد بها الله للمشركين اخذت وقودها منه لشدة حرّه يقول في هذا المعنى (جحدر المحرزي):

ياربّ ابغض بيت عند خالقه   بيت بكوفان منه اشعلت سقر[2]

ونجد الامر ذاته عند (المرار الفقعسي) عندما خصّ اليمامة بالويل والعذاب لانها احتضنت سجناً مظلماً قاتلاً للحريات، يقول:

فيا ويلتا سجن اليمامة اطلقا   أسيركما ينظر الى البرق ما يفري
فأن تفعلا أحمدكما ولقد أرى   بأنكمـــا لا ينبغي لكما شكري[3]

---

(1) ديوان اللصوص / 1/ 191

(2) المصدر نفسه / 157/1.

(3) المصدر نفسه /2 / 229.

من خلال ما تقدم يتبيّن لنا نفسية الشاعر السجين، التي ينتابها القلق والحيرة تتأرجح بين تيارات نفسية متضادة، فهي مرةً ثائرة ابيّة، ومرة خانعة ذليلة.[1] تظهر لنا كلّ ذلك من خلال وصفها الواقعي لما تمّر به من ويلات المعتقلات.

كما نجد عند (جحدر المحرزي) فكرةً يبدو انها لطيفة استقاها من كثرة مكوثه في سجنه، يقول فيها:

كانت منازلنا التي كنّا بها	شتى والّف بيننا دوّار
سجن يلاقي اهله من خوفه	ازلاً ويمنع منهم الزوار
يغشون مقطرةً كأن عمودها	عنق يعرّق لحمها الجزار[2]

فمنازل قومه المتباعدة المتفرقة جمع بينها سجن اليمامة (دوّار) والّف بينها، بعد ان كانت مشتتة، وهذه التفاتة بارعة من الشاعر - كما يبدو لي - لانه اراد ان يبيّن الظلم والطاغوت وفقدان العدالة التي تميّز بها عصرهم حتى اضحى كل الناس داخل السجون والمعتقلات أخذ مأخذه من الشعراء اللصوص داخل مكانهم المرفوض (السجن)، فأخذوا يعبّرون عن طول ليالي السجن وكانها اختصّت به، فيبقون جالسين فيه لا يستطيعون حراكاً، ولاسيما انهم كانوا مقيدين احدهما بالاخر ما ان يتحرك حتى ترّن قيودهم، هذه الحالة المأساوية يصورها (عطارد بن قران)، بقوله:

يطول عليّ الليل حتى امله	فاجلس والنهدي عندي جالس
كلانا به كبلان يرسف فيهما	ومستحكم الاقفال اسمر يابس
لآه حلقات فيه سمر يحبها الـ	ـعناة كما حب الظماء الخوامس
اذا ما ابن صبّاح ارنت كبوله	لهنّ على ساقي وهناً وساوس[3]

(1) شعر السجون والاسر (بحث) /105.

(2) ديوان اللصوص / 158/1.

(3) المصدر نفسه / 19/1

واذا شاء ان نرسم مخططاً يوضح تلك العلاقة الجدلية يبن المكان والزمان على الذات السجينة فيكون كالاتي:

المكان
الذات
الزمان
الغربة
الرفض
الالم والحزن
العداء
الشاعر السجين
الشكوى من الايام
حياة حزينة
الموت البطيء
صعوبة الذكريات

فالصورة السابقة لا تحتاج الى شرح وتعليق لبيان دلالتها النفسية والعقلية المؤلمتين اللتين وضّحهما المخطط السابق- كما اعتقد - هذه الصورة المؤلمة ومثيلاتها كثيرات، وقف شعراؤنا امامهّن موقفين: احدهما يتضمن الرغبة بابلاغ الشاعر (السجين)، قومه بعذابه والامه داخل سجنه، كما هو عند (عبد الله بن الحر) يقول:

من مبلــغ الفتيـــان ان اخـاهم　　　اتى دونه باب منيع وحاجبه
بمنزلةٍ ما كان يرضى بمثلها　　　اذا قام عنتّه كبول تجاوبه[1]

فشجاعة الشاعر واباؤه منعاه من ذكر السجن بلفظة - كما نرى - اذ اطلق عليه تسمية جديدة (منزلة) ليبيّن لهم حال منزله الجديد وما يكنّه له من الام وعذابات، اما الموقف الاخر، فيتلخص بعدم مناشدة الاصحاب والقبيلة، وهذا يرجع لعظم الحالة النفسية التي يمر بها داخل سجنه، التي جعلته يتخلى عن قبيلته استهانة بها لعدم وقوفها موقفاً بيّن، يقول السمهري في ذلك:

لقد جمع الحدّاد بين عصابـــة　　　تساءل في الاسجان مـــاذا ذنوبها
مقرّنة الاقدام في السجن تشتكي　　　ظنابيب قد امست مبيناً علوبها[2]

(1) شعراء امويون /93.
(2) ديوان اللصوص / 1 /271.

ومن الموضوعات التي ربطها الشعراء المسجونون داخل اسجانهم، الحنين الى الماضي، فالسمهري يشتاق الى البيت والاهل والحبيبة،التي حرمه منها جميعاً ذلك المسمى سجناً، فراح يعلل نفسه بالأطياف التي تطرق ابواب السجن وتقتحم ابوابه المنيعة، كما تطرق نفسه وقلبه اللتين يخيّم عليها الياس والفراق، يقول:

الا ايها البيت الذي انا هاجره ... فلا البيت منسيّ ولا انا زائره
الا طرقت ليلى وساقي رهينة ... باشهب مشدود عليّ مسامره[1]

فالفاظ (الهجر - النسيان - الاشتياق - الساق الرهينة) قادرة على اعطائنا صورة الشاعر المترع بالهموم والآلام والباكي خلف انين الوحدة والغربة التي لا يبلغها انين ولا بكاء.

وينقلنا السمهري بعد هذا الخيال الى نسج قصّة وهمية تتضمن زيارة حبيته الى سجنه، تلك الزيارة التي يهمّه منها السلام من الحبيبة، يقول:

لقد طرقت ليلى ورجلي رهينة ... فما راعني في السجن الا سلامها[2]

يظهر لنا هذا البيت حالة القلق التي يعيشها السجين، فهو دائم الترقب والحنين لزيارة الاحبة سواء أكانت الزيارة واقعاً ام خيالاً، فقلق السجين بصفة عامة ضربٌ من الخبرات الانفعالية غير السارة التي يعاني منها المرء في ذلك المكان المغلق الذي يشعر فيه صاحبه بان جدرانه تكاد تطبق عليه[3].

ويترك المكان غير الاليف (السجن)، اثره في نفسية (جحدر المحرزي) بما فيه من وحشة وقلق ومعاناة، ودفعت به الى ان ينظم ابياتاً، محاولاً فيها ايهام نفسه المتألمة ان تستسلم لقدرها ومصيرها الذي يتمثل بالدعاء الى سجنه بالسقيا محاولة منه بعث الحياة وانتصارها على الموت والياس الذين اطبق عليهما السجن، يقول:

---

(1) ديوا ن اللصوص / 1 /275.

(2) المصدر نفسه / 1 /282.

(3) ينظر: مقدمة في الصحة النفسية /119.

سقيا لسجنك من سجن وساكنه　　بديمة مـــن ذهـــاب الماء مدرار
بكــل جـــون روايــاه مطبعــة　　واهي العزالي من الجوزاء جرّار[1]

اما (طهمان الكلابي) فنراه يعلل نفسه بالامل الذي تعذبّه الذكريات وتبلغه حتفه - او تكاد - وقد اغلق عليه السجن ابوابه، يقول:

لعلك بعد القيد والسجن ان تـرى　　تمـرّ على ليلـــى وانت طليق
طليق الذي نجّا من الكرب بعدمـــا　　تلاحم من دربٍ عليك مضيق[2]

فنراه يخفّف من عذاباته وآلامه بأمل لقاء الحبيبة، لقاء ليس كل اللقـاءات، لقـاء مشحون بالحرية والطلاقة متى ينسيه آلامه واحزانه وعذاباته التي قاساها جراء سـجنه، ونحن مع هذا كلّه، لا نعدم ان نجد واحداً ممن دخل السجن وشاهد عذاباتـه لم يفقـد الامل تماماً في الخروج مرة اخرى من قبـوه المظلـم، فهـو دائـم الترديـد لهـذه الامنيـة في اشعاره على الرغم من ظلامات السجن واثقال الحديد[3].

من خلال ما تقدم يتبّين لنا ان السجين كـان يعـرض حزنـه والامـه عرضـاً واقعيـاً، الواقع الذي ولّد لديه نظرةً غير مألوفة تجاه السجن، ذلـك المكـان الـذي رسـم الحـزن والاهات على وجوه رواده، فعبرّوا عنها بتعـابير مختلفـة طبقـاً لدرجـة القـوة والضـعف للعذاب الذي يلاقونه فيه.

وفي نهاية الحـديث عـن السـجن واشـعاره لـدى اللصـوص التـي استهوتني كثـيراً فطلت الوقوف عندها، وهذا يرجع بطبيعة الحال الى ما يتسـم بـه شـعر السـجون ومـا يحتويه من معانٍ احسّ بها الشـعراء في سـجونهم والصـور الثريـة التـي اسـتمدوها مـن واقعهم فمنها ما يتصل بخـوفهم مـن السـجن ومـن عذاباتـه وظلمتـه وغلظـة اسـلوب سجانيهم ومنها ما يتعلق بالحنين الى ذكريات الزمن الماضي والموازنة بين حالهم

(1) ديوان اللصوص / 1 /159.
(2) المصدر نفسه / 340.
(3) ينظر: ادب السجون في العصر العباسي /104

واليوم والامس، ومنهم من راح يصف حاله وصفاً دقيقاً معبراً عن نفسيته القلقة الحائرة، فهو اشبه بكتلة من العواطف والهموم تظهر في النص الصعلوكي - اذا صحّ ذلك - من حين الى اخر فمرةً نراه متمرداً واخرى ثائراً وثالثة يائساً، ذلك لان السجن في اشعارهم شكلّ حالةً دائمةً كانت على شكل هاجس لاحقهم قبل السجن وابّانه وبعده[1].

(2) القبـــــر:

يمثل القبر النتيجة الحتمية التي يؤول اليها الانسان بعد حياة مليئة بالاعباء والصعاب، ولعلّه عند اللصوص يمثل ((دالة مكانية تحفّز فيه الاستجابة للقلق بأشد صوره المرضية مستحثة شعرية قوية احدثها الخوف من تصور سابق للقبر والنومة الابدية فيه))[2]، ولعل القبر يثير في النفس الرعب والخوف، وهذا الامر ليس عند اللصوص فحسب بل هو (امر شائع وعام لدى البشر- ذلك لان الموت يقتحم افكارنا وحياتنا بطرق شتى ولاسباب متعددة)[3].

لذا نجد اللصوص قد عانوا قلق الموت وحتميته، مما ادى بهم الى الاستسلام لذلك الواقع المحتوم، هذا ما طالعنا به (عبيد بن ايوب) بقوله:

اني لاعلم اني سوف يتركني   صحبي رهينة ترب بين احجار
فرداً برابية او وسط مقبـــــرةٍ   تسفي عليّ رياح البارح الذاري[4]

ففي البيتين السابقين يتضح لنا فكرة القلق من الموت لدى اللصوص وجثوم صورة القبر على رؤاهم وهذا القلق كما اشرنا ((قلق عام.... يتركز حول

(1) شعر السجون في الادب العربي الحديث والمعاصر /95
(2) نقد الشعر في المنظور النفسي /90.
(3) قلق الموت /38.
(4) ديوان اللصوص / 1 /397.

موضوعات متصلة بالموت والاحتضار))[1]، الامر ذاته نجده عند (مالك بن الريب) اذ اكد لنا تلك الفكرة التي تقلق النفس وتقهرها، لكنه يستسلم للامر الواقع في نهاية المطاف، يقول:

غداة غدٍ يالهف نفسي على غدٍ اذا ادلجوا عنّي واصبحت ثاويا
واصبح مالي من طريف وتالدٍ لغيري وكان المال بالامس ماليا[2]

فنراه قد عبرّ عن احساسه بالغربة والوحشة في قبره بعد ادلاج اصحابه عنه وفي القبر تندمج - في بعض الاحيان - مظاهر الامكنة الاخرى، ففيه تتحول الامكنة الضيقة الى امكنة مفتوحة، تستوعب مناقب المرثي ومحاسنه، هذا ما طالعنا به (بكر بن النطاح) في رثائه لمالك الخزاعي، يقول:

ايّ امرىء خضب الخوارج ثوبه بدمٍ عشيّة من حلوان
يا حفرةً ضمت محاسن مالك ما فيك من كرم ومن احسان[3]

وما دام القبر في الحقيقة النهاية والمحطّة الاخيرة لحياة البشر، نرى ابا ذؤيب يستخدم (الرمس) مرادفاً للقبر ويؤكد حقيقة حزينة مفادها ان الانسان اذا اصبح ثاوياً في قبره، لم يكن له انيس يذكر الاّ الهام التي في القبور وليس له جار ولا امرأة تبكي حياته، يقول:

فإن تمس في رمس برهوة ثاوياً انيسك اصداء القبور تصيح
فمالك جيران ومالك ناصر ولا لطف يبكي عليك نصيح[4]

---

(1) قلق الموت /39.
(2) ديوان اللصوص / 2 /182.
(3) المصدر نفسه /134/1.
(4) ديوان الهذليين /116/1

اما (ابو صخر الهذلي) فله موقف معادٍ من القبر، لانـه غيّـب صاحبه الـذي كـان تربطه به روابط الاخوة والمحبة، لكن الشاعر قلّل من حزنه والمه بذلك التساؤل الموجـه للقبر، والذي لا يرتجي منه جواباً، يقول:

لقلت له فيما المّ برمسه   هل انت غداً غاد معي فمصاحبي[1]

فموقفـه المعـادي والـرافض للمكـان (القـبر)، جـاء نتيجـة للانقطـاع العـاطفي والاجتماعي بينه وبين صاحبه اللذين فرّق القبر بينهما.

اما (مالك بن الريب) فيبدو ان احساسه بالموت وخشيته وخوفه من القبر جعلـه يؤنسن المكان (القبر)، ويحببه اليه عندما طلب من حبيبته زيارة قبره بعد مماتـه، تلـك الزيارة التي تعني التواصل والدوام بين المحبين، يقول:

اذا متُّ فاعتادي القبور وسلمــــي   على الرمس اسقيت السحاب الغواديا
على جدثٍ قد جرّت الريح فـوقه   تـراباً كسحـــق المـرنبـانيّ هابيـا[2]

فان زيارة وسلام الحبيبة لقبر حبيبها يعود الحياة فيه مـن جديـد، كـما هـو عنـد (طهمان بن عمرو) الذي يرى ان زيارتها له وهو مسجّى في كفنه يشر-ع في نـزع روحـه منه يقول:

ولو ان ليلى الحارثية سلّمــــت   عليّ مسجى في الثيــــاب اسـوق
حنوطي واكفاني لـديّ معـدّة   وللنفس من قرب الوفاة شهـيق
اذاً لحسبت الموت يتركني لهـــا   ويفــــرج عنــــي غمّه فأفيــق[3]

اما (ابو صخر الهذلي) فيتمنى بان تلتقي اصداؤه مع اصدائها بعد مـوتهما، حتـى يكملا مسيرتهما الفراقية التي ابتدءاها في صباهما، يقول:

---

(1) شرح اشعار الهذليين/2 /325.

(2) ديوان اللصوص / 2/ 183.

(3) المصدر نفسه / 1 /339

ولو تلتقي اصداؤنا بعد موتنا ومن دون رمسينا من الارض منكب
لظل صدى صوتي ولو كنت رمّةً لصوت صدى ليلى يهش ويطرب[(1)]

فقبر ابي صخر في مقطوعته السابقة، يحمل دلالتين، كما موضح من خلال الرسم:

قبر (صخر) بوجود الحبيبة ← مكان اليف

قبر (صخر) بعدم وجودها ← مكان غير اليف

من خلال ما تقدم نلاحظ ان خوف الشاعر وحزنه لم يكن من الموت لان الموت اصبح شيئا مؤمناً به، ولا سيما عند صعاليك العصر- الاسلامي، بل خوفه من عدم حصول اللقاء في القبر، ويظل احدهما بعيداً عن الاخر. مع ان الشاعر متأكد بان اللقاء في القبر لم ولن يتحقق، وهذا ما جعله يستعمل اداة الشرط (لو) التي خرجت الى التمني ضمن سياق النص ولهذا ظل القبر عنده مكاناً غير اليف.

ويتبيّن لنا ايضاً من خلال ما تقدم ان القبر عند اللصوص ظل يمثل الوجه الاخر للموت، وما دام الشعراء متمسكين بالحياة محبّين لها، نراهم نظروا الى القبر نظرةً معاديةً ومرفوضة، لانه يغيّب اجسادهم واجساد احبتهم ويقطع التواصل بينهما.

(3) المدينــــة:

لقد بدت المدينة في مختلف العصور والحضارات مكاناً معادياً ومرفوضا عند اغلب الشعراء، ولعلّ نفورهم منها يعود الى المفارقة الحاصلة بين ما تنعم به (الصحراء) من هدوء واحلام بطيئة وحرية في التفكير، وبين التضخم والترهّل في الصورة الكلية للمدينة، فهي على الرغم من سعتها كالمعتقل المطبق على حرياتهم،

(1) شرح اشعار الهذليين /337/2.

ولعل ذلك يعود الى ما تمتاز به (من كثافة بشرية غير اعتيادية - اولاً - خاصة بالنسبة الى الشعراء ذوي المناشيء الريفية او الصحراوية ولكونها - ثانياً - مكاناً خاضعاً بشكل مباشر لانظمة حياتية اقتصادية واجتماعية معقدة بدرجة لم يألفها ابن الصحراء)[1]، لكن هذا الرفض للمدينة صاحبه دعوة الى مكان اخر تمثل لدى الشعراء اللصوص بالصحراء[2]، فهم يشعرون بانها تحاول انتزاعهم من رحم عالمهم الاثير (الصحراء)، وهنا برزت ظاهرة الحنين الى الصحراء والنفور من المدينة ((كموقف عام من الحياة وحضارتها وتعلق بالحياة القديمة والارض الاليفة - الصحراء-...، ويمكن ان نعدّ نشوء الغزل العذري في بيئة بدوية تعزيزاً لارتباط الشعراء بهذا العالم الاول))[3]

هذا الموقف من المدينة لم يتغيّر سواء عند اللصوص الجاهليين او الإسلاميين مع الاختلاف في دلالة الامكنة، حتى أمتد هذا الموقف الى ان وصل الى شعرنا الحديث.[4] ولعل الموقف منها ينشأ في بعض الأحايين نتيجة معاناة الشاعر من مظاهر جديدة يفاجىء بها، فيقف مشدوداً بازائها كما حصل (لمالك بن الريب) عندما رحل غازياً مع جيوش الفاتحين فواجهته طبيعة المدينة القاسية التي ولّدت لديه رفضاً لها وحنيناً الى موطنه الام (الصحراء)، يقول:

هبّت شمالاً خريقاً اسقطت ورقاً   واصفرّ بالقاع بعد الخضرة الشيح
فارحل هديت ولا تجعل غنيمتنا   ثلجاً تصفقه بالترمذ الريح[5]

لذا اطلق صرخةً بالرحيل عنها (المدينة) وعدم الرجوع اليها.

---

(1) المكان ودلالته في شعر السياب (رسالة ماجستير)/46

(2) ينظر الصفحة (23) من البحث.

(3) ملامح الرمز في الغزل العربي القديم، دراسة في بنية النص ودلالته الفنية /309.

(4) ينظر: دير الملاك / 26، الشعر العربي المعاصر /325-334.

(5) ديوان اللصوص / 189/2

كما ان المدينة تمثل لدى (مالك بن الريب) الموت بعينه، ذلك لان منيته ودنو اجله اخذا يتراءين له فيها يقول:

ولما تراءت عند مرو منيتي   وخلّ بها جسمي وحانت وفاتيا(1)

ولمالك ايضاً موقف مشدد تجاهها، بحيث يبدو انه مصمّم على عدم التوافق معها لان فيها (الموت والهلاك)، يقول:

فان انج من بابي خراسان لا اعد   اليها وان منيتموني الامانيا(2)

اما(بكر بن النطاح) فنجد ان وطأة الجو المديني لديه اخذت بعداً اخر، يتمثل بطول ليل المدينة، بعد ان كان ليلة قصيراً امناً ولاسيما بين الفجر وطلوع الشمس، وهو الوقت المناسب والمحبب لدى الصعلوك في غاراته على اعدائه وكسب الارزاق، يقول:

تطاول ليلي بالحجاز ولم ازل   وليلي قصير امن الغدوات(3)

ففي مثل هذا الاغتراب النفسي- تبرز مسببات النفور من المدينة، ولعل هذا النفور والايغال فيه امور جعلت الشاعر يقيم جداراً سميكاً بينه وبين كل مدينة حتى امتد هذا النفور الى قريته التي احس بانها انتمت الى نظام المدينة او ان المدينة زحفت عليها، يقول (عرقل بن الخطيم) في هذا المعنى:

لعمرك للرّمان الى بشاءٍ   فحزم الا شيمين الى صباح
نحلّ بها وننزل حيث شئنا   بما بين الطريق الى رماح
احبّ اليّ من اطام جوٍّ   ومن اطوابها ذات المناحي
وحجر(4) والمصانع حول حجر   وما هضمت عليه من لقاح(5)

---

(1) ديوان اللصوص / 2/ 180

(2) المصدر نفسه /179

(3) المصدر نفسه /1 /90.

(4) حجر / قرية من قرى اليمن.

(5) ديوان اللصوص / 2 /12.

انّ الذي يحول امام عودته الى قريته يتمثل في مغادرة القرية لاعرافها ونظمها أي ان البنية الاجتماعية للمدينة غزت قريته فأصبحت مدينة، وفي القرية المدينة وفي المدينة ضياع للاحلام الدافئة البطيئة وللحب الصادق العفيف.

كما ان المدينة استحالت كذلك لدى اللصوص الى جدران محيطة بالشاعر والى ابواب منغلقة، أي انها استحالت الى سجن مغلق سواء اكان نفسياً ام حقيقياً فكلاهما يحدّان من حريته وحركته اللّتين اخذ ينشدهما في حياته (فالقتال الكلابي) يرى انها سيل من العذاب الامر الذي جعله يشتاق الى دياره الصحراوية واهلها الاحرار، يقول:

الا حبّذا تلك الديار واهلهـــــا لو انّ عذابي بالمدينة ينجلي[1]

فهو يتمنى لو ان سجنه وعذابه النفسي- بالمدينة ينجلي الذي يتمثل بمشكلته الرئيسة، وهي انه لا يملك مؤهلات الحياة المدنية، لذا ظل فيها معذباً معزولا غريباً يشتاق الى ربوعه الاولى (الصحراء).

اما مدينة (الاحيمر السعدي)، فقد حرمته من احبته، لانها غيّبته بسجنها المغلق الذي باعد بينه وبين الاحبة، يقول:

لقد كنت ذا قرب فاصبحت نازحاً بكرمان ملقـــــى بينهنّ ادور[2]

فحلمه وذكرياته السابقة في صحرائه منعتها من الانبعاث مرة اخرى، مدينته القاسية لذا ظل اللصوص رافضين لها ملتمسين كلّ السبل للهروب منها.

من خلال ما تقدم يتبّن لنا ان رفض اللصوص للمدينة نشأ من خلال تسلّط الانظمة الصارمة التي تتصف بها المدينة التي تكّبل حريته الفردية، مما يؤدي الى اتساع غربته تجاهها ومتاهته فيها ((لانها ترتكز على ميراث من العزلة والاستعداد

(1) ديوان اللصوص/2/ 98

(2) المصدر نفسه /59/1

والاستعلاء))[1]، الامر الذي حدا بالشاعر الى ان يتعامل معها تعاملاً يشوبه الحـذر نتيجة طبيعته الصحراوية وللصدمة الحضارية التي حاولـت تزييـف ارثـه الريفـي التـي عجز عن الانصهار في بوتقتها المدنيّة.

واخيراً يمكن لنا القول ان النفور من المدينة يمكن اعتباره من سـمات الرومانسـية الوجدانية، التي تجد في الصحراء والقرية ملاذاً لتخليص الذات من القيود التي تشـكلّها الحياة المدنّية ومحاولة لالغاء حالة الاغتراب المديني - اذا صح ذلك.

(1) الريف في الرواية العربية /179.

الفصل الثاني

المكــــــان الحلــــم

الفصل الثاني
المكان الحلم

يعد الحلم من أهم آليات الإبداع، سواء أكان ذلك الإبداع شعراً ام فناً ابداعياً آخر، كالنحت والرسم والموسيقى.....فهو أذن أجراء مهم من الإجراءات التي يلجأ اليها المبدع، محاولاُ الوصول الى مرحلة خلق إبداعه. وبذا يمكن لنا القول ان الحلم في الشعر يقوم بوظيفة فسح المجال واسعاً امام الشاعر لرسم ملامح رؤيته الى الموجودات من حوله، كما يمكن لنا القول ايضاً ان الشعر اقرب الفنون الى الحلم، ذلك ان الخط الفاصل بينهما رفيع جداً، ربما يعود ذلك الى الطبيعة الرومانسية للشعر التي تستدعي هذا الحضور الدائم لالية الحلم[1]، فضلاً عن ان ((شكل العمل الشعري هو شكل ملحمي من حيث تشابه قواعد العمل))[2]، اذ يميل التعبير في كلتا الحالتين الى التعبير عن الأفكار المجردة والمشاعر والأحاسيس بأسلوب التصوير الحسيّ.

لكن هذه الحقيقة تقودنا الى سؤال يدور في ذهن كلّ من يقرأ ويدرك ذلك التقارب بين الشعر من جهة، والحلم من جهة أخرى، هل أن هذا التقارب يشمل الحلم في حالتي (اليقظة والرقود) ام انه يفصل بينهما ؟ والواضح انه يوجد اختلاف بين هذين النوعين من الاحلام، ذلك ان حلم الراقد يمثل نشاطاً سايكولوجياً بحتاً يمارسه النائم في نومه. مستفيداً مما تكتنزه ذاكرته من صور ورموز، وهذا ما اطلق عليه النفسانيون ممّثلون (بفرويد)، بالمضمون الظاهر الذي يمثل وجهاً عاكساً

---

(1) ينظر: المتخيّل الشعري / 124.

(2) النص الشعري بين الذاكرة والحلم / جريدة الثورة العراقية، الحلقة الثانية، بتاريخ 1994/1/5.

للمضمون الخفي الذي يشير الى الافكار والمشاعر التي تكمـن وراء تلـك الصور والرموز.[1]

يعني هذا انّ ما يمارسه النائم مـن مشاهد وأحداث حلميه - إذا صح ذلك - تكون عفوية وتكتنـفها الفوضوية وعدم الترتيب، وليس لها أي خيار في تحديد تلك المشاهد والاحداث والأمكنة.

اما حلم الشاعر، فهو يختلف عمّا سبقه تماماً من حيث انه حلم في حالة الـوعي واليقظة، ذلك لان الشاعر مدرك تماماً لما يريده ويقصده، وبهـذا يكون حلمـه مدروساً جيداً وخالياً من العفوية والفوضوية السابقتين وعلى هذا الأساس يكون الشاعر الحالم يمارس دوره الإبداعي بوسائل متعددة في عمليـة صياغة الأفكار والـرؤى، حيث يقوم الجانب الفكري بعملية توجيه النص الإبداعي في التعبير عن موقف فلسفي ازاء الحيـاة او الوجود الإنساني.[2]

من خلال ما تقدّم نستطيع ان نقرر ان الشاعـر الحـالم يختـار مكانه الشعري اختياراً دون ان يفرض عليه فرضاً كما هو في حلم الراقد، ويكون اختيار ذلك المكان تبعاً لحاجاته النفسية والفكرية والعاطفية، معنـى ذلك ان الشاعر الحالم لا ينقل صورة حرفيّة من حياته، بل يسعى لجعل تلك الحياة الواقعية معادلاً موضوعياً لحياة اخرى يريدها هو، انطلاقاً من مبدأ ((ان الامكنة في الواقع كالحجارة في المقلع، لا تشكل بناءً جمالياً الا عندما يقطّعها المبدع وينقشها بالحلم والرؤيا ويكحلها بالا زمنه))[3].

بعد هذا يجب ان نقف هنا نتساءل، هل ان الشاعر يحاول ان ينقطع بمكانه (الحلم) عن الواقع، ام انه يستعين بالواقعي لخلـق الحلـم؟ والواقع ان الشاعر يحاول جاداً ان يضع خيوطاً تربط ما بين مكانين، لأنه لم يحلم بهذا المكان لحاجته الى ما

---

(1) ينظر: الصورة الحلمية والصورة الشعرية /114
(2) ينظر: المصدر والصفحة نفسهما.
(3) جماليات المكان في الرواية العربية / 59

-74-

يشبهه في الواقع، فالشاعر يحاول عن طريق خياله ان يعّوض المكان الذي رسم ابعاده جغرافياً في خياله عما افتقده واقعاً في حياته.

وما دام حديثنا عن اللصوص فأننا نجدهم قد هربوا من واقعهم المرير للارتماء في احضان الحلم والخيال لعلهما يعوّضانهم نفسياً عما فقدوه محقّقين بذلك الهروب عدة اشياء منها:

1- لعلّ الصعلوك يريد ان يظل دائماً قوياً ومتماسكاً ازاء الاحداث التي يمرّ بها فيضطر الى رفع سلاح الحلم بوجه واقعه الذي يحاول تدميره.
2- الرغبة العالية من الصعلوك في امتلاك الخصال العربية الاصيلة كالكرم والعطاء اللتين انتزعهما واقعه منه انتزاعاً، بسبب فقره وتشرده في الصحراء، فلجأ الى الغنى (الكرم والعطاء) الحلم، ليعوض بهما فقره وعوزه.
3- قد يكون الحلم هروباً من الغربة التي يعيشونها والتي أملتها عليهم السياسات انذاك، ولاسيما لدى صعاليك العصر الأسلامي.

فالصعلوك اذن يرسم من خلال رؤيته الذاتية تصوراته الحالمة ازاء الحياة، وهو بهذا يستطيع ان يغيّر ما يجده منافياً لحياته وسعادته، فالشعر الخيالي له القدرة على جعل الحقيقة تعي ذاتها لتنتقد نفسها بنفسها وتتبدّل[1].

وما دام المكان واحداً من اهم مرتكزات بناء الاحلام لدى اللصوص، لذا ارتأيت ان انظر اليه نظرةً تشابه نظراتهم وتعاملهم معه سايكولوجياً، حيث انهم بنوا مكاناً شعرياً حلمياً ينقسم على قسمين:

أولهما: يمثل المبحث الاول من هذا الفصل ويتمثل (بالمكان الحلم ذي الاصول الواقعية) وهذا بطبيعته ينقسم على قسمين ايضاً، اولهما يتمثل بـ (المكان الحلم المتمنى الرجوع اليه) أي الذي تربط الشاعر معه روابط نفسية وعاطفية

---

(1) ينظر: بحوث في الرواية الجديدة /39.

وفكرية في زمن مضى افتقده في حاضره والآخر يتمثل بـ (المكان الحلم المتمنى الحصول) وهذا المكان يلغي الماضي والحاضر المرير ويتطلع الى المستقبل الذي يحقق احلام الشاعر الغائبة (ماضياً وحاضراً).

اما القسم الاخر من امكنة اللصوص الذي مثّل المبحث الثاني من فصلنا هذا فيتمثّل (بالمكان الحلم ذي الاصول الخيالية)، الذي يكون وجوده مرهوناً بالتخييل لا بالواقع واليك هذه الامكنة الحالمة التي كشفتها لنا نصوص اللصوص الشعرية.

المبحث الاول
المكان الحلم ذو الاصول الواقعية

أولاً- المكان الحلم المتمنّى الرجوع اليه:

انطلاقاً من حقيقة ان الانسان - أي انسان - يزداد ((احساساً بالمكان اذا حرم منه فحين ينقطع الانسان عن وطنه ويحرم منه سواءً كان اختياراً او اجباراً، فأن الوطن يتمدد في داخل هذا الانسان ويصبح مصدراً للحلم والابداع، وتنشيط المخيلة الخالقة، لتبدأ بتشكيل صورة خاصة لهذا المكان المفقود))[1]، لذا فالشاعر يقوم باستدعاء الاماكن المفقودة عن طريق خياله فتظهر له بشكل ((سلسلة من الصور الخيالية والحوادث المتخيلة، فيشبع بها رغباته التي بقيت دون اشباع في الحياة الحقيقية وعلى صعيد الواقع))[2].

واذا بحثنا عن هذه الظاهرة - اذا صحّت هذه التسمية - في شعر اللصوص فإننا نجد الكثير منها مما يطلق عليها (المكان الحلم)، اذا نرى الشعراء دائمي المحاولة لتعويض انفسهم بفقدان امكنتهم الواقعية للتمسك بكل ما هو مكاني، فنحن نعرف ان المكان لدى اللصوص غير متحقق واقعاً بفعل مهنة التصعلك والتشرد اللتين لازمتا حياتهم، فهو ينتمي الى مكان له حدوده وإبعاده على الخارطة الجغرافية في الكون، لكنه غير موجود امام عينيه، لذا استعاض عن ذلك المكان الواقعي الجغرافي بمكان اخر لكنه مكانٌ مرسوم على جغرافية ذاكرته وحدود قصيدته الشعرية، ليعوض نفسه وعاطفته عمّا افتقدها في امكنته الماضية، ملتمساً كلّ الرموز والرؤى المؤدية الى اعادة بنائه ورسمه مرةً اخرى.

وما دام الماضي يحتفظ دائماً بالذكريات، والسجلات والمأثر، سواء أكان ذلك الاحتفاظ علناً ام سراً في الذاكرة، فأن المكان يشكل اهمّ اعمدة وركائز هذا الماضي

---

(1) الزمان والمكان في ديوان محمود درويش /47

(2) موسوعة علم النفس /15.

المنشود، الذي ظلّ الصعلوك يحلم ويشتاق بالعودة اليه، فنشأ لديه ذلك المكان / الحلم، الذي يمثل لديه البديل الامثل الذي يتيح لبنية القصيدة الرومانسية ان تتكىء عليه، لما يمتلكه من طبيعة سردية، حيث تتناثر المشاهد والذكريات والازمنة فيه بحركة وحريّة اباحيتين [(1)].

ومن مظاهر هذا المكان في اشعار اللصوص، ما طالعنا به (مالك بن الريب) في قصيدته اليائية، التي تمنّى فيها الرجوع الى مكانه الاول (الصحراء) والتي ربما اصبح العيش والرجوع اليها مرةً اخرى حلماً يصعب تحقيقه،وهذا ما وعاه الشاعر، مما دفعه الى تكرير اداة التمني (ليت) في قصيدته هذه، يقول:

الا ليت شعري هل ابيتنّ ليلةً	بجنب الغضى ازجي القلاص النواجيا
فليت الغضى لم يقطع الركب عرضه	وليت الغضى ماشى الركاب لياليا
وليت الغضى والاثل لم ينبتا معاً	فانّ الغضى والاثل قد قتلانيا
لقد كان في اهل الغضى لو دنا الغضى	مزار ولكنّ الغضى ليس دانيا[(2)]

فمالك من خلال مقطوعته هذه يظهر مشتاقاً الى ديار اهله واحبته اللاتي فارقهما اياماً طوالاً، وعندما عرف بانه لم يستطع الرجوع اليهما، لقرب وفاته، اخذ يعلّل نفسه بالحلم في العيش والمبيت فيها ليلة واحدة ليمارس حبّه وعتابه لاحبته، وليمارس اعمال ساكني الصحراء من سوق الابل ورعيها حيث تمثل تلك المراعي المشهد الغرامي الاول الذي مارسه ابن الريب فضل مشدوداً اليه.وكان لابدّ من الإشارة الى ان الشاعر ابتدأ قصيدته بأسلوب إنشائي يتصف بالتمني للرجوع لمواقف طالما عايشها ابن الريب، وبحالة من الاستفهام الإنكاري لحاضره، وبهذا الموقف استطاع ان يوائم بين واقع معاش ثقيل على نفسه وبين ماضٍ حالم يتميز بالحركة والحيوية.

(1) ينظر: نظرية المتلقي /74

(2) ديوان اللصوص / 2 /178

افتتح ابن الريب قصيدته بالمطلع الحالم (الا ليت شعري) طمعاً في كسب الودّ والتعاطف معه في تحقيق ما يتمناه، ثم بعد ذلك قدّم لنا تلك الامنية التي طالما ظلّت تخامر نفوس الشعراء البعيدين عن أوطانهم (هل ابيتن ليلةً) بذلك الظرف الزماني المفرد (ليلة) وغير المحدّد - أيُّ ليلة - وهذا يدّل على حالة الشاعر النفسية المنكسرة التي جعلته يتصف بهذه الامنية البسيطة، القوية في تحقيقها، فضلا عن ذلك فانّ ابن الريب كان موفقا - كما يبدو لي - في عرض حالته النفسية والشعورية التي يمّر عليها ليس في هذه الصور الحالمة فقط، بل في مجموع الأصوات التي استخدمها في أبياته السابقة التي اسهمت هي ايضاً في التعبير عن تلك الحالة المأساوية، اذ استخدم في الشطر الاول اصوات هامسةً (التاء والشين) عكست حالته اليائسة، بينما كانت لاصوات المجهورة في شطره الاخر (الباء، الجيم، الزاي، الغين).

اما (السمهري) فانه يتخذ من هذا المكان / الحلم، رمزاً الى الحبيبة وايّامه الماضية السعيدة، التي ذهبت الى غير رجعة، فنراه يحلم بزيارة وادي (ساجر) الذي روته السحب، فاختصب وامرع، يقول:

تمنّت سُليمى ان اقيل بأرضها ... وانـي لِسَلمى ويْبَها ما تمنّتِ

الا ليت شعري هل ازورنّ ساجراً ... وقد رَوِيتْ ماء الغوادي وعلّت[1]

فحلم الشاعر بزيارة ذلك الوادي المربع، هو بمثابة زيارة للحبيبة، لان حبيبته من ساكنات البوادي اللاتي يمتزن بالتنقل وراء الماء والكلاء ويسكن واهلهنّ حول تلك الاودية والاماكن المربعة.

ونجد عند (غيلان بن الربيع) انه يشتاق الى مكانه المفقود (الحلم) لانّ فيه الشفاء من الهموم والمتاعب، التي خلّفتها حبيبته في نفسه، نتيجة فراقه لها ولديارها، يقول:

---

(1) ديوان اللصوص /274/1

الا هل الى حومانةٍ ذات عرفجٍ ووادي سبيع ياعليل سبيل

ودوّيةٍ قفرٍ كأنّ بها القطا بري لها فوق الحداب يجول[1]

فحنين الشاعر الى تلك الاماكن التي افقدها ايّاه حاضره،وبعدها عنه جعلاه يطالعنا بذلك التمني اليائس، الذي افتتحه باداتي التنبيه (الا) التي طالما افتتح بها الشعراء قصائدهم لجذب انتباه المتلقي اليهم[2]، والاستفهام بـ(هل) الموجّهتين الى نفسه نفسه المريضة من الحب والغربة والذي يبدو لي ان الشاعر وفّق عندما لم يوجه سؤاله وطلبه الى شخص اخر، لئلا يُجاب بعدم اللقاء والرجوع اليهما فيزداد ألماً وغربةً وعذاباً، الامر الذي جعله يوجّه السؤال الى نفسه ليجعل منه حلماً ربما تحققه الايام.

اما (عبيد بن ايوب العنبري) فانه يحلم بالعودة الى المكان الذي يقام فيه بالربيع، والذي يدلّ دلالة واضحةً على وجود الحبيبة فيه، فنراه يشتاق الى ايام لقاء حبيبته في هذا المكان المربع، يقول:

فيا ليت شعري هل يعودنّ مربعٌ وقيظ باكناف الظّليف ومحضر

أقاتلتي بطّالةٌ عامريةٌ بأردانها مسكٌ ذكيٌّ وعنبر[3]

يظهر الشاعر في هذه المقطوعة فاقداً لايام مكانه الوديع (المربع)، اذ اخذ يعلّل نفسه بالعودة اليه والى لحظاته الجميلة التي كانت تجمعهما معاً على بساطة المربع وهوائه الهادئ لان فيه (مراتع طفولته ومرابع صباه ومراح ذكرياته، ولان فيه مغاني حبّه هذا الاسر القاتل، ان في هوائه ومائه في ارضه وسمائه، في سكانه وقراه، شبع عاطفةٍ وارواء ظمئه....)[4].

---

(1) ديوان اللصوص /33/2

(2) ينظر: دراسات في الشعر الجاهلي /145

(3) ديوان اللصوص / 1/ 394.

(4) تطور الغزل بين الجاهلية والاسلام /309

ومما نلاحظه هنا ان العنبري قد ربط مكانه بالزمان الماضي، وهذا امر طبيعي، لان ((وراء الامكنة تكمن ازمنة معاشة، لكل لقطة منها تجربة، وكل تجربة هي معايشه في المكان))[1].

ويشتاق (الاحيمر السعدي) الى منازل حيّه التي يقيمون فيها اوقات الربيع، والى انهار المياه الصغيرة التي تقع على جوانبها منازل اهله واحبته، تلك الانهار التي تمثل بدايةً لحبه وعلاقاته الصافية العذرية، التي استقت عذريتها من عذرية الصحراء وعلاقاتها البسيطة، فظل الشاعر يحلم بعودتها او العودة اليها، يقول:

ألا حبذا الماءُ الذي قابل الحمى ... ومرتبع من اهلنا ومصيرُ
وايامنا بالمالكية انني ... لهنَّ على العهد القديم ذكور
ويا نخلات الكرخ لا زال ماطراً ... عليكنّ مستنُّ السحاب درور[2]

لعلّ السعدي في ابياته السابقة، وصف لنا المكان الذي يحلم بالعودة اليه والى أيامه الجميلة وصفاً دقيقاً يتمثل بتحديد المكان جغرافياً من حيث لا يشعر، رغبة منه بالعودة الملّحة اليه، فهو يقع (بالمالكيّة)، وهي احدى القرى التي تقع على ا بواب بغداد، مما اكسب المكان بعداً جمالياً اخر يضاف الى جماله الطبيعي وجمال ذكرياته وايامه المتمثلين بجمال الحبيبة. ومما يزيد من تشبث الشاعر بالماضي والحنين اليه ومحاولة بعثه من جديد عن طريق الحلم والخيال على الاقلّ، هو الدعاء لذلك المكان بالسقيا كما مرّ في قول الشاعر السابق:

((ويا نخلات الكرخ لازال ماطراً.............................))

مما يعني ان تلك النخلة، تحولت في خياله واعماق ذهنه الى رمز لذلك المكان فاستحقت منه هذا الدعاء الذي ماثل به من سبقه من الشعراء.

---

(1) الاستهلال فن البدايات /177.

(2) ديوان اللصوص / 1/ 59.

ومن المفيد ان نذكر هنا ان الابيات السابقة جاءت محمّلة بالكلمات الدالة على الحركة والحياة كـ (الماء - المرتبع - نخلات - ماطر - السحاب - درور) رغبةً من عند الشاعر ان يبقى مكانه الذي يحلم بالعودة اليه يتميّز بالحياة والحيوية والحركة وفي هذا تأكيد وتجديد للعهد المقطوع بين المحبين، مما يعني ان الشاعر لا يتمنى الرجوع الى الماضي وحده، بل يريد أحبته وأيامه الجميلة ان يعودا كذلك مع ماضيه السعيد.

وتأخذ الرياح دوراً مهماً لدى اللصوص في تأسيس مكانهم (الحلم)، اذ تصبح الرياح عندهم عاملاً من عوامل التذكير لأحبتهم ولأيامهم الماضية، كما يقول (بدر بن سعيد الفقعسي) في ذلك:

يا حبذا حين تمسي الريح باردةً وادي اشيّ وفتيان به هضم

مخدّمون كرام في مجالسهم وفي الرّحال اذا لاقيتهم خدم

وما أصاحب من قوم فاذكرهم الا يزيدهم حبّا اليّ هم[1]

فالريح الباردة وقت السماء التي تطرق (وادي اشيّ)، تذكر الشاعر بتلك الأيام الهادئة التي تجمعه باحبته، حيث ظلّ مشدودا اليه والى ايامه محاولا ايقاضه مرة أخرى لكن عن طريق الأحلام الواعية.

ويستمر الشعراء اللصوص في تاسيس هذه الامكنة (الحلم)، متخذين من عذابات السجون مهرباً للّوذ بما ألفوه من أمكنتهم الماضية، فهذا (القتال الكلابي) المسجون بإحدى سجون المدينة، يحن الى ديار اهله واحبته، ويتمنى الرجوع اليها والعيش فيها مع احبته، فنراه يحلم بذلك، ويقول:

الا حبذا تلك الديار وأهلها لو ان عذابي بالمدينة ينجلي

اقول لاصحابي الحديد تروحوا الى نار ليلى بالعقوبين نصطلي

يضيء سناها وجه ليلى كأنما يضيء سناها وجه ادماء معزل[2]

(1) ديوان اللصوص /75/1

(2) المصدر نفسه /99/2

الذي يبدو لي من خلال ما تقدم ان سر العلاقة بين الشاعر وديار اهله ((تظهر بوصفها علاقة جدلية بين المكان والحرية))[1]، والتي ظل ينشدها في سجنه طوال مكوثه فيه تلك الحرية ومناشدتها جعلتا من الشاعر ان يؤسس لرحلة وهمية له ولاصحابة، شاهدا خلالها نار ليلى، فدعاهم صارخاً اليها ((اقول لاصحابي.....)).

يتضح مما سبق ان الشاعر افاد من معطيات الفن الروائي فضلا عن شاعريته اذ لجأ في نصّه السابق الى اسلوب الوصف والحوار والسرد للوصول الى مناشدة مبتغاه، وهو المكان الحلم الذي ينعم بالحرية والحياة الهادئة. ويتمثل هذا بـ(وصف تلك الديار واهلها - الحوار مع اصحابه ومناشدتهم بالرجوع والاصطلاء بنار حبيبته - سرده لذكريات الحبيبة)، فالشاعر في مقطوعته هذه سرد لنا تفاصيل حلمه، الذي تنوعت فيه المشاهد، التي تتفق ومنظور الشاعر النفسي، فهو حلم واع مدرك لما يريده، عمد فيه الى اصطياد المشاهد البصرية، التي اتفقت مع رؤيته في تشكيل مكانه (الحلم) وقد يضطر الشاعر في بعض الاحيان الى الاعلان الصارخ عن حالة الانزعاج والالم الذين الما به، فيعلن صارخا رغبته الشديدة في العودة الى ايامه السابقة، يقول:

أمرتجع لي مثل أيــام حمــة   وايــام ذي قـــار علـيّ الرواجـع

ليالي اذ اهلي واهلــك جيـــرةٌ   وسلم واذ لم يصـدع الحيّ صادع

لها اسهم لا قاصرات عن الحشا   ولا شاخصات عن فؤادي طوالــع[2]

مما نلحظه في هذه المقطوعة ان الشاعر سيطرت عليه العاطفة وحدة الانفعال اللذان جعلاه يسترجع اكثر من بؤرة مكانية فيها (حمة ـ ذي قار) وكل

(1) جماليات المكان (باحثين) /62
(2) ديوان اللصوص 245/2.

واحدة من هذه الامكنة تمثل نقطة ضغط على نفسه، فنراه يحن ويشتاق اليها ويتمنى الرجوع اليه.

ومما يمكن ان نلحظه في اشعار اللصوص انهم كانوا لا يجدون الامان والانس الاّ في المكان القفر الموحش الذي يخلو من اقرانهم والذي لا اثر للسكن فيه الا كنس الضباء واصوات القطا، وهذه من المفارقات التي سجلها البحث في شعر هذه الطائفة كقول (مسعود بن خرشة):

الا ليـت شعــري هـل أبـيتـن ليـلةً	بوعثــــاء فيهـا للضباء مكانـس
وهل انجون مـن ذي لبيد بن جابر	كأن بنات المـاء فيه المجالـــس
وهل اسمعن صوت القطا تندب القطا	الى الماء منه رابعٌ وخوامـــــس [1]

بعد قراءتي لهذا المقطع - الذي يبدو انه خلاصة موقف تجاه المدينة - ارى - كما يرى غيري، تدفقاً شعرياً مبنياً على اسئلة حائرة تركت للخيال دوراً كبيراً فيها، فحلم الشاعر للعيش في الصحراء الخالية من الانس، جعله يطالعنا بهذه الكلمات (وعثاء - مكانس - صوت القطا تندب القطا) والتي تدل دلالة واضحةً على الخلوة وعدم السكن فيها الا وحوش البراري، فحنين الشاعر الى وطنه الاصل (الصحراء)، جعله يكشف لنا عن رغبته في ملامسة كل ما يمكن ان يصله به، والكلمات السابقة التي ذكرناها تـدل عـلى ذلك والتي تمثل بمجموعها رموزاً ذات دلالات ايجابية يمتزج فيها الحلم بالحبّ والحياة البسيطة، فالشاعر يسعى وهو يعيش وسط مأزق المدينة وتعاملاتها - وهذا واضح من موقفه - ان يقيم وطناً شعرياً مفترضاً يكون نداً لوطنه الواقعي، فالشاعر لا ينتظر عالمه، بل يعمل على خلقه بنفسه على خارطة النص، متجاوزاً كل حـدود الواقع متجهاً نحو عالمه الجديد، وهذا هو المستوى الاخر من الوجود انه العالم الشعري. [2]

---

(1) ديوان اللصوص / 277.

(2) ينظر: اليات الانزياح /2

وفي نهاية الحديث عن المكان (الحلم) المتمنى الرجوع اليه لدى اللصوص، لعلنا نلتمس ظاهرةً شعريةً ولا سيماً في شعراللصوص الاسلاميين، تتمثل بالدعوة الى الاستقرار ومفارقة حياة التصعلك، وهي مشاعر لم تخامر نفوس اللصوص في العصر الجاهلي، هذه الدعوة الى الاستقرار جعلتهم يحلمون بأوطان واماكن اكثر امناً واستقراراً هذا ما طالعنا به (مالك بن الريب) يقول:

رأيت وقد اتى بحران دوني   لليلى بالغميّم ضوء نار
اتجزع ان عرفت ببطن قوٍّ   وصحراء الاديهم رسم دار
وان حلّ الخليط ولست فيهم   مرابع بين دحل الى سرار[1]

نرى مالكاً يأسف في ابياته هذه اشد الأسف ويتحسّر على تركه لبلاده، ومما يزيد من ألمه وتساؤله حين يمرّ ببطن قو وصحراء الاديهم، ويرى رسم دار الاحبة الذين تركهم، وعندما يجتمع الأحبة في مرابعهم ولم يكن هو فيهم، هذه التساؤلات وغيرها جعلت الشاعر كغيره، يحلم بالمكان الامن المستقرّ، الخالي من مخاطر التشرد والخوف والتصعلك.

من خلال ما تقدم نستطيع ان نتوصل الى ان هناك علاقةً جدليةً بين الواقع الذي يحياه اللصوص وما فيه من قسوة وتشرد والام ومعاناة وتوقف للاحلام، وبين ماضيه المليء بالامال والاحلام والاستقرار ولقاء الاحبة، ويمكن توضيح هذه العلاقة الجدلية بالرسم الاتي:

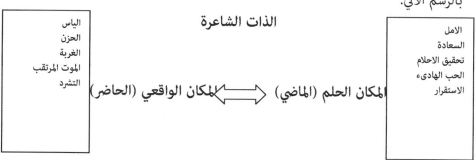

الذات الشاعرة
الامل
السعادة
تحقيق الاحلام
الحب الهادىء
الاستقرار
المكان الحلم (الماضي)
المكان الواقعي (الحاضر)
الياس
الحزن
الغربة
الموت المرتقب
التشرد

(1) ديوان اللصوص /2/162-163

لذا نجد الشاعر الصعلوك يلوذ بماضيه ويتخذه الام الحنون، فيحلم برجوعه مع علمه انه لن يعود، لكنه يمضي في ذكره ويحلم به، ليطمئن نفسه من خلاله، وهذا امر طبيعي، ذلك لان الشاعر البدوي على بساطة حياته في عصري الجاهلية والاسلام ((كان مرتبطاً بدياره واوطانه، ارتباطاً وثيقاً، ليس له من فكاك، وانه يحنّ الى هذه الديار والاوطان اذا ما ابتعد عنها لاي سبب من الاسباب حنيناً صادقاً ناتجا عن عاطفة قوية وحب عظيم اليها))[1].

كما تبيّن لنا ان الشعراء اللصوص لا يختلفون في بيان السبب الذي يجعلهم يحلمون بهذه الامكنة ويحنّون اليها سواء أكانوا في العصر الجاهلي ام في العصر الإسلامي، فهم متفقون على ان أمكنتهم الواقعية في الحاضر تتصف بالقسوة والعداء، وان أماكنهم التي غادروها تتصف بالهدوء والسكينة والمحبة، لذا جاءت فكرة ايجاد المكان (الحلم) من هذا المنطلق.

ثانياً- المكان الحلم المتمنى الحصول عليه:

انطلاقاً من ان الشاعر لم يتمثل المكان الاّ اذا كان بعداً متجسداً لتصوراته ورؤاه، وعندما غدت تلك التصورات ضيقةً على احتواء تأملاته، سعى الى بناء عالم موازٍ لواقعه، الا انه يختلف عنه من حيث انه يمثل لديه قيمةً مثلى متجسدة لا تخضع لاليات وشروط واقعة، ذلك ان الانسان عندما يكون قاصراً على احتواء الحقيقة ((فلا بد له من اللجوء الى حيز حالم يكون قادراً على احتوائه))[2]، وهذا هو حال الشعراء اللصوص، عندما ضاق بهم واقعهم ذرعاً لجأوا الى ماضٍ سعيد يحلمون برجوعه كما مرّ سلفاً، والى مستقبل منشود ليس فيه شروط الحاضر، وتتحقق فيه الشروط الاساسية للعيش، كما هو الحال في مبحثنا هذا، الاّ ان هذا المكان لم يسبق ان عاشه اللصوص واقعاً، بل تمنوا العيش فيه لعل السعادة والامل

---

(1) الحنين الى الأوطان في الأدب العربي حتى نهاية العصر الأموي /145

(2) استراتيجيات القراءة /39

موجودان فيه، وقد فقدتا في مكانهم الواقعي حاضراً، اذن فهو مكان يتصف بصفتين:

1- انه مكان واقعي صالح للعيش، يحلم به الصعلوك.

2- انه مكان تعرّف عليه الصعلوك عبر خياله ورؤاه الحالمة.

لذا نجد اللصوص قد توجهوا بهذه الامكنة نحو المستقبل، لعلهم يلتمسون منه حبّهم القديم وحياتهم السعيدة التي افقدها واقعهم الحاضر. فهذا (بكر بن النطاح) يتمنّى ان تذكره حبيبته في العراق وان تصف جماله وشجاعته يقول:

نسيم المدام وبرد السحر ... همـا هيّجا الشوق حتى ظهرْ
الا ربّ سائلة بالعرا ... ق عنّي واخرى تطيل الذكرْ
تقول عهدنا ابا وائلٍ ... كظبي الفلاة المليح الحورْ
ليالي كنت ازور القيان ... كأن ثيابي بهار الشجرْ[1]

نجد في هذا النص، ان الشاعر يظهر مضطرب النفس ملتاعاً للقاء حبيبته، التي اختار لها العراق مكاناً ليكون مسرحاً للّقاء، لكي يجعل حلمه قريباً الى التحقق من خلال تحديد المكان، كما ان مفردات ابياته السابقة سعت مجتمعةً على تقديم صورة خاصة ومعينة للمكان الذي يبتغي الشاعر تأسيس معالمه منطلقاً من رؤاه الحالمة، فبإضفاء طابع التخصيص للمكان (العراق) ينشد الى بناء جوٍّ مشحون بالعاطفة والمشاعر الجياشة تجاهها، فالدلالة التي تتمخض من هذا المكان المخصّص (العراق) ترسم لنا صورةً للمكان (الحلم) الذي ينشده الشاعر والذي يمتزج فيه الحب بالحنين والشوق والحنان والرحمة.

ومن مصادر تأسيس المكان (الحلم) لدى اللصوص، السجن وعذاباته، وما يتعلق بهما من بعد وفراق المّا بهم، فهذا (طهمان بن عمرو الكلابي)، يتمنى ان يلتقي حبيبته وهو يتمتع بالحرية والطلاقة، يقول:

---

(1) ديوان اللصوص 109/1/

لعلك بعد القيد والسجن ان ترى تمـر على ليلى وأنت طليقُ
طليق الذي نجّا من الكرب بعدما تلاحم من دربٍ عليك مضيقُ
وقد جعلت اخلاق قومك أنهــا من الزهد أحيانا عليك تضيقُ[1]

فالشاعر في أبياته هذه لم يحدد مكانا للقاء حبيبتـه كما مرّ بنا في أبيات بكر السابقة، وهذا يرجع - كما يبدو لي - الى الشوق والظمأ للقاء الحبيبة، الذي خلفته حياة السجون والمعتقلات في نفسه، ذلك الحال الذي ربّما لم يمرّ به بكر عندما ذكر حبيبته واشتاق اليها، فحددّ مكانها، ولعلي اذهب الى القول حول عدم تحديد مكان اللقاء لدى الكلابي الى ان المكان الذي كانت تربطه به روابط قويةً وعلاقات جميلة مع الحبيبة، ربما اصابه الخراب والدمار بعد هجرانه عنها، لذلك لم يحرص الشاعر على ذكره في حلمه المرتقب الحصول، لئلا يُصاب بخيبة امل تزيد من معاناته والامه، اما (يعلى الازدي) فيتمنى من النوق ان تسرع به الى احدى الاودية التي تجمعه معها ذكريات جميلة، فحددّ مكانها بأنها بواد يمان كثير الربوات والانحناءات لكي يلتقي بحبيبته فيه، يقول:

فليت القلاص الادم قد وخدت بنا بوادٍ يمانٍ ذي ربّى ومحان
بوادٍ يمانٍ يُنبت السدر صـدره واسفله بالمرخ والشبهات
وليت لنا بالجوز واللوز غيلـة جناها لنا من بطن حلية جاني
وليت لنا بالديك مكاء روضـة على فنن من بطن حليـة دانِ
وليت لنا من ماء زمزم شربـةً مبرّدة باتت على طهيان [2]

يتبيّن لنا من النص السابق الرغبة الشديدة من الشاعر في لقاء حبيبته في احدى الاودية، المشعّبة الانحناءات والتي ينبت فيه السدر والمرخ والشبهان.كما نلاحظ من النص ذاته ان الشاعر كررالفعل (ليت) الدال على الحلم اربع مرات،

(1) ديوان اللصوص /1/ 340
(2) المصدر نفسه /312/2

ربما اراد بذلك ان يشدّ انتباه المتلقي والى تأكيد هذا الموقف المتمثل بالرؤيا الحالمة، فضلا عن ان التكرار يضفي بعداً جديداً في كل مرة يسير بالقارئ أكثر فأكثر نحو محتمل دلالي مكتمل، يكون ممثلاً للبؤرة الدلالية التي تتحكم بالنص وهذا التكرار الذي يزيد من حضور المحتمل الدلالي الرئيس يتابع مساره حتى يحاصر الوحدات الدلالية الصغرى الموجودة الى جانبه في النص فيضمّنها الى الدلالة المحتملة الكبرى ويجعلها جزءً منها.[1]

كما ان الشاعر عمد في بيته (وليت لنا من ماء زمزم شربة......) الى المزاوجة بين مكانه الحلم (جبل طهيان) وبين الأماكن المقدسة (ماء زمزم) لإضفاء الطابع القدسي على مكانه (الحلم) فضلا عن ان هذه الاماكن الدينية المقدسة تلقي على مكانه (الحلم) دلالات متعددة، مثل الحب والشوق والحياة، كما ان الشاعر ادرك ان توظيف الإطار الديني يكسب الصورة الشعرية طاقةً تعبيرية امتناعية، ما كان لها ان تكتسبها لو عمدت الى التعابير المألوفة[2].

ومن مصادر تأسيس المكان (الحلم) لدى اللصوص ايضا هو الياس من اللقاء، كما هو الحال عند (عبيد بن ايوب)، الذي اصابه التذمر واليأس، لبعد حبيبته عنه وصعوبة الوصول اليها، لانها تسكن في قفرة من قفار الصحراء يخشى دخولها لهولها، فنراه يخاطب جملاً له خطاباً انسانياً ويجعل شرط اعتاقه وتحريره، ان يمرّ بجسده بعد موته على مكان حبيبته ويزورها ويبلغها شوقه وحنينه والم فراقها، يقول:

ايـــا جملي ان انت زرت بلادهـــا	برحلي واجـــــلادي فأنت محـــرّر
وهل جمل مجتاب ما حال دونها	من الارض اوريـــــح تروح وتبكـــر
وكيـــف ترجّيها وقد حال دونها	من الارض مخشي التّنائف مذعر[3]

---

(1) ينظر علم النص / ترجمة فريد الزاهي /60

(2) ينظر: فلسفة المكان في الشعر العربي /84

(3) ديوان اللصوص /394/1

يتبين لنا من خلال تلك المقطوعة ان شوق الشاعر وحنينه الى مكان حبيبته غير المحدّد بلغ اقصى ـ درجاته، الامـر الـذي اوصـل الشاعر الى التوّسل بجمله ان يزورها وديارها ويبلّغها سلامه، كي تطمأن نفسه بعد مماته، وقد دلّت الضمائر التي استخدمها العنبري على يأسه واخفاقه بعدم الحصول على ذلك اللقاء في حياته، فوكل الامـر الى جمله من خلال تلك الضمائر (ان انت ـ زرت ـ فأنت..).

اما (جحدر المحرزي) فيتمنى ان يكون مكان نعي خبر وفاته هو (سعفات هجـر ـ اودية اليمامة)، يقول:

اذا جاوزتما سعفات هجــر　　　　　واوديــــة اليمامــــة فانعيــاني[1]

فالشاعر في بيته هذا يتمنى ان يكون نعيه في هذه الاماكن، لان الاحبـة يسكنون فيها، ويتمنى بعد مماته ان يكون هؤلاء الاحبـة اول النـاس الـذين يتلقون ذلك الخبر المحزن، ليكونوا اول الناعين والباكين عليه، وهذه امنيته.

اما (مالك بن الريب) فيتمنّى ان يلتقي احبته (بالرمل) قبل وفاتـه، لان احبتـه يسكنون فيه، وهم ان شاهدوا ابـن الريب يودّع ساعاته الاخيرة من الـدنيا يفدون بأنفسهم الطبيب المعالج لجروحه الجسدية الناتجة مـن لسعة الافعى ـ كـما تـذكر الروايات التي نقلت اخبار مقتله ـ وجروحه النفسية التي اصابته نتيجـة فراق احبتـه عنه، يقول:

وبالرمل منّا نسوة لوشهدننـــي　　　　　بكين وفدين الطبيب المداويــا[2]

فمالك في بيته هذا يتخيّل لنا صورة بلوغ خبر نعيه الى مسامع اهله واحبته، وكيف يصيبهم الحزن عند سماعهم ذلك الخبر المؤلم، فتبكيه الباكيات ـ والمقصودة منهنّ الحبيبة كما يشير البيت التالي لهذا البيت (........) ورابعةٌ اخرى تهيج البواكيا)، والتي لم يسمها بل اكتفى فقط بالقول بأنها تجدّد البكاء كلّما اراد ان يهدأ.

(1) ديوان اللصوص 174/1.

(2) المصدر نفسه / 2 / 185

فالذي يتبين لي من البيت السابق ان ابن الريب اراد اللقاء والعودة الى ذلك المكان، كي يفوز بإحدى الأمنيتين:

أولهما- تحقق عملية اللقاء بالأحبة وفي هذا المكان المحبب بالذات، وهذه الأمنية تأتي بالدرجة الاولى - كما اعتقد -.

ثانيهما- اعتقد ان هذه الامنية تتعلق بالحبيبة، التي ربما قطعت عهداً لمالك بأنها ستفديه بنفسها يوماً من الأيام، اذا ما إصابته حوادث الزمان، لذا ان الشاعر حرص على نقل جثمانه الى ديار اهله، كي تحقق الحبيبة منيتها، وهذه الأمنية ربما تمثل لابن الريب معنى من معاني الوفاء تجاه الحبيبة.

نستنتج مما تقدم ان المكان (الحلم) المتمنّى الحصول عليه، لايملك جغرافية معلومة بل يرتكز على فانتازيا حالمة في تكريس جماله المطلق وصهره في بوتقة الحياة، متكئاً على بعُد الخيال كمرجعية نهائية في تاكيد المكان الذي يحلم به.

كما نستنتج ايضاً ان الشعراء اللصوص ارادوا التخفيف من وطأة واقعهم اليومي الذي يمتزج فيه التشرد والغربة والنفي فلجأوا الى استعادة شريط ذكرياتهم الماضية بأسلوب رومانسي حالم.

وفي نهاية الحديث عن مكان اللصوص (الحلم)، نستطيع ان نتوصّل الى ان هذا المكان يمثل الامل لدوام حياتهم، بعد ان وجدوا مكانهم الواقعي قاصراً عن تحقيق تلك الامال والاحلام، وان ذلك المكان لا يمكن ان يحقق رغبة الصعلوك الجامحة الا اذا كان منفصلاً عن الواقع، ومتوحداً في العقيدة الشعرية، ذلك ان الوجود عندما يتحول الى ((فكرة فمن الضروري ان تستحيل تلك الفكرة داخل الذاكرة الابداعية للجماعة الى فن ونحت شرط الشتات والمنفى يصبح الشعر بالضرورة متقدماً على الفنون الاخرى، ومنوطاً بتجسيد تلك الفكرة المجردة وتحويلها الى وقائع جمالية مرة اخرى تقرب المسافة الشاسعة بين الحلم والواقع))[1].

(1) ثنائية الأرض والمرأة وانتهاك المقدس، قراءة في ديوان أعراس لمحمود درويش (بحث)/63

المبحث الثاني
المكان الحلم ذو الاصل المتخيّل

وهو مكان نفسي منقطع عن الواقع، تتأسس فضاءاته في مخيلة الشاعر ويستمد ابعاده من رؤية الشاعر الفنية في علاقاته مع الواقع، وهذا ما يعبّر عنه فلسفياً ((بالمقدرة على خلق صورة حسية او فكرية جديدة في الوعي الانساني))[1]، ومعنى ذلك ان العالم المرئي مخزنٌ للصور والإشارات يقوم الخيال بتهيئة مكانها واضفاء القيمة الجمالية عليها.

يتبّين لنا من خلال ذلك ان المكان (الحلم) المتخيّل، مكان نستبصره ولا نبصره، يتركز فيه الحدث الشعري بزمنيّه منقطعة وتداعيات غائبة عن حركة التاريخ تتواصل مع الواقع عبر خيوط متحررة من شروط الزمان و المكان ومفترضة لهما[2]، هذه المقدمة عن المكان الحلم المتخيل مهدت لنا الدخول الى شعر اللصوص، لكي نقف على امكنتهم المتخيّلة التي حلموا بها، وهي امكنة لا تخرج في خاصيتها عن تكوينات الواقع الذي يحملها، انما تصّورها المخيلة، وتحدد اشكالها وفق نمط التفكير السائد.

ويمكن تقسيم المكان (الحلم) ذي الاصل المتخيّل لدى اللصوص على وفق مرجعياته التعبيرية الى:

أولاً- المكان في طيف الخيال:

طيف الخيال، حلمٌ ينتفي فيه الزمان والمكان، الا من اشارات سريعة اليهما، وهو من الصور التي فتنت الشعراء في مختلف العصور وشغلت خواطرهم، والطيف ذلك اللقاء الخيالي الخاطف الذي يجمع المحبين بعد ان تهدأ النفوس وترقد

(1) الرمز والرمزية /30

(2) ينظر: المكان ودلالته في شعر حسب الشيخ جعفر /64

الاجساد في النوم، ونتيجة لهيام الشعراء بالطيف وحبّهم له فقد حصر النقاد فكرته بشكل رئيس في المرأة المعشوقة[1]، ولعل الامر الذي دفع اللصوص الى ذكر الطيف هو تمنيهم واشواقهم الى رؤية احبتهم الذين شطت بهم المنازل حتى بعدوا، فكان الطيف الملاذ الوحيد الذي يخفّف عنهم وطأة البعد والحنين والاغتراب.

فهذا (امية بن ابي عائذ)، يتعجب من طيف حبيبته كيف وصل اليه على بعد دارها عنه، يقول:

الا يالقوم لطيف الخيـال ... يؤرق مـن نـازحٍ ذي دلالِ
اجاز الينـا على بعـده ... مهـاوي خرقٍ مهابٍ مهالِ
صحارى تغـوّل جنّاتهـا ... واحـداب طود رفيع الجبال
خيال لجعـدة قد هـاج لي ... نكاسـاً من الحب بعد اندمال
تسدى مـع النوم تمثالهـا ... دنوّ الضـاب بطـلٍّ زلال
فباتـت تسائلنـا في المنام ... واحبـب اليّ بذاك السـؤال[2]

مما نلحظه في ابيات (اميّة) السابقة، ان الشاعر ذكر تفصيلاً كل الامكنة التي اتّجهت منها (حبيبته)، حيث ذكر (صحاري - احداب طود - جبال) مما يدل على صحراوية بيئتها، الا انه على الرغم من ذلك التحديد لمكان الحبيبة فانه لم يحدد مكان اللقاء، ذلك المكان (الحلم) الذي ظل الشاعر يحلم به ليصبح موعداً للقاء والتسامر، بل اكتفى بالتعبير عنه بـ (خيال هاج لي - تسدى مع النوم، فباتت تسائلنا....).

ويتعجب (بكر بن النطاح) من طيف حبيبته كيف عانقه وهي بعيدة الدار، حيث شبّهه بمعانقه اللام للالف في الكتابة، يقول:

اني رايتك في نومي تعانقني ... كما تعانق لام الكاتب الالفا[3]

(1) ينظر: الطيف والخيال / (رسالة)/ 33
(2) ديوان الهذليين /172/2
(3) ديوان اللصوص / 1 / 120

وهذا امر طبيعيّ، غالباً ما ادركه الشعراء على مختلف عصورهم وبيئاتهم، وتعجبوا من ((زيارة الطيف على بعد الدار وشحط المزار ووعورة الطرق واشتباه السبل، واهتدائه الى المضاجع من غيرها... وكيف قطع بعيد المسافة بلا حافر ولا خف، في اقرب مدة واسرع زمان))[1]، الا انهم اخذوا بعد ذلك يؤمنون بان الاحلام تقّرب البعيد و تحقق المحال، ويحلم (طهمان بن عمرو الكلابي) بزيارة طيف حبيبته له على بعد دارها، يقول:

الا طرقت ليلى على نأي دارها | وليلى على شحط المزار طروق
اسيراً يعضّ القيد ساقه فيهما | من الحلق السمّر اللطاف وثيق
وكم دون ليلى من تنائفِ بيضها | صحيحٌ بمدحي امّه وفليق[2]

فالشاعر في ابياته هذه اختار الليل مسرحاً لاحداث اللقاء بينهما حتى تكون زيارتها له مهوناً عليه الم وعذابات السجن وقيود السجانين، كما تكشف لنا الفاظ المقطوعة السابقة (اسيراً - يعضّ القيد - الحلق - وثيق..) عن اضطراب نفس الشاعر وكثرة قيوده ومنعه من الحركة، التي حالت دون الوصول الى الحبيبة واللقاء بها، لذا نجده قد دعاها الى زيارته في مكانه المخيف الذي اصبح اليفاً امناً بزيارتها له، حتى اضحى ذلك المكان المقترن بزيارة الحبيبة حلماً للشاعر.

اما (السمهري) فنراه يحلم بزيارة حبيبته (ليلى) في السجّن، حتى ترى ساقيه المكبّلين بالقيود، يقول:

الا طرقت ليلى وساقي رهينةٌ | باسمر مشدود عليّ ثقيلُ
فما البين ياسلمى بان تشحط النّوى | ولكن بيناً ما يريد عقيلُ
فان انج منها انج من ذي عظيمةٍ | وان تكن الأخرى فتلك سبيل[3]

---

(1) طيف الخيال /16

(2) ديوان اللصوص /340/1.

(3) المصدر نفسه /279/1

مما نلاحظه في أبيات السمهري هذه، ان فكرة التمني أصبحت تشوقاً لديه تتداخل فيها دلالة التمني بالتشوق في حالة انتظار اللقاء بعد البعاد ونزاع القلب الى لقاء المحبوب [1]، وهذا اللقاء لا يتم الا في مكان، عندئذ تنعكس صورة التشوق المنبعثة من (الشاعر) الى المتشوق إليه (الحبيبة) ومن ثم الى المتشوق فيه (المكان)، الذي أصبح مأنوساً وامناً بوجود خيال الحبيبة بعد ان كان مرفوضاً ومحطماً للحرية.

اما (ابو صخر الهذلي) فقد اخذ يصف لنا طيف حبيبته محدّد زمانه، يقول:

المّ خيال طارق متأوب	لام حكيم بعد ما نمت موصب
هدوءاً واصحابي بنخلة بعدما	بدا لي سماك النجم او كاد يغربُ
وقد دنت الجوزاء وهي كأنها	ومرزمها بالغور ثور وربوب
واهلي بوادٍ من تهامة غائرٍ	بأسفل هضميه اراك وتنصب [2]

فالهذلي ابو صخر في مقطعه الحالم هذا، يحدد زماناً للقائه بحبيبته، حيث ان طيفها تزامن مع ظهور ((سماك النجم)) او غروبه، او عند((دنو الجوزاء))، وربما هذا الوقت يحلم به الشاعر كذلك لاتصافه بالهدوء والسكينة وغياب الوشاة، كما ان شاعرنا حدّد مكان أصحابه ايضاً ((بنخلة)) لكنه لم يحدّد لنا مكان لقائهما، ذلك المكان الحلم الذي ظل مجهولاً لنا.

ما نلاحظه ايضاً في مقطوعة ابي صخر السابقة انه المرأة في لوحة الطيف فيها ما هي الاّ مشاعر واحاسيس تتجسد في صورة تعبيرية تعبّر عن لحظة نفسية تعكس الاغتراب والمعاناة التي يعانيها الشاعر. وهذه تمثل بدورها لحظة الحرمان من اللقاء في واقعه، لذا يلجأ الى الخيال ويطلق العنان له لرسم مكانه وزمانه الحالمين، الذين يوحدانه مع الحبيبة.

---

(1) ينظر: طريق الهجرتين وباب السعادتين /576.

(2) شرح اشعار الهذليين /336/2.

اما (تأبط شراً) فكان متميزاً عن غيره في تشكيل مكانه الحلم، ذلك ان حالته النفسية المضطربة تجاه مكانه الواقعي البائس، ادى به الى ان ينادي الوقت (العيد) الذي يعني اعادةً لحالات سابقة كالذكر والشوق، ناداه بان يحمل له الاشواق والتذكر وطيف الحبيبة بعد ان اخرّها عنه البعد وطول المسافة وكررّ له هذا الدعاء كما في (مالك من الشوق - نفسي فداك)، مع علم الشاعر بان حلمه بعيد المنال تتناءى دونه المسافات، وتفصل بينهما الاعباء، على الرغم من هذه الاعباء والمصاعب في تحقق الحلم، الا ان شاعرنا ظلّ يلح عليه وهذا واضح من قوله (نفسي فداك)، يقول:

يا عيدُ مالك من شوق وايراق ... ومرّ طيف على الاهوال طراق
يسري على الاين والحيّات محتفياً ... نفسي فداؤك من سارٍ على ساق[1]

من خلال ما تقدّم يتبيّن لنا ان فكرة المكان الحلم / طيف الخيال، تفرز تشخيصاً واضحاً للحالة النفسية التي يمرّ عليها اللصوص، تظهر من خلال ذلك المشهد القصير الذي يدور في عالم الخيال.

كما يتبيّن لنا بان الشاعر الصعلوك لديه الرغبة الجامحة الى العيش في مكان امن تتحقق فيه شروط العيش وعندما تعذّر على الصعلوك ذلك المكان لجأ الى الأحلام، ينسج منها مكانه الذي يرغب في العيش فيه مع احبته.

كما لاحظنا ايضاً ان الشاعر الحالم، لا يحدد مكان اللقاء بل راح يعبّر عنه بألفاظ تدل على وجوده وطبيعة حياته، فضلاً عن ذلك فإننا لاحظنا ان اللصوص لا يحلمون بالأمكنة الأليفة فقط، بل نجدهم يحلمون ايضاً بالأماكن المعادية شريطة ان تتوافر فيها الحبيبة، فنراه يتمنى أن يزوره طيف الحبيبة (الحلم) الى سجنه (المعادي).

---

(1) ديوانه / 40

ثانياً- التّحول (القبر):

وهو احد الأمكنة التي دعا أليها الشعراء اللصوص، وحلموا في العيش فيها بعد مماتهم، لأنهم حرموا من اللقاء بأحبتهم في حياتهم الدنيا، الأمر الذي حدا بهم أن ينسجوا أماكن حالمةً ليست على ارض الواقع - كما مرّ بنا - فهي تعود إلى أصول خيالية، ويعّد هذا المكان والإيمان به جزءً من ((الخيال المهوس او تصور لفترة من الجنون، كان على العقل البشري ان يمر بها، كما يقول ماكس موللر))[1].

فهذا (ابو صخر الهذلي) يتمنى ان تلتقي اصداؤه بأصداء حبيبته في قبريهما، وفي هذا مبالغة - كما يبدو لي - للعلاقة بين الشاعر وحبيبته بعد الممات، يقول:

ولو تلتقي أصداؤنا بعد موتنا ... ومن دون رمسينا من الارض منكب
لظلّ صدى صوتي ولو كنت رمّة ... لصوت صدى ليلى يهش ويطرب[2]

فأبو صخر يؤكد هنا ما يقال من ان ((استلذاذ الأرواح وإدراكها بعد مفارقة الهياكل الجسمية اشد وأقوى))[3].

اما (السّمهري) فانه يتمنّى من حبيبته ان تلتقي به بعد بلاء عظامها، يقول:

الا ليتنا نحيا جميعاً بغبطةٍ ... وتبلي عظامي حين تبلى عظامها
كذلك ما كان المحبّون قبلنا ... اذا مات موتاها تزاور هامها[4]

مما ندركه في هذين البيتين تلك اللحظة العالية من الانفعال التي عاشها الشاعر التي جعلته يتمنّى اللقاء بحبيبته مرةً أخرى، ذلك اللقاء المنقطع عن الواقع المعاش والمنتمي الى عوالم غيبية خيالية، حيث ان الشاعر تمنى من حبيبته ان لم يتحقق لقاؤهما واقعاً فليكن خيالاً، الامر الذي حدا بالشاعر ان يُوكل المهمة للهام

---

(1) ينظر: خطاب الابداع /60

(2) شرح اشعار الهذليين /337/2

(3) تزيين الاسواق /65.

(4) ديوان اللصوص /284/1.

داخل القبور بزيارة قبور الاحبة المتجاورة، ويبدو ان رغبة السمهري بطريقة الزيارة هذه هي رغبة خيالية حدثت في فضاء الغيب دفعته لها حالة اليأس التي سيطرت على نفسه من كل ما هو واقعي ومرئي.

كما ان (ابو خراش الهذلي) يتمنّى من اخيه ان يردّ اليه الفضل والاحسان اذا تجاور قبراهما، يقول:

لعلك نافعي ياعــرو يومــاً اذا جاورت من تحت القبــور
اذا راحــوا ســواي واسلموني لخشناء الحجارة كالبعيـر
اخذت خفارتي وضربت وجهي فكيف تثيـب بالمنّ الكثيـر
بما يممته وتركت بكـري بما اطعمت من لحم الجزور[1]

يطالعنا ابو خراش في هذه المقطوعة بالفاظ غنّية بما تحمل من احساسات رقيقة قريبة من نفوسنا، اليفة بها، تلك الالفاظ التي حلم من خلالها بالمكان والزمان الذين يودّ ابو خراش ان يدركهما اخوه ويعيش ايامهما، لعلهما يشعرانه بالذنب تجاه اخيه.

يتبين لنا من ابيات ابي خراش السابقة ان كلّ الاماكن الدنيوية زائفة مغرية، اغرت اخاه فابتعد عن صوابه، لذا لجأ الى عالم اخر يلتمس منه مكاناً ليس فيه زيف الواقع وشروره، فكان هام القبور اختياراً من قبل الشاعر ليكون مسرحاً اليفاً اللقاء والعتاب.

اما (الخطيم المحرزي) فيتّخذ من القبر مكاناً للهيام وتبادل المشاعر بينه وبين حبيبته، يقول:

يهيم فؤادي ما حييت بذكرها ولو انني قد متّ هام بها الصدا[2]

---

(1) ديوان الهذليين /136/2-138.

(2) ديوان اللصوص /236/1.

فالخطيم يؤكد لنا في بيته هذا حبّه وهيامه وذكره للحبيبة الذي لا ينتهي بانتهاء الحياة، حيث نراه يؤكد ذلك التواصل تاكيداً مبالغاً فيه، وكأنه رد على سؤال واش يودّ فراقهما، لكن الشاعر طالعه وايّانا بدوام المحبة والتواصل حيّاً وميتاً، فاختار القبور لتكون المكان الحلم الذي تلتقي به أرواح المحبين وتجدد فيه عملياتها العاطفية.

نستنتج مما تقدم ان الشعراء اللصوص اتخذوا من القبر وتحولاته ملجأ يحلمون به، للفرار من مكانهم الواقعي البائس، الذي لا يحقق طموحاتهم، فأوكلوا مهمة اللقاء ودوام المحبة والسلام والتعاطف الى مكان متخيّل يحلم به الشاعر، لأنه اقدر على تحقيق تلك الرغبات فضلاً عن ذلك فأننا نجد ان المكان غير الأليف كما مرّ بنا في الفصل الأول كالقبر مثلاً، أصبح اليفاً ومطلوباً في فصلنا هذا، حيث انه يستمد تلك الألفة من سكن الأحبة فيه وزيارتهم له، حتى أضحى مكاناً حلماً يوّد الصعلوك ويتمنى لقاء أحبته فيه.

ثالثاً- المكان المعنوي:

وهو احد الأمكنة الحالمة التي شكلها شعراء هذه الطائفة في مخيّلتهم، حيث اوجدوا أماكن لأحبتهم يسكنون فيها ليس لها وجود على ارض الواقع، ولعل الدلالة في إيجاد ذلك المكان، هو بيان حبّه وتعلقه واعتزازه بمن يهوى، إذ تخيّل اللصوص ذلك المكان المعنوي لحبيبتهم خشيةً عليها من البعاد أولا، ولتكون قريبةً منهم اقرب من نفوسهم اليهم، فضلاً عن حرصهم على إيجاد مكان خاصٍ بها لم يسكنه الآخرون، لأنها تستحق ذلك، هذا ما طالعنا به (جحدر المحرزي) عندما نسج خياله مكاناً يحلم ان يحل به احبته، يقول:

تأوبني فبتّ لها كبيعاً	همومٌ لا تفارقني حوان
هي العوّاد لا عوّاد قومي	اطلن عيادتي في ذا المكان
اذا ما قلت قد اجلين عنّي	ثنى ريعانهنّ عليّ ثانِ

فــان مقــر منزلهــن قلبـــي فــــان انفهنــه فــالقـــلــب ان[1]

فالشاعر اراد ان يبيّن لاحبته مكانتهم ومنزلتهم في نفسه، فلم يجد سوى القلب مقرّاً لهم، ليؤكد على حضورهم الدائم في وجدانه ونفسه.

ونجد المعنى ذاته عند (تأبط شراً) عندما جعل صدره فراشاً لحبيبته، يقول:

فرشت لها صدري فزلّ عن الصفا به جؤجؤٌ عبـــل ومتن مخـصر[2]

اما (بكر بن النطاح الحنفي) فطالعنا بصورة تحمل دلالات رمزية رائعة عندما جعل احبته يخترقون نفسه ويجدون لهم مكاناً خارج قلبه، حيث اختاروا كبده موطناً لهم ولحبّهم، فاصبح الشاعر سقيماً يصارع المرض بعد فراقهم،وهو داء جميل في نظره، لانه داء الحبّ والصبابة، الذي اصبح استمراره حلماً لديه، لكي لا تفلت الحبيبة منه، ظل يتمنى ذلك الداء ويحرص على دوامه، فحلمه اذن ان يظل الكبد موطنها والسقم اثراً لحبها، يقول:

صدت فأمســـى لقاؤها حلماً واستبـدل الطرف بالدموع دماً

وسلطت حبّها على كبــدي فابدلتنـــي بصحـة سقمـــاً[3]

نستخلص مما تقدم ان الشعراء اللصوص حلموا بايجاد امكنة خاصةً لاحبتهم، ينسجها خيالهم وتطلبها قلوبهم، لانها الاماكن التي تتصف بالهدوء والسكينة، ولبعدها عن اعين الوشاة والحاسدين، ولقربها من نفسه، حيث يناغيها انى شاء ومتى اراد فضلاً عن زيف الواقع وصخبه ,الذي لم يوفر الجوّ المناسب لدوام حبّ الحبيبين وتواصلهما، كل ذلك كان من الأسباب التي دعت الشعراء ان يختاروا هذه الامكنة المعنوية.

---

(1) ديوان اللصوص /172/1

(1) ديوانه/ 31

(2) ديوان اللصوص /130/1

وفي الختام يجدر بنا ان نشير من خلال النصوص التي قام البحث بتحليلها، ان تلك الامكنة الخيالية التي حلم بها اللصوص ماكانت لولا انقطاع سبل المحبين في التواصل في عالمهم الواقعي.

الفصل الثالث

البعد النفسي والجمالي للمكان

الفصل الثالث
البعد النفسي والجمالي للمكان

المبحث الأول
البعد النفسي للمكان

أولاً- الغربة المكانية:

الغرب: الذهاب والتنحي عن الناس، وقد غرب، والغربة والغرب، النوى والبعد والغربة، النزوح عن الوطن والاغتراب والغرب، التنحي عن الناس[1]، اما الغربة في الاصطلاح، فهي لا تختلف عن مفهومها اللغوي الذي اشرنا اليه، فهي كذلك تحيل على المنفى، أو اللاجئ الذي اضطرّ الى الفرار من بلده إلى مكان أخر، لأسباب سياسية واقتصادية واجتماعية، بمعنى أنها ((ذلك الإحساس الذي يشعر به الإنسان في بعده عن وطنه، وهذا النوع من الغربة نراه مثلاً في شعر الشعراء الذين هجروا أوطانهم وديارهم، وانتقلوا الى ارض لم يألفوها، فعاشوا فيها غرباء يعانون الألم والفراق والشوق والحنين الى أوطانهم التي لا تفارق صورتها خيالهم))[2].

وقبل الدخول والتعرض لغربة اللصوص المكانية والاطلاع على دوافعها وسرد ما قيل فيها من أشعار، لابد ان نعرف مسبقا على ان هذا النوع من الشعر يفيض فيضاً شديداً بالألم و الحزن والحسرات بفعل الظروف التي أحاطت بالإنسان العربي في مختلف العصور، ابتداء من غربة أبينا ادم (ع) عندما هبط الى الأرض لأول مرةٍ ودخوله في صراعات مع الطبيعة الجديدة استجابةً لحاجاته البايلوجية[3]،

---

(1) لسان العرب (مادة غرب).

(2) الغربة في شعر المتنبي (بحث) /17

(3) ينظر: مقدمة في نظرية الأدب / 34.

وانتهاءً بالغربة التي نحن عليها في وقتنا هذا على مختلف الصعد والاتجاهات

وما دام بحثنا محكوماً بالحديث عن شعر اللصوص، فلا بدّ علينا ان نعرف ان إنسان هذا العصر – ومنهم اللصوص – كان محكوماً بعنصر المغادرة جغرافياً، بسبب شحّة البيئة غير المستقرة، ثم انه سياسياً واجتماعياً كان يحكم عليه بالمغادرة أيضا على النحو الذي تقوم به القبائل[1]، والذي نطلق عليه بـ (الخلع) ولاسيما عند تلك الطائفة من الشعراء موضع الدراسة، فضلاً عن حياة الشظف والفقر التي كان يعاني منها الإنسان العربي القديم، ومنهم الشعراء اللصوص تلك الظاهرة التي كانت من أهم أسباب تصعلكهم، وغربتهم عن أوطانهم، وحري بالشاعر عندما يغادر وطنه ان يشعر بالانكسار والحزن والألم لفراقه وغربته، ذلك أنهم لم يغادروا وطناً مادياً فحسب بل أنهم كانوا يغادرون أشياء كثيرةً، فقد تكون هذه الأشياء لها علاقة بالحبّ الذي عايشه الشاعر في وطنه، او بأصوات كان يأنس بها في ضوء القمر، او ارتباط بنخلة او شجرة تربطه معهما ذكريات جميلة، او بنجم يشير الى رمز في ذات الشاعر[2]، لكنّ الذي يهمنا انه غادر وطنه بما فيه من الأشياء التي يرتبط معها نفسياً وعاطفياً – محزوناً مكرها مهموماً – فما كان عليه الاّ أن يلتفت اليه بشيء من الحزن والمناجاة واللوعة، ولعلّ الظروف الاجتماعية التي واجهها اللصوص في غربتهم كانت من أهم المؤثرات الأساسية التي عانوا منها، فهذا (الخطيم المحرزي) يظهر لنا لوعته وآلامه في بلاد الغربة، التي جرّدها من العلاقات الاجتماعية لتتقاطع أفكاره مع أفكار أهل المكان الغريب، بـل وحتى عيونه لا تستطيع أن ترقد فيها لتقاطعها معها عاطفياً وفكرياً، يقول:

فاني بأرض لا يرى المرء قربهـــــــا   صديقا ولا تحلى بها العين مرقدا

اذا نام اصحابي بـها الليل كلّه   ابت لا تذوق النوم حتى ترى غدا[3]

(1) ينظر: الغربة المكانية في الشعر العربي /14.

(2) ينظر: المصدر والصفحة نفسهما.

(3) ديوان اللصوص / 235/1.

فالخطيم في ابياته السابقة اخبرنا بالمكان الذي هو فيه من خلال تحديد ابعاده نفسياً لا جغرافياً، فهو مكان يخلو من الصداقات بين ابنائه، وان لياليه طويلة، لان النفوس لا تهدأ فيها، نتيجة خلوة من مصادر الحياة الأساسية التي انفرد بها بلده الام.

كما ان الشاعر أيضا أراد ان يشركنا في غربته ومعاناته نتيجة الصور التي ساقها في بيتيه السابقين، واللذين أفصحا صراحةً عن الطبيعة التي يمتاز بها بلد الغربة، فضلاً عن الألفاظ التي أشاعها فيهما واللاتي تركت ضربات موسيقية عالية، نتيجة الأزمة النفسية التي يعاني منها الشاعر، هذا واضح من خلال التفاوت الذي نلحظه في حدة الصوت والمبالغة، ربما في الإيحاء الذي كشفت عنه صور البيتين.

وتزداد غربة ابن الريب عندما يتذكر أطلال أحبته الدارسة، فيخاطب نفسه قائلاً:

أتجزع ان عرفت ببطن قوٍّ ... وصحراء الاديهم رسم دار
وان حلّ الخليط ولست فيهم ... مرابع بين دحل الى سرار[1]

فالشاعر ابتدأ مقطوعته السابقة بالسؤال الذي لا يطلب منه جواباً بل هو سؤال اراد من خلاله ان يتبين لنا حاله وما فعلت به الغربة عن بلاده، تلك الغربة التي اثرت فيه من ثلاث اتجاهات، وهذا واضح من سؤاله (أتجزع) فهي أبعدته عن أحبته التي أصبحت ديارهم رسما لا أنيس فيها بعد رحيلهم عنها، وهي كذلك أبعدته عن المجاورة مع هؤلاء الأحبة عندما يجتمعون في أوقات الربيع.فضلاً عن ذلك فهي ابعدته كذلك عن مكان اجتماع العذارى لقطف الورد والأزهار منه، فالشاعر بهذه الابيات بين لنا اثار الغربة على نفسه موضحاً اياها بهذه الاثار الثلاثة.

(1) ديوان اللصوص / 162/2.

يتبيّن لنا من خلال ابيات ابن الريب السابقة ان انفصاله عن الماضي الذي يمثل له الامنيات والذكريات زرع في نفسه غربةً نفسيةً الى غربته المكانية وما محاولة الامساك بالماضي المتمّثل بالطلل والصحبة في ابياته السابقة الاّ محاولة البحث عن الخلود لذكرياته وايامه الماضية التي هي اصل علاقته بالحاضر.

اما غربة (عطارد بن قران) فقد الحّت عليه واثرت فيه نفسياً بحيث انها عطلّت علاقاته العاطفية، فاضطرّ الى كتمان هواه وحبّه وصبابته لمن يهوى لان مكان الشاعر الغريب لم يستطع ان يروي تلك المشاعر الجياشة فعمل على اخفائها خوفاً عليها من الجفاف الروحي نتيجة غياب راويها (الحبيبة) مكتفياً بالسلاح الضعيف (البكاء)، يقول:

ولما رأيت البشــر اعرض وانثنــت	لأعرافهــم مـن دون نجدٍ مناكب
كتمت الهوى من رهبــة ان يلومني	رفيقــاي وأنهلت دمــوع سواكب
وفي القلب من أروى هــوى كلما نأتْ	وقد جعلــتْ داراً باروى تجـانب[1]

من خلال ما تقدم من أبيات يتبيّن لنا ان الشاعر المغترب كان مشتعلاً عاطفياً هذا ما أظهرته لنا الألفاظ والمفردات ذات الدلالات المأساوية التي شكلّت بجملتها صورةً قاتمةً لمعاناته وفراقه لأحبته، ذلك ان المكان الحقيقي للشاعر قبل اغترابه لم يكن ارضاً فحسب بل تعدى ذلك ليكون ملعباً للصّبا والذكريات والعلاقات العاطفية، فحنينه الى وطنه ومكانه الام في أبياته السابقة امتزج بحنينه الى حبيبته التي فارقت بينهما الأيام.

وتزداد قسوة الغربة عندما تقترن بالإذلال والمهانة، فالعربي بشكل عام ذو نفسٍ أبية ترفض المهانة والاستخفاف، لكن مثل هذا جناه (حريث بن عناب الطائي) من غربته، فيقول:

---

(1) ديوان اللصوص / 2/ 17

لا يرتجي الجار خيراً في بيوتهـــــم   ولا محالـــــــة من شتم وألقاب.[1]

فالشاعر أراد ان يقول في بيته هذا ان جار الغربة لا يرجو خيراً فيهم، ولابدّ له من شتم يقصد به ولقب يعرف بذكره، لذلك كان رفضه لهذه الرحلة التي كانت اختيارية في بدايتها ثم تحولت الى اغتراب قسري اشعره بالانفصال عن هذا المكان وساكنيه وهو دافع في الوقت ذاته للانتماء والتعلق بالمكان الام.

وتلح غربة ابن الريب مرة اخرى وتزداد وقعاً عليه وتطول أيامها فيضطر الى ان يخلق له وطناً يحن اليه والى ساكنيه، يقول:

تذكرني قباب الترك اهلي   ومبدأهم اذا نزلوا سناما
وصوت حمامة بجبال كسٍّ   دعت مع مطلع الشمس الحماما
فبتّ لصوتها ارقاً وباتت   بمنطقها تراجعني الكلاما[2]

يبدو لنا من أبيات الشاعر هذه ان غربته سيطرت عليه وسكنت إحشاءه فخلّفت اليأس والاستسلام في نفسه، الأمر الذي دفعه الى التذكر والحنين الى ديار اهله وأحبته، رابطاً بينه وبين طير الحمام، ذلك ان الصّلة بينهما تتعلق بالواقع النفسي- ((فالنوح الذي تعلنه الحمامة هو معادل لنوح الشاعر على الذين رحل عنهم.. وكأنها بذلك تعبّر عن المه وغربته وفراقه))[3].

وبذلك فقد انشات الغربة في نفس الشاعر علاقة تعاطفية مع الحمام، ومما لا شك فيه ان هذه العلاقة لها اصول رمزية ((ذلك لان الحمامة رمز للمأوى ورمز للود ورمز للخصوبة والأنوثة والوداعة، ثم هي رمز للحزن والشوق والصبابة والبكاء))[4].

---

(1) ديوان اللصوص /216/1.

(2) المصدر نفسه /173/2.

(3) البنية الفنية لشعر الفتوحات الاسلامية (ماجستير) /115-116.

(4) المرشد / 3/ 910.

وتأصلت البيئة بكينونة الشعراء اللصوص حتى نجدها تسكن في كوامنهم وتجتاح افكارهم ومشاعرهم فأصبحت الام التي يلجأوون اليها كلما ازدادت وطأة اغترابهم ومعاناتهم فـ (الاحيمر السعدي) جعل النخلة معادلاً موضوعياً له، لذا نجده يدعو لها بالسقيا، يقول:

أيا نخلات الكرم لا زال رائحاً   عليكن منهل الغمام مطير
ويانخلات الكرخ لا زال ماطر   عليكن مستن السحاب درور [1]

فمشاعر السعدي اليائسة تدفقت على هذه النخلات بنطاق وجداني رقيق، فنراه يدعو لهنّ بالسقيا والحياة، وفي ذلك دعاء لنفسه بالسقيا كذلك لكن ليس بالماء الذي يروي الظّماء، بل السقيا التي تمناها تتعلق بسقيا الحبيبة له بعطفها وحنانها، ودوام تواصلها، لكي يستطيع ان يواصل حياته، فحنين السعدي هنا ليس الى مدينة بقدر ما هو الى حبيبة رحلت وظلّت في ذكراه دائماً والتي كانت من اسباب قساوة الغربة عليه.

والى جانب الظروف الاجتماعية التي زادت من غربة اللصوص في بلاد الغربة نجد ايضا الظروف البيئية اسهمت هي كذلك في زيادة الاحساس بالغربة بما تحمله من عجز عن التجاوب مع الأوضاع العامة السائدة في المكان الجديد، فمالك بن الريب رفض المكان الجديد رفضاً قاطعاً، حيث لم يستطع ان يتكيّف معه ومع طبيعته، اذ تميزت هذه البلاد بالبرد الشديد والثلوج المتساقطة والجبال الشاهقة التي ربما تقف حائلاً امام عينيه التي اعتادت الطبيعة الصحراوية المعتدلة والمنبسطة، لذلك جاء انكاره لها انكاراً شديداً، يقول:

هبت شمالاً خريقاً اسقطت ورقا   واصفرّ بالقاع بعد الخضرة الشيح
فارحل هديت ولا تجعل غنيمتنا   ثلجاً تصفّقه بالترمذ الريح [2]

---

(1) ديوان اللصوص /59/1/

(2) المصدر نفسه / 189/2

فالشاعر لم يعتد هذه الطبيعة القاسية التي اثرت فيه نفسياً، والتي عملت من بعد في زيادة وطأة اغترابه للمكان الذي هو فيه، ذلك ان المعايير والقيم التي يؤمن بها الفرد والتي يعتادها وان اختلت فأنها تؤدي الى زيادة حدّة اغترابه وعدم توافقه مع مجتمعه سواء اكان ذلك في المكان الام ام في المكان الجديد.

اما العامل السياسي فكان سببا هو الأخر في تنامي الاحساس بالغربة لدى اللصوص، لاسيما عندما تعرضوا للطرد والخلع من قبائلهم في العصر الجاهلي او من قبل السلطة السياسية الاموية في العصر الاموي (فصخر الغي) تشتد عليه معاناة النفي والخلع من قبيلته فكان وقع الغربة قاسيا عليه، فقال معبراً عن ذلك:

يبيت اذا ما انس الليل كانساً　　　مبيت الغريب ذي الكساء المحارب [1]

اما (الأعلم) فكان منفياً مطروداً من قبيلته، اخذ يجوب الصحراء من مكان الى اخر، فشعر بغربته القاسية مما أدى به إلى الحنين الى وطنه واهله، قال:

رفعت عيني بالحجا　　　ز الى اناس بالمناقب
وذكرت اهلي بالعرا　　　ء وحاجة الشعث التوالب
وبجانبي نعمان قلـ　　　ت الن يبلغني مارب [2]

وقد كان لسوء القيادة وعدم المبالاة بالجيوش الغازية ولا سيما في العصر الاسلامي سببا رئيسا في زيادة الاحساس بالغربة، هذا ما طالعنا به (مالك بن الريب) عندما ذهب غازيا في جيش سعيد بن عثمان، يقول:

فان انج من بابي خراسان لا اعد　　　اليها وان منيتموني الامانيا [3]

(1) ديوان الهذليين /53/2.
(2) المصدر نفسه /82/2-83
(3) ديوان اللصوص /179/2.

فهذا تعبير قوي عن رفض الشاعر لاغترابه المكاني، ومدى تعلقه بالاستقرار في بلده، ذلك الرفض الذي يحمل في طياته نزعتين يعبران عن اغترابه، الاولى السخط على السلطة السياسة التي لا تهتم بهم، وعلى تلك البلاد التي يقيم فيها غازيا، والأخرى السخط وعدم الرضا على نفسه في قبول الاماني التي أعطاها اياه الخليفة لقاء اشتراكه في الحروب.

اما (ابو العيال الهذلي) فقد اثر العامل السياسي في ازدياد غربته وتفاقمها الامر الذي دفعه الى ان يرسل الرسائل الشعرية للخلافة يعلمهم وينذرهم بسوء الاوضاع، يقول:

من ابي العيال اخي هذيل فاسمعوا   قولي ولا تتجمجموا ما ارسل
ابلغ معاوية بن صخر اية   يهوي اليه بها البريد الا عجل
انا لقيا بعدكم بديارنا   من جانب الامراج يوما يسال
امرا تضيق به الصدور ودونه   مهج النفوس وليس عنه معدل[1]

فهذه المعاناة الشديدة التي واجهها الشاعر ورفاقه، كانت من أهم الظواهر التي عززت لديهم الإحساس العميق بالغربة المكانية ونمت لديهم الحنين إلى مكانهم ووطنهم الام. نتيجة عدم التأقلم مع المكان الجديد فنشأ لديهم أحساس بالوحدة لان ((الغربة والمنفى يبدان حينما يدرك المرء انه وحيد ومهجور، عندما يضرب بإقدامه ليبحث عن ارض يستند اليها فتفر منه))[2].

ويحن (جعفر بن علبة الحارثي) إلى بلاده، نترك تلك الأبيات الرقيقة تنوب في الإفصاح عن حاله في الغربة:

أحقا عباد الله ان لست رائيا   صحارى نجد والرياح الذواريا
ولا زائراً شم العرانين تنتمي   الى عامر يحللن رملا معاليا[3]

(1) شرح اشعار الهذليين /433/1.
(2) الوطن المنفى والمنفى الوطن (بحث) /111
(3) ديوان اللصوص / 199/1.

فالحارثي في ابياته السابقة قدم لنا شكوى من غربته التي طالت ايامها، وعكس لنا معاناته النفسية التي آلمت به، قدمهما لنا من خلال العواطف والانفعالات التي سكنت أحشاءه والتي كانت وراء هذا الابداع - كما يبدو لي - فبعد ان الحت عليه الغربة كثيرا بث شكواه الى الناس جميعا (عباد الله) علهم يفرجون ما حل به، تلك الشكوى التي ترزح بالانين والحسرة والتوجع نتيجة البعد عن منازله ومنازل احبته.

وعلى الرغم مما يلاقيه اللصوص في غربتهم من عذابات والام واحزان الا انهم ظلوا يحلمون بالرجوع والعودة اليها مرة اخرى ليكملوا مسيرة حياتهم الاولى فيها، يقول ابن الريب في ذلك:

الا ليت شعري هل ابيتن ليلة   بجنب الغضا ازجي القلاص النواجيا [1]

فابن الريب ابتدأ قصيدته بمطلع يحمل كل معاني العطف والشفقة (الاليت شعري) ثم قدم من وراء هذا العطف امنيته التي لم تحققها ايام الغربة والبعاد (ابيتن ليلة) تلك الامنية التي تنبعث فيها مشاعر انسانية جياشة تتوسل بالمجهول ((الزمن)) كي تتشبث بالحياة ((البلد الام)) وتقاوم الموت ((الغربة المكانية)) من خلال هذا المطلع الحالم ((الاليت شعري))، وهو في كل ذلك يحاول ان يخفف من الام غربته ووحدته ويزرع في نفسه الامل لمواصلة الحياة، لان الماضي في اشعار الغربة هو الاحساس امام الحاضر المؤلم فلا يتشكل الا من خلال ذكريات ذلك الماضي ((بمعنى ان الحاضر لا يتشكل في لحظته بل هو تحصيل حاصل للماضي)) [2]، على ان احساس اللصوص بالغربة عن اماكنهم تتأرجح وتتأزم اكثر عندما يقع الشاعر المغترب في قبضة الموت، وقد بدأ ابن الريب البكاء على نفسه من هذه الدائرة الحزينة، يقول:

(1) ديوان اللصوص / 2 / 177

(2) اشكالية المكان في النص / 221.

ويا صاحبي رحلي دنا الموت فانزلا   برابية اني مقيـــــم لياليـــــا[1]

فالشاعر يخاطب رفيقيه بـ (ياء) النداء المصاحبة للرجاء، ويطلب منهم تلبية رغباته الاخيرة غير المتوقعة في قاموس حياته وطموحاته، تلك الرغبات المفعمة بالاحساس والمشاعر الحزينة، ويبدو انها صيغت بأسلوب تقريري مباشر وتقريريته جاءت نتيجة الحال الذي آل اليه قائلها، فهو رجل ينازع الموت ويقترب من ساعات فراقه، لذا جاء عدم الاهتمام بالصور التي ختمت تلك الرغبات من هذا المنطلق.

ويطلب (ابو الطمحان القيني) من اصحابه ان يذكرانه باصحابه واحبته قبل وداعه الدنيا، يقول:

الا عللاني قبل نوح النوائــح   وقبل ارتقاء النفس فوق الجوانح
وقبل غد يالهف نفسي على غد   اذا راح اصحابــي ولســت برائح
اذا راح أصحابي تفيض دموعهم   وغودرت في لحد عليّ صفائحــي[2]

فالشاعر طلب من من حوله ان يعللانه بذكر اسماء احبته وايامهم وذكرياتهم كي يفر من غربته (المكان) وغربة (الموت) في تلك الدقائق القليلة. ويبدو انه اختار اصوات رخوة تحتوي على نسبة انين تعلو وتخفت بين الحين والاخر، كي تعبر عن حالته المأساوية المغتربة التي زاد الاحتضار والفراق المرتقب من وطأتها وقساوتها، واهم تلك الاصوات (اللام، والحاء، والسين) كذلك كان لتكرار صوت الحاء، ايقاع موسيقي مؤلم ولا سيما اذا عرفنا ان الكلمات التي شكل حرف الحاء جزءاً من بنيتها كانت تعبر هي كذلك عن واقعه المؤلم وتبث في نفسه الحزن والحسرات ومنها (نوح، النوائح، الجوانح، اصحابي، رائح، لحد...).

(1) ديوان اللصوص /180/2
(2) المصدر نفسه /312/1

وتزداد غربة مالك وتتأزم حالته النفسية عنـدما يتـذكر وهـو في غربتـه ويتسـاءل عن الذي يبكي عليه، ومن الذي يدفنه، ومن الذي ينقل خبر وفاته الى اهله؟ وغيرها من الاسئلة المؤلمة والموجعة التي املتها عليه غربته ووحدته:

تذكرت من يبكي عليّ فلم اجد   سوى السيف والرمح الرديني باكيا[1]

يرتد الشاعر في هذا المقطع الجنائزي المؤلم الى واقعه المريـر مـرة اخـرى، لكنـه ارتداد خاطف يتخلص منه من خلال اعـادة الحـديث الى الـذكريات الماضية خشية ان تفارقه الحياة ولم ترتوي نفسه مـن ذكريـات احبتـه التـي اخـذ يعلل نفسه ويصبرها بالحديث عنها.

ويتسع الإحساس بالغربة لدى اللصوص عندما يتخيلون رؤية النجم(سهيل) في غربتهم:

اقول لاصحابي ارفعوني فأننـي   يقرّ بعيني ان سهيـلٌ بداليـا[2]

فنرى الشاعر يعلل نفسه برؤية (سهيل) في غربته، و(سهيل) في بيت الشاعر رمز للوطن، لانه نجم يماني لا يـري الا في بـلاد العـرب، فرؤيتـه في هـذا البلـد غريبا كغربـة الشاعر من هنا كان تمسك الشاعر وطلبه من اصحابه ان يرفعوه كي يراه جيدا وان كان ضربا من الخيال، وبذلك يكون ابن الريب من الشعراء القلائل الـذين احرقتهم الغربـة والوحدة اشد حرقة، لا سيما اذا عرفنا ان غربته تتصل بعجزه امام القوى القاهرة وامام توديعه لأجزاء تموت تباعا من جسمه ونفسه، ومن هنا ظل الشاعر لا يملك امـام هـاتين القوتين المدمرتين سوى النواح المؤلم والأمل اليائس.

من خلال مـا تقـدم نسـتطيع أن نتوصل الى ان الشعراء اللصوص قد تفجرت قرائحهم في قصائدهم الاغترابية المصاحبة للموت في أرقى حالاتهم الشعرية، اذ صورت كيفية تعاظم المصيبة عليهم حين يجدون انفسهم غرباء الوطن والديار

(1) ديوان اللصوص / 179/2
(2) المصدر نفسه / 180/2

ويحل الموت بهم، فيزدادون غربة الى غربتهم، وعذابا الى عذابهم فتتفاقم نفسياتهم. كما ان ظاهرة الغربة المكانية تندلع أيضا بالالم والحزن والمعاناة عندما يقع الشاعر في غياهب السجن، لانه يرى فيه نهاية الحياة، ذلك لانه يمثل ((واقعا حسيا ملموسا، ذاق مرارته ولمس جوره وظلامته))[1]، وما دام اللصوص يغلب على شخصيتهم الاعتزاز بالنفس والطموح في تغيير الواقع فضلا عن انهم يمتازون برهافة الحس الوجداني ورقة المشاعر والاحساس التي استوحوها من الصحراء، وصفائها، فلا غرو ان نجد وقع السجون على انفسهم مفزعا ومؤلما، ولعل شاعرا قاسى ويلات السجون وعذابها والام سجانيها (كجحدر المحرزي) التي زادت من غربته ووحدته، يقول:

يارب ابغض بيت عند خالقه	بيت بكوفان منه أشعلت سقر
مثوى تجمع فيه الناس كلهم	شتى الامور فلا ورد ولا صدر
دار عليها عفاء الدهر موحشة	من كل انس وفيها البدو والحضر[2]

فغربة الشاعر في أبياته هذه ترتسم في صورة نفسه أوتارا يعزف عليها كلما الحت عليه ذكرياته، اذ اننا نجد فيها امتزاجا بين الالم والعذاب الجسدي، وبين الغربة النفسية التي انشاتها غربته المكانية.

وتأخذ ظاهرة الخوف من السجانين والترقب الجيد للحكم عليهم بالموت مأخذها في نفس (السمهري) فتزداد معها غربته وعذاباته، يقول:

لقد جمع الحداد بين عصابة	تساءل في الاسجان ماذا ذنوبها[3]

فسمة الخوف التي انتابت الشاعر بعثت في نفسه نوازع قاسية اصبحت جزءا من كيانه ووجدانه وجانبا من جوانب حياته المظلمة بظلمة الغربة والسجن.

---

(1) شعراء امويون / 10

(2) ديوان اللصوص /1 / 157.

(3) المصدر نفسه / 271/1.

ويصور (السليك بن السلكة) حال رجل من أصحابه يقال له (صرد) عندما اسر وادع السجن بعيدا عن قومه وقبيلته حتى أصبح أمام غربتين، غربة المكان وغربة النفس المتألمة، يقول:

بكى صرد لما رأى الحي أعرضت ... مهامة رمل دونهم وسهوب
وخوفه ريب الزمان وفقره ... بلاد عدو حاضر وجدوب
وناي بعيد عن بلاد مقاعس ... وان مخاريط الأمور تريب (1)

فالقلق الذي انتاب (صرد) افسد أمره حتى ضاقت به السبل وانقطعت به الآمال، وتسرب الملل إلى نفسه، هذا الاضطراب في نفسه أصبح كفيلا بان يفقده سيطرته ويؤزم حياته ويزيد من غربته، فالسليك صور لنا في مقطوعته السابقة بعدين مر بهما السجين، احدهما موضوعي يتعلق بطبيعة السجن وقساوته وكيفية الخلاص منه، والأخر ذاتي وجداني يتعلق بأزمة الوجدان لديه، ذلك انه ملتصق بأرضه وأحبته ووطنه ولا يقوى في الانفكاك عنهما، وقارئ هذه المقطوعة يشعر بهذين البعدين الذين عبرا عن الغربة أفضل تعبير، ففي الأول يصبح السجن مبعثا للرحيل والهلاك، وفي الاخر يصبح الوطن مبعثا للام والشوق واستجداء اللقاء، وكلا البعدين يفترسان نفس الفرد، فيطرحانه غريبا منفردا لا يقوى على الحياة.

وتتأرجح عواطف (جحدر المحرزي) في سجنه تجاه منزله واهله واحبته فيزداد تألما وغربة تجاه ذلك، يقول:

كانت منازلنا التي كنا بها ... شتى والف بيننا دوار
سجن يلاقي اهله من خوفه ... ازلا ويمنع منهم الزوار
يغشون مقطرة كان عمودها ... عنق يعرق لحمها الجزار (2)

---

(1) ديوانه /55.
(2) ديوان اللصوص / 1 / 158

فالشاعر الى جانب غربته عن دياره واهله يعيش غربة نفسية مؤلمة، مفعمة بالمخاوف توقف معها الامل بل وحتى الحلم، لما راه في سجنه من مخاوف وقساوة امتدت الى منع زائره اليه، كل ذلك اجج عواطف الشاعر بالاغتراب والمعاناة.

من خلال ما تقدم نستطيع القول ان السجون كانت من البواعث الفاعلة في اغتراب اللصوص ذلك لانها استطاعت ان تؤسس للالم والحزن والمعاناة مكانا في نفس الشاعر المغترب، هذا ما دل عليه معجم مفردات السجين التي تدل جميعها على حالة الانكسار والموت المرتقب وتوديع الحياة فهو (بائس، يشتكي، يعض القيد ساقه، مقرن الاقدام، خائف، نائي، حزين...). وغيرها من الألفاظ التي تظهر حروفها ألامها وقساوتها التي تعبر عن مرارة العيش و قساوة الحياة وغربة الوطن لدى الشعراء.

اما المرأة فكان لها دور فعال في تجربة اللصوص الاغترابية، لانها كالأرض في قدرتها على استقطاب لهفة القلق المتحفز في نفس الشاعر[1]، وان الشاعر (احب الديار لحبها وكرهها لهجرها اياها وابتعادها عنها)[2]، لذا نجد المرأة عند ابن الريب تمثل الحياة بعينها، فبعدها يعني توقف حياته، يقول:

ولقد قلت لابنتي وهـــــــي تبكـــي　　　　بدخيــــل الهمــــوم قلبا كئيبــا[3]

الذي يثير نفس ابن الريب تذكر ابنته وهو في غربته (المكان والموت) فيهيج شوقه وتنبعث فيه نفثات مؤلمة متوجعة لفراق الوطن والأهل، فيربط بين البعد والغربة والمسافة التي تفصل بينهما، فيشعر بان لا تلاقيا بعد ذلك الفراق فيزداد غربة على غربته اذ تصارعت غربات أربعة على نفسه هي (غربة المكان

(1) ينظر: المرأة والطلل / 6
(2) المرأة في الشعر الجاهلي / 88
(3) ديوان اللصوص 180/2/

والاحبة والموت والقبر الوحيد) وبذا تكون المرأة وذكرها وبعدها حافزا مباشرا لتحريك غربة الشعراء المكانية.

نستخلص مما سبق ان تجربتي الانفصال والاغتراب عن الاخرين كانت قاسية على اللصوص بحيث اصبح الجمع يمثل لديهم (كتلة معتمة تحول بين الشاعر والضوء فازداد شعوره بانه منبوذ، محاصر، مخنوق)[1]، اذ عانى الشعراء اللصوص من غربتهم المكانية كثيرا، ويظهر هذا من خلال صدق العواطف والمشاعر التي يكنها الشعراء تجاه مكانهم الاول، فكانت معاناتهم والامهم بمثابة ردود افعال قاسية لامكنتهم الغريبة تجسدت بالحزن والتشاؤم منها.

وفي النهاية يمكن لنا ان نستشف من خلال اشعار الغربة المكانية تأثيرها على بنية اشعار اللصوص الفنية، ذلك لانها لم تكن حادثة عابرة بل كانت حادثة موجعة ومتألمة، ولعل استبدال الحنين الى المكان بالمقدمة الطللية اول شيء يطالعنا في تلك البنيات الشعرية، كما في قول (بكر) الأتي:

وليلة جمع لم ابت ناسيا لكم — وحين افاض الناس من عرفات[2]

وقول (جحدر):

يا صاحبي وباب السجن دونكما — هل تؤنسان بصحراء اللوى نارا[3]

وقول (ابي النشناش):

وسائلة أين الرحيل وسائل — ومن يسأل الصعلوك اين مذاهبه[4]

---

(1) مقدمة للشعر العربي /38

(2) ديوان اللصوص / 1/ 89

(3) المصدر نفسه /1 / 156.

(4) المصدر نفسه / 2/ 285

كما ان اللصوص ابتعدوا في أشعار الغربة عن التماسك ورصانة الالفاظ، متجهين الى الموسيقى اكثر من الصورة، ذلك ان الموسيقى تتجاوب مع حالات القلق وتفريق الذهن وتسمر الزمن لذلك ركزوا على التكرار والأسجاع ورد العجز على الصدر وغير ذلك[1].

ثانياً- التحول المكاني:

انطلاقا من ان المكان يسهم بدوره في علاقات تبادلية بينه وبين الشخصية التي تقطنه، هذا من جانب ومن جانب اخر ان حياة الشخصية تفسرها طبيعة المكان الذي يرتبط بها، وبناء على هذه العلاقات انشأنا عنوان (التحول المكاني). وايمانا منا من ان بعضا من هذه العلاقات الاجتماعية (تحدد البقاء في مكان ما، وثمة انماط من المعاناة النفسية تفرض الرحيل عنها)[2]، فاننا نجد في طبيعة الاقليم الذي يعيشه اللصوص فرض عليهم فكرة الارتحال وعدم الاستقرار، نظرا لظروفه الخاصة، وهذا يرجع بطبيعة الحال الى امور يمكن اجمالها باسباب ثلاث، وهي كالاتي:

1- ان حياة الصعلوك اعتادت الحياة الفردية، نظرا لطبيعة الاقليم الذي عاشه.
2- ان الصعلوك كان دائم الانتقال مع حيواناته وراء الماء والكلأ، نظرا للطبيعة الجدلية المجدبة التي يمتاز بها اقليمهم.
3- فكرة الخلع من القبيلة في عصر ما قبل الاسلام، التي اصبحت من بعد متعلقة بالعامل السياسي عند صعاليك العصر الاسلامي.

---

(1) ينظر على سبيل المثال: ديوان اللصوص /312/1، 235،340، ديوان الهذليين /2/1.
(2) المكان عند الشاعر العربي قبل الاسلام (رسالة ماجستير) /223

اذن فالتحول المكاني موقف مضاد لفكرة البقاء على الفقر الذي يعانيه شعراء هذه الطائفة، والجور الاجتماعي والطبقي الذي يتميز به واقعهم والرضوخ لسياسة القبيلة والدولة من بعد، لذا جاء التحول حلا فكريا يحمل معنى الرفض للواقع تارة وللبحث عن الحرية تارة اخرى، ومن جانب اخر يحمل احساسا واعيا بشرعية التمرد والرفض كما يثير احساسا بالجور الذي تعرض له بعض شخوص القبائل جراء الطرد والخلع من القبيلة الام.

ولعل اول بوادر التحول عن المكان لدى اللصوص تبدأ بمخاطبة الذات (المونولوج) ودعوتها الى عدم الانسجام مع ما يحيط بها، والرغبة في ايجاد واقع اخر غير الواقع الذي تعيشه حاضرا، ولعله الواقع الذي يحقق للنفس رغباتها ودوام حياتها، وبذلك تندفع ذات الصعلوك الى تشكيل نسق اخر مغاير لنسق حياتهم الحالية، وفق إستراتيجية لافعال مغايرة لتوجهات المجتمع، هذا ما فعله (عروة اللصوص) عندما بدأ بتشييد عالم اخر لحياته تحقق فيه الذات تطلعاتها او بعضا منها على الاقل، يقول:

اذ المرء لم يطلب معاشا لنفسه — شكا الفقر اولام الصديق فاكثرا
وصار الى الادنين كلا واوشكت — صلات ذوي القربى له ان تنكرا
وما طالب الحاجات من كل وجهة — من الناس الا من اجد وشمرا
فسر في بلاد الارض والتمس الغنى — تعش ذا يسار او تموت فتعذرا[1]

نلتمس من خلال هذه المقطوعة السبب الذي دعى الشاعر الى طلب الارتحال حيث صاغه بأسلوب أدبي جميل اعتمد الموازنة في ظرفين مختلفين معيارا له.

وجاء التحول المكاني لدى(الشنفرى) ردا وسعيا للتعويض عما لحق باللصوص من حرمان مادي ومعنوي في قبائلهم، لذا جاءت صرخته تمثل هذا الرد وهذه الرغبة، يقول:

---

(1) ديوان اللصوص / 91 – 92. ولم اعثر عليها في ديوانه.

اقيمـــوا بني امي صدور مـطيكــم فاني الى قــوم سـواكـم لاميل
فقد حمت الحاجات والليل مقـمـر وشدت لطيات مطـايـــا وارحـــل
لعمرك ما بالارض ضيق على امرىء سرى راغبا او راهبـــا وهو يعقـــل
اديـم مطـال الجـــوع حتى أميتـــه واضرب عنه الذكر صفحا فاذهل
واستـــف ترب الارض كي لا يرى له عليّ مـــن الطـــول امرؤ متطول
ولكن نفـســا مـرة لا تـقـيـم بـــي على الذأم الا ريثمـــا اتحـــول[1]

فصرخة الشنفرى هذه تمثل التحدي بعينـه، لانـه يـرى ان الارض كلهـا ارضـه وان من حقه الانتقال عليها من مكان الى اخر، فاذا اشعره مكـان مـا بـالاذى والمهانـة وجـور القبيلة فمن حقه ان يتركه الى مكان اخر يكون فيه كريما مطاعا.

ويدعو الصراع بين الأقارب الى اقدام (عروة بـن الـورد) الى الارتحـال طلبـا لحلـف ينصره عـلى أقاربـه او يمنحـه الاقامـة بعيـدا عـنهم، لان ارض اللـــه واسـعة ومـن حـق الإنسان ان ينتقل من مكان الى اخر اذا ضاقت به الارض بما رحبت، يقول:

وسائلة اين الرحيـل وسائـــــل ومن يسال الصعلوك اين مذاهبه
مذاهبه ان الفجـــاج عريضــــة اذا ضـن عنـــه بالفعـــال اقاربـه[2]

وقد يكون سفر الحبيبة وابتعادها عن الشاعر سـببا في طلـب الارتحـال، هـذا مـا طالعنا به (الخطيم المحرزي)عندما شكى من المكان المجدب بأهلـه وأحبتـه، فهـو مكـان يخلو من أثار الصداقة والمحبة وان عيون ساكنيه لا تهجع بالنوم لكثرة همومها والامها المرتبطة ببعد احبتها عنها، يقول:

فانـــي بارض لايرى المرء قربـهـــا صديقـــا ولا تحلى بها العين مرقدا
اذا نـــام اصحابي بها الليل كـلـه ابت لا تذوق النـــــوم حتى ترى غدا
اتذكـــر عهـد الحارثـيـة بعدمـا نأيـــت فلا تسطيـــع ان تـتعهـــدا

(1) ديوانه /66-73.
(2) المصدر نفسه /48.

لعمرك ما احببـــت عزة عـن صبى حبـته ولا تسبـــــي فؤادي تعمدا
ولكنـــني ابصرت منـهـــا ملاحـة ووجهـــــا نقيـا لونه غـير انكدا[1]

ويأتي طلب العزلة والانفراد عن المجتمع والقبيلـة راعيـا لفكـرة الارتحـال المكـاني لدى (الاحيمر السعدي) الذي أوحشه الناس واجتماعهم فطلب الارتحال لتحقق وحدته يقول:

لو ترانـــي بذي المجـازة فردا وذراع ابنـــة الفـلاة وسـادي
ترب بث اخا همـــوم كـــان ال فقـــر والبـــؤس وافيا ميلادي
حظ عيني من الكـــرى خفقـات بين سـرح ومنحنـــى اعـــــوادي
اوحـش الـناس جانبــي فمـــا آ نس الا بوحشتـــي وانفـــرادي[2]

فنص السعدي هذا يكشف لنا عـن صراع اجتماعـي مقيـت لا يقـوى ان يتحملـه ويسايره، لان مسايرته تعني الموت والهلاك، لـذا طالعنـا بهـذا المكـان الشـعري الـذي لم يحدد معالمـه ولم يفصـل القـول فيـه، بـل اكتفـى بوصـفه انـه مخـالف ومضـاد للبنيـة الاجتماعية للقبيلة، لذا فإننا هنا نكون امام نص حركي تكون انطلاقته دائما نحو معانقـة التيه والمجهول، ليحقق الشاعر من خلاله وحدته وانفراده.

ومن معاني التحول المكاني الأخرى لدى اللصوص، التخلص من الهموم والآلام عـن طريق هذه الرحلة، المعنى الذي طالعنا به (المرار بن سعيد الفقعسي) الـذي رأى شـفاء هموم نفسه والانتصار عليها لا يأتي الا بالرحيل عن مكانه الحالي، يقول:

وجدت شفاء الهموم الرحيـــل فصرم الخلاج و وشك القضـــاء
واثواؤك الهـم لـــم تمـضـــه اذا ضافك الهم أعنــــــى العنــاء[3]

(1) ديوان اللصوص / 235/1.
(2) المصدر نفسه /56.
(3) المصدر نفسه / 2/ 202

فطلب التحول المكاني لدى الشاعر جاء نتيجة قساوة المكان الذي زرع في نفسه الهموم والآلام، لذا جاء التحدي من قبله لرفض الواقع وطلب التحول كحل نهائي يلتمس منه الارتياح وهدوء النفس بعد تخلصها من همومها.

آما الفقر وشظف العيش فكان أيضا من دواعي الارتحال والتحول المكاني لدى (عروة بن الورد) طلبا للرزق والمال، لان من كان له عيال مثل الشاعر وهو مقتر من الأموال عليه ان يلتمس الارتحال وسيلة لتحقيق إحدى الغايتين، احدهما طلب الغنى والعيش، والأخرى لقاء الموت، وكلاهما مريحان لنفس ابن الورد لأنهما يخلصانه من همومه، يقول:

فقلت لقوم في الكنيف تروحوا عشية بتنا عند ماوان رزح
تنالوا الغنى او تبلغوا بنفوسكم الى مستراح من حمام مبرح
ومن يك مثلي ذا عيال ومقتراً من المال يطرح نفسه كل مطرح
ليبلغ عذرا او يصيب رغيبة ومبلغ نفسي عذرها مثل منجح[1]

فاللصوص – وعروة منهم – لا يرضون لانفسهم الا مكان العز الذي يجلب لهم الغنى ويخلصهم من حياة الفقر التي لازمت حياتهم، وهذا لا يتحقق في نظرهم الا من خلال طلب الارتحال والدعوة اليه، كما هي دعوة ابن الورد:

وقلت لا صحاب الكنيف ترحلوا فليس لكم في ساحة الدار مقعد[2]

من خلال ما تقدم من نصوص لعروة ولغيره من اللصوص يتبين لنا انهم اكتسبوا قوتهم النفسية من خلال الوعي بقضيتهم ومن قساوة مكانهم وحياتهم، ومن مظاهر تلك القوة والأنفة والترفع عن بعض الأعمال السائدة في مجتمعهم القبلي، كالذي نجده عند (تأبط شرا) الذي أعلن انه لا يرضى لنفسه رعي الإبل والأغنام، يقول:

(1) ديوانه /51

(2) المصدر نفسه /60

ولست براعي ثلة قام وسطهـــــــــا طويل العصى غرنيق ضحل مرسل [1]

فهم لا يرضون لأنفسهم الا أماكن العز التي تتحقق بالارتحال والتحول وليس وراء الإبل او بين قطعان الغنم. [2]

ويشهد (بكر بن النطاح) سمات التحول المكاني وان لم يغادر مكانه، فما ان فارقه مالك بن علي الخزاعي، حتى اصبح المكان الذي يحياه موحشا غريبا مجدب الخيرات بعد ان كان يفيض به كرم صاحبه، يقول:

اغلقـــت الخيرات ابوابهـا وامتنعــت بعدك يابن الكرام
ارحل بنا نقرب الى مالـــك كيمــا نحيي قبره بالسلام
كان لأهل الأرض في كفه غنى عن البحر وصوب الغمام [3]

ويأخذ السجن مأخذه من (جحدر المحرزي) والذي كان سببا في طلب التحول عن المكان، حيث وجه رسالة استغاثة من سجنه طلب فيها التحول والتخلص من مكانه هذا، الذي غالى في وصفه وكأن جهنم تستقي حرها من حره، وكأن المـوت أطبق عليه فلا حياة تذكر فيه، فهو مكان موحش لا أنيس فيه رغم وجود الإنسان فيه، وهذا ابلغ تعبير - كما يبدو لي - عبر من خلاله الشاعر عن قساوة المكان وشدة ألامه، يقول:

يارب ابغض بيت عنـــد خالقه بيـــت بكوفان منه أشعلـت سقر
مثوى تجمع فيه الناس كلهم شتى الأمـــور فلا ورد ولا صـدر
دار عليها عفاء الدهـر موحشة من كل انس وفيها البدو والحضر [4]

(1) ديوانه / 137
(2) ينظر: الشعراء اللصوص في العصر الجاهلي / 35
(3) ديوان اللصوص 1/ 129.
(4) المصدر نفسه /1/ 157.

وقد يأتي طلب الارتحال والتحول عن المكان ليس من حالات الفقر والجوع وجدبه وجدب ساكنيه، بل قد يأتي من قساوة الطبيعة التي يحيونها، ومن ذلك حديث (المتنخل) عند ارتياده ماء لا انس عليه، في إرجائه أصوات القطا والبعوض، وعلى جوانبه اثار السباع والحيات، ورده الشاعر وقد زاحمه على الورود ذئب حران ذو سطوة، يقول:

وماء قد وردت اميم طامٍ ... على ارجائه زجل الفطاط
قليل ورده الا سباعا ... يخطن المشى كالنبل المراط
فبت انهنه السرحان عني ... كلانا وارد حران ساطي
كان وغى الخموش بجانبيه ... وغى ركب اميم ذوي هياط
كان مزاحف الحيات فيه ... قبيل الصبح اثار السياط
شربت بجمة وصدرت عنه ... وابيض صارم ذكر اباطي[1]

ولعلنا نجد فكرة اخرى لدى اللصوص تكمل فكرة (التحول المكاني) وتعززها، تلك هي (فكرة التطواف) التي تظل هي الاخرى حاملة لدلالة الطموح والأمنيات في الغنى وسعة العيش والتخلص من الواقع الذي يرزح بالحرمان والمعاناة والفقر، يقول ابن الورد في ذلك:

دعيني أطوف في البلاد لعلني ... افيد غنى فيه لذي الحق محمل[2]

وقوله:

ذريني أطوف في البلاد لعلني ... أخليك او اغنيك عن سوء محضري[3]

(1) ديوان الهذليين / 2/ 24-26.
(2) ديوانه /97.
(3) المصدر نفسه /67.

ولعلنا أيضا نلحظ ظاهرة مهمة في شعر اللصوص ربما كانت وراء ذلك التحول المكاني وقد وعى الشعراء تلك الظاهرة، الا وهي الدعوة للتحول من اجل البقاء والارتباط بالمكان، وقد بين ذلك (عروة بن الورد) في قوله:

اری ام حسان الغداة تلومني   تخوفني الاعداء والنفس اخوف
تقول سليمى لو اقمت لسرنا   ولم تدرِ اني للمقام اطوف[1]

فالشاعر يسافر ويغترب كي يستقر ويقيم، وبذلك ندرك بوضوح ان ارتحال الصعلوك هو في الغالب تعبير غير مباشر عن الارتباط بالمكان الذي تسكنه قبيلته، فالمرتحل يسعى الى تحسين ظروفه جميعها من خلال التحول المكاني لغرض تنمية إمكانيات الاستقرار والعيش الدائم.

من خلال ما تقدم يتبين لنا ان تمرد اللصوص على امكنتهم لم يكن تمردا سلبيا فوضويا نشا من فراغ، بل هو انعكاس نفسي لما يدور في واقعهم وحياتهم من غارات وحروب سلبت الناس حقهم في العيش، فالتمس اللصوص طريق التحول والنزوح ضمانا لدوام عيشهم والامساك بحقوقهم المستلبة.

---

(1) ديوانه /87

المبحث الثاني
البعد الجمالي للمكان

اولاً- شعرية المكان / الطلل:

لعل مـن الامـور المعروفـة لـدى الدارسـين ان المقدمـات الطللية تختـزن المـاضي السعيد الذي يكون مناقضا دائما للحاضر المرفوض، وما تلك الاشعار في تلك المقدمات الا فضاء لتامل ذلك الماضي السعيد، يعني هذا ان تلك المطالع الطللية تزخر بنـوعين مـن الامكنة، نستطيع ان نعبر عنها بالمخطط الاتي:

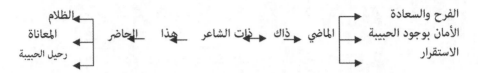

من هنا يمكننا التعامـل مـع هـذين المكـانين (هـذا – ذاك) في مطـالع اللصوص الطللية، عبر ثلاث ثنائيات تتولد التالية من الاولى، وكما يأتي:

1- الطلل وثنائية الحاضر / الماضي:

انطلاقا من القول القائل ان المقدمة الطللية ليست طللية فقط بل هي فضلا عن ذلك سنة فنية ونفسية يرجـى قائلها مـن ورائها الى معـان عـدة.[1] ومـن تلك المعـاني الواضحة للعيان، هو الصراع الجدلي القائم، الذي لا يهدأ يومـا مـن الأيـام، صراع المـاضي والحاضر، الماضي الذي يمثل المكان الأمثل، موطن الأمل والسعادة والـذكريات، والحاضر الذي يمثل المكان المؤلم المنغلق على نفسه، الذي

(1) ينظر: خصوبة القصيدة الجاهلية /195.

تتوقف فيه الذكريات وتزداد به الآلام والمواجع، ولعل قصيدة (ابي ذؤيب الهذلي) خير من يمثل ذلك الصراع الجدلي، يقول:

أساءلت رسـم الدار أم لم تسائل	عن السكن أم عن عهـده بالأوائل
لمن طلل بالمنتضى غيـــر حائل	عفا بعد عهد من قطار ووابــــل
عفا بعد عهد الحي منهـم وقـد	يرى به دعس آثار ومبــرك جامل
عفا غير نوي الدار ما أن أبينـــه	وإقطاع طفٍ قد عفـــت في المعاقل[1]

فابو ذؤيب الهذلي يطالعنا في هذا المقطع بـنفس متعبـة اتعبهـا الزمـان والمكـان معا، هذا ما دل عليه الفعل (اساءلت) موجها الى رفيق لـه عارف بالديار واهلها ماضيا ومدركا لها حاضرا، ومن خلال هذا الفعل ذي النبرة الهادئـة يحـاول الشـاعر ان يوقـف الزمن قليلا ليعيش ماضيا مضى لكن من خلال رفيقه عندما يذكر له تلك الايام المندرسة التي حوت في يوم من ايامها منزل الحبيبة ولحظات الامل والسعادة.

ومن اللافت للنظر، ان الشاعر في هذا المقطع حدد لنا الطلل جغرافيا، فهـو طلـل واقع قرب المدينة (لمن طلـل بالمنتضى-) ولعـل الشـاعر اراد مـن ذلـك التحديـد إضفـاء الشرعية على مكانه الأثير (الماضي)، الذي أصبح رسما بعد ان كان سكنا وفي ذلـك دلالـة كبيرة قدمها الشاعر في مطلع هذا المقطع (اساءلت رسم الدار...) ليبين مـن خلالـه حـال منزل الحبيبة قبل رحيلها عندما كان (سكنا) والذي اصبح (رسما) بعد الرحيل، وفي ذلـك التفاتة بارعة من لدن الشاعر، كما ان ذلك التحديـد الجغـرافي للمكـان، اراد ابـو ذؤيـب من خلاله ان يمحو معالم مكانه الحاضر، لكنه ادرك بعد قليل ان تجاوز معالم الحـاضر لا تتم واقعا بقدر ما تتم في الذاكرة فقط، لذا راح يبين لنا كيف اصبح مسكنه رسما، فضلا عن رحيل الحبيبة عنه، اذ اسهمت الأمطار والظـروف الطبيعيـة الأخـرى عـلى اندراسـه واندثاره اللتين اندرست

(1) ديوان الهذليين /1/139-140

معهما نفسه وذكرياته ولعل ايمان الشاعر بتلك الظروف وفعلها ناشئ من تجربته الواقعية في البيئة التي يعيش فيها, الامر الذي جعله يذكر الفعل (عفا) مصاحبا دائما مع تلك العوامل الطبيعية.

كما عبر (اميه بن ابي عائذ) عن تلك الجدليه في مقطوعته الاتية:

لمن الديار بعلى فالاخراص ... فالسودتين فمجمع الابواص
فيها رسوم كالوشوم باقدح الـ ... متزايدين تخاطر الاشقاص
لا تستبين العين من اياتها ... الا سطور مساجد وعراص
وخيامها بليت كأن حنيها ... اوصال حسرى بالجنوب شواصي[1]

ففي هذا المقطع الذي وازن به الشاعر بين ماضيه وما فيه من ذكريات، وحاضره وما فيه من الام وويلات, ضم فضلا عن ذلك حركتين, الاولى اختصت بالذاكرة وما تكنه من ذكريات مع الحبيبه ومنزلها العامر, حيث الامان والاستقرار والالفه ومسرح العمليات العاطفيه, اما الاخرى فاختصت بالواقع الذي يمثل رحيل الحبيبة ومنزلها الذي صار وشما بفعل عاديات الزمن الرديء وغربته وعدوانية المكان.

مما تقدم يتبين لنا ان تلك الثنائيه (الحاضر / الماضي) يحكمان المكان فيصبح مع (هذا) مكانا مخيفا خاليا من الذكريات يرزح بالآلام والمعاناة, ويكون مع (ذاك) مكانا اليفا يرفل بالسعادة والأمان, لكن تلك الجدلية سرعان ما تنتهي لصالح المكان (هذا) على مصلحة (ذاك) لان ما هو ماثل امام البصر اكثر مما هو ماثل في الذاكرة.

(1) شرح اشعار الهذليين /2/5-6

2- الطلل وثنائية الانقطاع / الاتصال:

ذكرنا في الثنائية الاولى ان هناك صراعا أزليا سنه الأولون وسار عليه اللاحقون يتمثل بصراع الحاضر المؤلم للماضي الجميل , وهذا الصراع يولد بطبعه ثنائية اخرى تتلخص بالانقطاع الحاضر المؤلم والرغبة في الاتصال بالماضي السعيد. ولعل هذا الانقطاع عن المكان حاضرا يتمثل في مقاطع الطلل بمخاطبته وسؤاله لتغيير حاله كي يطمئن له قلب الشاعر ويتفاعل معه لكنه لا يجيب ولن يجيب, وتتمثل هذه الجدلية في مقطع (ابي الطمحان) الطللي الذي يقول فيه:

لمن طلل عاف بذات السلاسل ... كرجع الوشوم في ظهور الانامل
تبدت به الريح الصبا فكأنما ... عليه تذري تربه بالمناخل
وجر عليه السيل ذيلا كأنه ... اذا التف في الميثاء اسفاف ساحل
وقفت به حتى تعالى لي الضحى ... اسائله ما ان يبين لسائل
ولما رايت الشوق مني سفاهة ... وان بكائي عن سبيلي شاغلي
صرفت وكان الياس مني خليقة ... اذا ما عرفت الصرم من غير واصل(1)

يزخر مقطع ابي الطمحان بتحديد المكان (ذات السلاسل) , لكنه مكان سلبي بالنسبه للشاعر, لانه يخلو من ساكنيه ويفتقر الى الحياة, فيحاول الشاعر بعد ذلك ان يسأله ويستنطقه لكنه لا يجيب ولن يبين شيئا لسائله لذا اصبح الشاعر بين موقفين, الاول اراد ان يبث الامل في نفسه من خلال محاورة الطلل الذ ي يدل على حياته واحيائه, والاخر الصمت المطبق وعدم الرد من قبل الطلل الذي ولد عند الشاعر ياسا مطبقا كذلك, هذا مادلت عليه ابياته (ولما رايت الشوق......, صرفت وكان اليأس مني......) أي لم تكن هناك امكانية واستعداد من قبل طلل الحبيبة للتواصل والدوام مع ذات الشاعر.

(وللقتال الكلابي) مطلع بين فيه تلك الثنائية, يقول:

لطيبه ربع بالكليبين دارس ... فبرق نعاج غيرته الروامس

---

(1) ديوان اللصوص /323/1

وقفت به حتى تعالت لي الضحى اسيا وحتى مل فتل عرامس
وما أن تبين الدار شيئا لسائل ولا انا حتى جنني الليل ايس[1]

هذا المقطع يزخر أيضا بتسمية الأماكن (الكليبين, برق نعاج) لكنها أماكن معاديه تخلو من الحياة, الأمر الذي جعل الشاعر ان يتخلص من هذا الوضع الحالي (الانقطاع مع الطلل) عن طريق الوقوف به ومناشدته للعوده مره اخرى لأيامه الماضية لكي يحقق الشاعر نوعا من التواصل معه لكنه على عادتة لم يرجع جوابا لسائله و الذي زاد من انقطاعه مع طللة, عدم الجواب.

ويبدو واضحا من خلال مقطع الكلابي السابق انه اطال الوقوف والانتظار امام طلله, هذا ما دلّ عليه قوله ((وقفت به حتى تعالت لي الضحى..., حتى جنني الليل...)) لكن من غير جدوى، اذ عاد بعد الوقوف الطويل حزينا متعبا هو وناقته التي اعياها الانتظار والوقوف كذلك, هذا الموقف من قبل الطلل ولد لدى الشاعر انقطاعا مرة اخرى معه واصر على انغلاقه وعدوانيته.

نستخلص مما تقدم ان الطلل ظهر لنا في المقاطع السابقه منغلقا على نفسه وتظهر علاقة الشاعر معه علاقة عدوانية تخلو من الحوار والحيوية, لانه لم يتمكن من الاجابة, فتتعمق معه تلك الثنائية (اللاتواصل) التي حاول الشعراء الانفكاك منها لكن دونما جدوى.

3-الطلل وثنائية الجدب / الخصب:

يرتبط المكان في قصيدة اللصوص الشعرية بثنائية ثالثه هي ثنائية (الجدب/ الخصب) وهذه الثنائية منبثقة من طبيعة حياتهم الصحراوية التي تحتم عليهم الانتقال من مكان الى اخر طلبا للماء والكلأ, ويبدو ان اللصوص في المقاطع التي تشكل هذه الثنائية يعانون من مشكلتين, الاولى تتمثل بالجفاف الطبيعي نتيجة طبيعة اقليمهم الذي يمتاز بالتناوب بين الخصب والجدب, والأخرى تتمثل بما يمكن ان

(1) ديوان اللصوص /84/2

نطلق عليه (الجفاف النفسي) ويتمثل بارتحال الحبيبة وبعدها عن مكان الشاعر، فيظل الشاعر ظمانا لرؤيتها ومحادثتها ولذكرياتها كذلك. ولعل حرص الشعراء على دوام اطلال أحبتهم وذكرياتها جعلهم يدعون لها بالخصب والنماء عن طريق السقيا، كقول (قيس بن الحدادية):

سقـــى اللـه اطلالا بنعم ترادفت   بهن النوى حتى حللن المطاليا[1]

فالشاعر في هذا المطلع يتمنى الخصب لاطلال احبته كي تبقى على حالها، او ان يبقى الامل بحياتها على الاقل، ولو على مستوى التخييل.

ويستخدم (ابو ذؤيب الهذلي) طريقة أخرى لايهام النفس بحياة اطلال احبته عندما شبه رسومها بكتابة القلم على الصحيفة من قبل الحميري بتمهل وتفرس دقيقين، يقول:

عرفت الديار كرقم الدوا   ة يزبرهـــا الكاتـب الحميري
برقـم ووشـي كما زخرفت   بمشيمهـــا المزدهـــاة الهـــدى[2]

فهذه الصورة لدى ابي ذؤيب تسخر بالفعل الإنساني الحيوي للكاتب وتحفل بالأناقة التي تحقق ديمومتها، فضلا عما تعبره اثار الواشمة من دقة واعتناء يوفران البقاء والديمومة كذلك.

اما الرياح التي تمر على اطلالهم، فلم تكن قوية معصفة تقلع اثاره، بل هي ريح الصبا الهادئة التي لا يكون تاثيرها قويا مدمرا، كما في قول (المتنخل):

هـل تعـرف المنزل بالاهيـــل   كالوشم في المعصم لم يجمـــل
وحـشـــا تعـفيـه سوافي الصبا   والصيـف الا دمـــن المنــــزل[3]

---

(1) عشرة شعراء مقلون / 43.
(2) ديوان الهذليين /1/ 64
(3) المصدر نفسه /2/ 1

فالمتنخل استخدم صوراً عدة في مقطوعته السابقة ليؤكد من خلالها عدم اندراس اطلال احبته واستمرار الحياة فيها كـ (لم يدرس في قوله لم يجمل، ريح الصبا، مطر الصيف..) وقد اراد بذلك بقاء اطلال احبته على حالها دونما تغيير، ولتمنح المار بها فسحة العيش وامل الحياة.

وتستمر هذه الجدلية (الجدب / الخصب) في قصائد الشعراء اللصوص لكي يجعلوا من اطلالهم التي غادروها لجدبها وانعدام العيش فيها سواء اكان الجدب طبيعيا ام روحيا، ليجعلوا منها عامرة مزهرة مأهولة ولو بعد حين.

ثانياً- البنية الصوتية للمكان:

1- الايحاء الصوتي الصادر عن الفاظ النص المكاني:

لاشك ان الألفاظ تختلف فيما بينها في المستوى الجمالي الذي تحققه عند سماعها، وهذا راجع بطبيعة الحال الى الموسيقى الصادرة من تلك الألفاظ التي تختلف فيما بينها هي كذلك، وما على الشاعر من بعد الا ان يختار الألفاظ المناسبة لنصه المكاني، والتي تحقق فيما بينها نوعا من الانسجام الصوتي والإيحائي، ذلك لانه - أي الشاعر - في صياغته لكلمات قصيدته لا يتعامل معها تعاملا عشوائيا بل ينتقيها انتقاء مستغلا بذلك الخواص الحسية لاصواتها وجرسها... ذلك لان الاصوات غنية بالقيم التعبيرية والترابطية.[1]

ولعل الشعراء اللصوص في نصوصهم المكانية - اذا صح ذلك - اختاروا الكلمات المناسبة التي توحي صوتيا بمشهد المكان المتبنى في نصه، ومن ذلك قول (بكر بن النطاح):

نسيم المدام وبرد السحر ... هما هيجا الشوق حتى ظهر
سقى الله بغداد من بلدة ... وساكن بغداد صوب المطر

(1) ينظر: القصيدة العربية الحديثة بين البنية الإيقاعية والبنية الدلالية /6

الا رب سـائلـة با لعـرا ق عنـــي واخـــرى تطـيل الذكر[1]

لقد توزعت الكثافة الصوتية في هذه المقطوعة بين اربعة حروف هي الراء، (ثمان مرات) والسين (خمس مرات)، والميم (اربع مرات)، والهاء (ثلاث مرات)، ولعل هذه البنية التكرارية للحروف التي تتفاوت فيما بينها بين الصفير (كما في حرف السين)، وبين الجهارة (كما في حروف الراء والميم والهاء)، خلقت نوعا من الانسجام الصوتي يتناغم مع طبيعة الحرف الاخر المكرر الذي ولد نوعا من التسجيع والتجنيس الصوتي بين الكلمات.

ومن مظاهر الايحاء الصوتي الصادر من الفاظ اللصوص، ما طالعنا به بكر كذلك، يقول:

وليلة جمـع لـم ابـت ناسيـا لـكم وحين افاض الناس من عرفـــات
ولم تنسنيك البيض بالخيف من منى وقـد رحن ارسالا الى الجمـــرات
يغـيب الدجـــى ما لم يـغبـن ويختفى اذا كن منه الدهر مختفيـــات[2]

حيث اسهم حرف السين في المقطوعة السابقة الذي تكرر (أربع مرات) وهو (الصوت الإنساني الاحتكاكي الصافر غير المصوت الذي يظهر على شكل ضجة عشوائية).[3] في ربط المتلقي بالمكان الذي يبدو خاليا مظلما بغياب الاحبة رغم تزاحم المكان بالناس، وبذا فقد وفر تكرار حرف السين للخطاب الشعري ان يقترب من الهمس والهدوء الذي يحدث غالبا في الأماكن الخالية على الرغم من ان حرف السين يحتاج في نطقه (الى قوة من اخراج النفس أعظم من التي يتطلبها نطق الصوامت المجهورة)[4].

(1) ديوان اللصوص / 1/ 109
(2) المصدر نفسه / 1/ 89
(3) التشكيل الصوتي في اللغة العربية /75
(4) لغة الشعر العربي الحديث / 216

ومن أمثلة الإيحاء بصورة المكان من خلال فاعلية أصوات كلماته قول (غيلان بن الربيع):

الا هل الى حومانة ذات عرفج ووادي سبيع يا عليل سبيل
ودوية قفر كان بها القطا بري لها فوق الحداب يجول
الى الله اشكو محبسي في مخيس وقرب سجا يارب حين اقيل
واني اذا ما الليل ارخى سدوله بمنعرج الخل الخفي دليل [1]

فتعاقب حرف السين (ست مرات) يتبعه الحاء (اربع مرات) والخاء (اربع مرات) والجيم (اربع مرات) خلق نوعا من التماس الذهني مع المتلقي (بوصفه طاقة هارمونية تتفاعل مع غيره وتضع امومة دلالة تكون بمثابة ذاكرة استقبال للصورة الشعرية التي تطلق العنان للمفردة في مزاوجة الدلالة بالايحاء والموسيقى الصوتية لها، لان صوت اللفظة مرتبط بكينونة المعنى).[2] فضلا عن ان الشاعر يحاول ان يجعل صورته ذات دلالة مرئية من خلال اصواته المكررة، لانها تمتلك ذاتيا بفضل خصائصها الفيزيائية والسمعية... بعض الدلالات الافتراضية التي يظل اصلها حسيا حركيا او احساسا بالتداعي التلقائي.[3]

ومن مظاهر الإيحاء الصوتي الصادر عن ألفاظ المكان عند الشعراء اللصوص تكرار لفظة (قبر) في قول الحنفي:

كأن الذي يبكي على قبر معقل ولم يره يبكي على قبر حاتم
ولا قبر كعب اذ يجود بنفسه ولا قبر حلف الجود قيس بن عاصم[4]

---

(1) ديوان اللصوص / 2/ 33

(2) دلالة المكان الشعري، دراسة في شعر حسب الشيخ جعفر (رسالة ماجستير) /117.

(3) ينظر الشكل والخطاب / 130

(4) ديوان اللصوص /133/1

الذي نراه من تلك اللفظة المكررة (قبر) انها ذات إيحاء صوتي شديد التأثر والتأثير في النفس ولعل ذلك الإيحاء الصوتي يعود الى ما يمنحه حروفها (القاف والراء) من امتداد صوتي ذي نغم عال يزيد من احساسنا بالمرارة والفراق يقطعهما حرف الباء الساكنة التي تحاول ان تقلل من حدة الانفعال والمرارة التي توحي بهما هذه اللفظة.

لعل الذي نراه مما تقدم ان اصوات الكلمات لها الاثر البالغ في الايحاء بالصورة لدى الشعراء، ذلك لان بين الصوت والدلالة علاقة واضحة وان كلا منهما يغني الاخر بكيفية ما، ولعل الوضوح ما يمنحه الصوت للدلالة ربما بسبب ما يتوافر فيه من تقابل واتساق وتكرار، كانه تشكل صوتي يقود الى تشكل دلالي.[1]

2- الايحاء الصوتي الصادر من موجودات المكان:

من الملاحظ في النص الصعلوكي انه يحتوي على اصوات تتولد من اماكنهم وتختلف هذه الاصوات باختلاف مرجعياتها سواء اكان مصدرها حيويا ام جماديا، المهم انها تسهم في تصوير المعنى والتأثير في النفوس، وتخلق نوعا من الجمال بمجرد سماعها، ذلك ان قيمة اللفظ الجمالية تسجل حضورها في أذهاننا كالأنغام وواسطتها الاذن، وكما تستجيب حواس الإنسان الأخرى لمؤثراتها، تستجيب الاذن للصوت الحسن وتنبو عن القبيح، وتميز اجراس الحروف والكلمات[2]. ولعل (ابا ذؤيب الهذلي) من الشعراء الذين اختاروا أصوات لاماكنهم أضفت على صورته شيئا من الجمال، يقول:

وتمزج بالعذب عذب الفـــرا ... ت زعزعــه الريـــح بعد المطر[3]

---

(1) الايهام في شعر الحداثة / 147.

(2) جرس الالفاظ /27

(3) ديوان الهذليين / 148/1

فلو اتى ابو ذؤيب بفعل اخر غير الفعل (زعزع) لما اكتسبت صورته الجمال الـذي اصبحت عليه، اذ ان التعبير عن صوت الريح وحركته بالزعزعة ما يمنحه صورة الخبير العارف الذي يقوم بعد مزج الخمر بالماء العذب بتصفية ذلك الخمر من الكدر فيصفو للشاربين، وبذلك يصبح ريح ابي ذؤيب ذات دلالة رمزية للشاعر نفسه، ومما يزيد مـن رمزيته حركته (زعزع) التي تبتعد عن أي فعل عشوائي وعبثي، فحركته ذات حساب دقيق نتج عنها تلـك التصفية، وهاتان الدلالتان مـن الصفات التـي اراد الشـاعر ان يتصف بهما.

ويرسم لنا (ابو ذؤيب) كذلك صورة ذات ايحاء صوتي دال لرياح نجد، يقول:

تكركره نجديـــة وتمـــده   يمانيـــة فوق البحـــار معــــوج [1]

فلو جاء الشاعر في صورته هذه بالفعل (تردده) الـذي لم يختـل معـه الـوزن، لمـا اكتمل جمال الصورة، لانه اراد من خلال هذا الفعل ان يجعلـه قناعا لماضيه، فالكركرة من الافعال الخاصة بالصغار، مما يدل علـى ان الشاعر توحد مـع مكانه وامتـزج مـع ظروفه من خلال ذاكرته الطفولية، فضلا عن جور الحاضر وزيفه، جعله يرجـع للـماضي يستوحي منه ذكرياته ويجسدها في صورة الحاضر، اضف الى ذلك ان تكرار (كـر) مـرتين في الفعل يدل على تكرار في المعنى اولا، فضلا عن انه يجعل الصوت الصادر منه يتصف بالعشوائية واللاعنائية، وهذا يؤكد احساسه وشعوره بالطفولة التـي وفـق فـي اختيـار الصوت الدال عليها.

ويقدم (مالك بن الريب) صورة للطبيعة التي لم يألفها ذات ايحاء صوتي جميل، جمل فيه صورته، يقول:

فارحل هديت ولا تجعـل غنيمتنا   ثلجـــا تصفقـه بالترمذ الريح [2]

(1) ديوان الهذليين 54/1/
(2) ديوان اللصوص 189/2/

فالفعل (تصفقه) استطاع الشاعر من خلاله ان يوحي لنا بمكانه المرفوض نفسيا، حيث ربط بين ذلك المكان وسقوط الثلوج التي تصدر ذلك الصوت (الصفق) عند سقوطها، مما يدل على خربة المكان وجدبه نتيجة فعل الرياح والامطار والثلوج فعلها فيه، حتى اضحى مجدبا خاليا من النبات والشجر الذي يمنع عملية (الصفق هذه) عند سقوط الثلج على ارض تلك المدينة فضلا عن التيه الذي شعر به الشاعر في مكانه جعله يتخذ صوت الثلج رمزا له، لما يمر به من احداث سياسية وظروف طبيعية لا يستطيع ان يقوى عليها، ولم يستطع ان يكمل جمال صورته هذه ويوصلها للنفوس لو استخدم غير الفعل (تصفقه) كالفعل (ترميه) مثلا او غيره، الذي ضم في بنيته الصرفية حروفا ذات دلالة ايحائية شديدة قوية البث تصدر عنها اصوات مخيفة تضطرم النفوس وتؤججها.

ويحمل (معقل بن خويلد) مكانه بعدا دلاليا استطاع من خلاله ان يوصل صورته التي ارادها الى قارئه، يقول:

وجاءوا عارضــــا بردا وجئنـــــا كمــــوج البحر يقذف بالجهـــــام[1]

فلو قال الشاعر (كموج البحر يرمي...) لما حملت صورته هذا الجمال الذي تلمحه في التعبير المتبنى في بيته (يقذف) الذي خلق- كما يبدو لي - نوعا من التواصل بين الشاعر ومتلقيه، فولد عنه كثافة شعورية يتعذر وجودها بدون هذا الفعل.

من خلال ذلك كله نستطيع ان نتوصل الى ان كل لفظ مكاني لدى الشعراء اللصوص له تأثير خاص في نفوسهم مما جعلهم يتخيرون الأصوات التي توحي بصورهم المكانية، مراعين في ذلك جرسها وبنيتها الصوتية وتقبل النفوس لها، ومنح النص في نهاية المطاف قابلية على الإثارة والتأثير.

---

(1) ديوان الهذليين /67/3

الباب الثاني
الـزمـــن

الباب الثاني
الـزمـــن

1- الزمن في اللّغة:

لابدّ من الإشارة في معرض الحديث عن الزمن بمعناه اللغـوي الى كـثرة المترادفـات المتعلّقة به كالدهر والوقت[1]، لذا يحتم علينا البحث معرفة الدلالة التي تنطوي عليهـا هذه المترادفات التي رأى البحث فيها أنها تختلف فيما بينها من ناحية الدلالة اللغويـة، وهذا يرجع بطبيعة الحال الى ما تحمله فكرة الزمان نفسها، ذلك أنها تتولّد من خـبرات الإنسان عن تتـابع الأحـداث والظـواهر التـي يكـون بعضـها دوريـاً وبعضـها غـير ذلـك، وبعضها متّصل والأخر مستقل، ولعل هذه الخبرات هي ما يفسّر لنا اختلاف المعاني التي تدل عليها تلك المترادفات (الزمان - الدهر - الوقت)[2]، الاّ ان ما يزيد الأمر صعوبة هو عدم أدراك المعنى الأصلي لتلك المترادفات، لتطابق معناها اللغوي مع معنـاه الفلسـفي، الأمر الذي أشـار إليـه الـدكتور الالـوسي بقولـه: ((أن مـا تقدّمـه معـاجم اللغـة [لهـذه المترادفات] متطابق ومتجاوب مع ما سنجده من معانٍ فلسفية [لها]))[3].

وما دام لسان العرب من أكثر المعاجم واشـملها إحاطـة لمّـا حوتـه المعـاجم قبلـه وبعده، لذا سنسلط الضوء على ما نقله ابن منظور عـن معـاني تلـك المترادفـات، لنظهـر بحصيلةٍ تؤيد كلامنا الذي ابتدأنا الحديث فيـه عـن الـزمن، فقـد نـصّ المعجـم عـلى ان الزمان والزمن ((اسم لقليل الوقت وكثيرة، وفي المحكم، الزمن والزمان

---

(1) ينظر: تهذيب المنطق، باب الأزمنة والدهور /57.

(2) ينظر: مفهوم الزمن عند الطفل (بحث) /369-370.

(3) الزمان في الفكر الديني الفلسفي /12.

والعصر، والجمع ازمن وازمان وازمنة.. وقال الشاعر الدهر لا ينقطع والزمان يقع على الفصل من فصول السنة وعلى مدة ولاية الرجل.. والزمن البرهة))[1].

اما الدهر فقال عنه ((الدهر، الأمد الممدود، وقيل الدهر ألف سنة.. وجمع الدهر دهر ودهور.. فأما قوله صلى الله عليه وسلم ((لا تسبّوا الدهر فان الله هو الدهر)) فمعناه، ان ما أصابك من الدهر فالله فاعله... قال ابو عبيدة: ((فان الله هو الدهر)).... وتأويله عندي ان العرب كان شانها ان تذم الدهر وتسّبه عند الحوادث والنوازل التي تنزل بهم من موت اوهرم فيقولون ((أصابتهم قوارع الدهر وحوادثه وأبادهم الدهر فيجعلون الدهر الذي يفعل ذلك فيذمّونه..))[2].

ما نلاحظه في النص أعلاه ان المعجم لم يفرق بين لفظتي الزمان والزمن اما الوقت فذكر انه ((مقدار من الزمان وكل شيء قدّرت له حيناً فهو مؤقت وكذلك ما قدرت غايته فهو مؤقت... واكثر ما يستعمل في الماضي وقد استعمل في المستقبل.. والجمع اوقات وهو الميقات ووقت موقوت ومؤقت: محدّد، وفي التنزيل العزيز ((ان الصلاة كانت على المؤمنين كتاباً موقوتا))، أي مؤقتاً مقدّراً[3].

وبعد هذا العرض الموجز لمعنى الزمان والمترادفات المتعلقّة به يتبيّن لنا ان تلك المترادفات يتداخل بعضها ببعضها عن طريق استعارة احدها لمعنى الاخر لكشف دلالته، لكن على الرغم من هذا التداخل الاّ اننا نجد ان معنى كلّ لفظ منهما يختلف باختلاف الموضع الذي استخدم فيه، اذن فلم يبق امامنا الاّ القول: الى ان معاني هذه الكلمات المترادفة مختلف عند اصحابها، فهم احياناً يختلفون في التسمية لكنهم يتّفقون في المسمّى، بينما في احيان اخرى يتكلّمون بلغة مختلفة تماماً[4].

---

(1) لسان العرب: مادة (زمن).

(2) المصدر نفسه: مادة (دهر).

(3) المصدر نفسه: مادة (وقت).

(4) ينظر: الزمان في الفكر الديني والفلسفي /18.

وفي ختـام الحـديث عـن مفهـوم الـزمن اللغـوي، لابـدّ مـن الاشـارة الى انّ هنـاك مفردات اخرى تدل على الزمن او جزء منه تاتي كلها بمعنى واحد او بمعانٍ مختلفة تشير اليه وتعبرّعنه.[1]

2- الزمن في الفلسفة:

لعلّنا في اظهار المعنى الفلسفي للزمن لسنا بحاجة الى معالجة متخصّصـة لمفهـوم الزمن الفلسفي بقدر ما هو اضاءة لمفهوم الزمن من حيث هو قضيّة فلسـفية معقـدة، ليكون لنا ذلك عوناً على فهم النصوص الشعرية المحلّلة التي تتحلّى بكون لها مرجعيات فلسفية معينة، الا ان ما يمكـن الاشـارة اليـه ان نظـرة الفلاسـفة الى الـزمن قـد تباينـت وتباينت معها تبعاً لذلك طروحاتهم حول مفهوم الزمن ((فمنهم من اقرّ بوجوده وانكر حقيقته من حيث ارتباطه بالاشياء، ومنهم من ربطه بفكرة الحركة باعتبـار ان الـزمن لا يمكن تصوره بدون حركة وما دام العالم في حركة فهـو اذن ذو تركيـب زمنـي))[2]، يعنـي هذا الاشارة الى تعدّد المذاهب الفلسفية تجاه الزمن، وهو مـا اشـار اليـه عبـد الـرحمن بدوي عندما اشار الى ظهور مذاهب فلسفية تمثلت بالمذهب الطبيعي، ويمثله افلاطـون وارسطو، والمذهب النقدي ويمثله كانت، والمذهب الحيوي ويمثله برغسـون، ومـذاهب فيزياوية تمثلت بالمذهب المطلق ويمثله نيوتن والمذهب النسبي ويمثله انشتاين.[3]

ولنبدأ بالمذهب الطبيعي ويمثله أفلاطون الذي يقـول (بأزليـة الزمـان وأبديتـه اذ الزمان عنده على نموذج الموجود الي او الـلـه، فالله ازلي ابدي)[4]، وللزمان عنده

(1) ينظر: الزمن عند الشعراء العرب قبل الاسلام /124-130.

(2) الزمان ابعاده وبنيته /22

(3) ينظر الزمان الوجودي /48.

(4) الموسوعة الفلسفية /555.

اجزاء وصور، فأجزاؤه الأيام والليالي والشهور والأعوام، اما صورة فهي ما كان وما سيكون.(1)

اما أرسطو فقد ربط الزمان بالحركة، حيث لا يوجد الاّ بوجودها، هذا يعني اننا لا نشعر بالزمن الاّ اذا كان ثمة تغيير في أنفسنا، لذا فالزمان عنده (هو عدد الحركة من قبل المتقدم والمتأخر)(2)، فالمتقدم هو الماضي والمتأخر هو المستقبل اما الحاضر فعنده غير موجود.

اما المذهب النقدي والذي يمثله كانت فيرى ان (الزمن لا يمكن ان يكون مفهوماً امبريقياً، طالما ان خصائصه الأساسية لا يمكن إدراكها ما لم تكن لدينا فكرة مسبقة عن الزمن في عقولنا وبعبارة اخرى ان الإحساسات لا يمكن ملاحظتها باعتبارها زمنية اذا لم نكن نعرف من قبل ماذا نعني بالوجود معاً وبالتتابع)(3)، أي انه ربط بين الفكر والحدس معاً في ادراك الزمن.

اما برغسون الذي يمثل المذهب الحيوي فيرى (اننا نملك تجربة باطنية ومباشرة للديمومة، بل هذه الديمومة هي معطي مباشر للشعور)(4)، أي انه يعطي للزمن طابع الديمومة والتغيير المستمر، فالديمومة سر الوجود.

ويرى نيوتن، الذي يمثل المذهب الفلسفي العلمي، ان الزمان له وجود الاّ انه وجود مستقل عن المادة، انه وجود مطلق وهذا تصوّر مادي ميكانيكي، أي انه يفصل بين الزمان والمكان والمادة، فالزمان عنده مستقل عن المادة المتحركة(5)، أي (انه يوجد مستقلا عن الحركات التي تجري به).(6)

---

(1) ينظر: المصدر نفسه /556.

(2) الموسوعة الفلسفية /111.

(3) مفهوم الزمن عند الطفل (بحث)/ 72.

(4) حدس اللحظة / 22.

(5) ينظر: الزمان في الفكر الديني/53.

(6) الزمان الوجودي /101.

ولقد ظلت مفاهيم نيوتن التي عدّت كلاً من الزمان والمكان مطلقين، وفصلتهما عن بعضهما وعن المادة متّصفة بالعلمية حتى مطلع القرن العشرين عندما ظهرت النظرية النسبية على يد انيشتاين وأثبتت عدم صحة فصل الزمان والمكان عن المادة المتحركة او عن بعضهما بعض [1]، و يعني هذا ان الزمان لدى انيشتاين ليس مطلقاً، أي انه ليس مستقلاً عن المادة [2]، وبذلك يفهم اينشتاين، الزمان والمكان فهماً موضوعياً مخالفا لفهم نيوتن، فهما عند انيشتاين مطلقان بالمعنى الفلسفي، ولكنّهما نسبيان فيزيائياً، أي يتوقفان على خصائص المادة المتحركة. [3]

نستخلص مما سبق تباين نظر الفلاسفة الى الزمن وتعريفهم له وتحديدهم لأبعاده، فبعضهم اكد على ان للزمن بعدين، ماضيا ومستقبلا (مثل افلاطون وارسطو) ومنهم من يراه مكتسباً بعدّياً مثل (كانت)، ومنهم من يراه في حالة الديمومة والصيرورة المستمرة مثل (برغسون)، ومنهم من يراه مستقلاً عن وعي الانسان مثل (نيوتن) ومنهم من يراه انه ليس مطلقاً بل هو متصل مع المادة المتحركة مثل (انيشتاين).

3- الزمن في الشعر:

يعدّ الزمن في الشعر عنصراً اساسياً، ذلك ان التجربة الجمالية ان لم تكن زمانية (لافتقرت الى كثير من الحيوية والإثارة) [4]، فضلاً عن ان التعبير الشعري الذي لا يلبس طابعاً زمانياً يتحول الى موت [5]، ولعل هذا يشير الى الدور الرئيس

---

(1) ينظر: مفهوم الزمن في الفلسفة عموماً.. (بحث)/ 18.

(2) ينظر: فلسفة الفضاء والزمان في ضوء.. (بحث) /75.

(3) ينظر: الزمان في الفكر الديني../53.

(4) النقد الفني /94.

(5) ينظر: الأسس المعنوية للادب /16.

للزمن في نتاج الشاعر الشعري، بعده – أي الشاعر – مـن اكـثر المخلوقات التـي تحس بالزمن[1]، لكونه صاحب احساس مرهف ويشعر بما لا يشعر به غيره.

والزمن في الادب نوعان (نفسي وفكري)، فاما الـزمن النفسي ـ فانه يـرتبط بـذات الشـاعر ويتلون تبعـاً لحالتها الوجدانيـة، وينبثـق منـه الشعـور بالوحـدة والاغـتراب وسوداوية الايام، فيهرب الشـاعر بناءً عـلى ذلك امـا الى ماضيه يبكيه ويتذكر ايامه السالفة، واما ان يلجأ الى المستقبل متطلعاً الى زمن افضل يخلصه من جور الحـاضر[2]، اما الزمن الفكري فهو ايضاً مرتبط بـذات الشـاعر، وينبثق منـه موقف تجاه الحيـاة والمجتمع وما يسوده من سياسات تعمل على اخلال القيم والأخلاق الاجتماعية، وهـذا الزمن يندمج بالزمن النفسي، ليولد معه موقفاً وجـدانياً تقـرره قوة ارادة الشـاعر عـلى التعبير عن حركة وجدانه في شعره[3]، ونتيجة ذلك تباينت مواقف الشعراء ازاء الـزمن، بين رفض وقبول بما يحويانه من معانٍ مرتبطةٍ بهما.

وهناك زمنان اخران مرتبطان بالعمليـة الشعريـة هـما (زمـن الـنص الشعـري) و (زمن الشاعر)، ومن خلالهـما يتجسّد زمن الخلق الشعري (ولكل انسان زمنـه الخـاص وعليه ان افتقده ان يصنعه، والشاعر اذ يعبر عن ذلك الانسان تضيع قدراته ومواهبه وتضطرب مواقفه واراؤه [من] دون زمنية متميزة، ومنهم واضح لها، والركـود يعني الموت... ولا يليق بالانسان.. ان يتّصف بالخمول والركود)[4].

(1) ينظر: ابواب ومرايا /72

(2) ينظر: انتصار الزمن /68.

(3) ينظر: الشعر والزمن / 9

(4) ينظر: المصدر نفسه /6.

الفصل الأول

دلالة الزمن من خلال الثنائيات

الفصل الأول
دلالة الزمن من خلال الثنائيات

انطلاقاً من القول القائل بأن وجود الإنسان - أي إنسان - في الحياة هو ما يهب الزمن حياته ويضفي عليه حركته[1]، لذا أصبحت تبعا لذلك ذات الشاعر تمثل المحور الأساس لتشكيل زمنها وفقاً لتجربتها الحياتية ورؤيتها التي تؤمن بها، وما دامت تلك الرؤية للزمن ليست متشابهة بل أنها تختلف من شاعر إلى آخر حسب فهمه ونظرته له، مما أدى إلى ظهور نظرتين متناقضتين للزمن من قبل الذات يتمثلان بفكرتين هما (الانقطاع والاتصال) تبعاً للحالة النفسية والشعورية التي يمر بها الشاعر، وما دامت أبعاد الزمن قائمة على الجدل فيما بينها، فقد أثرنا ان نتناول تلك الابعاد على شكل ثنائيات متناقضة الدلالة، وكما ستبينه صفحات البحث الآتية:

أولاً- ثنائية الماضي والحاضر:

يعد الماضي احد ابعاد الزمن الثلاثة التي تكمن في شعور الإنسان واحساسه، وان التعامل معه يجلب مشاعر الحزن والاستعبار والالام، ذلك لانه (زمن انصرم عن حياة الناس ولبث بعيداً فهو لن يعود من جهة ومعرّض للنسيان من جهة اخرى)[2]، ولعل هذا الشعور بالحزن والقلق والاضطراب نتيجة الاستذكار له الاثر الكبير في توجيه نظر الشاعر الى الوجود المرتبط بالزمن من هنا يمكن القول ان الشعور بالزمن بمختلف انواعه واتجاهاته هو شعور بالحزن والاضطراب والتيه في الوقت نفسه، ونتيجة لهذه الجدلية الزمانية تكون الذات الشاعرة في علاقة ثنائية مع الزمن ينتج عنها فكرتان متضادتان هما فكرتا الانقطاع والاتصال، الاتصال مع

---

(1) العوالم الأخرى /55.
(2) الزمن عند الشعراء العرب قبل الإسلام /82

الماضي الذي يمثل عالم الذكريات، التي يسعى الشاعر للامساك بها ودوام تواصلها، والانقطاع مع الحاضر الذي تتجاوب فيه اصداء الحسرات والعويل مع انحسارٍ للذكريات الماضية المملوءة بالحب والحيوية والشباب.

ومنذ ذلك الوقت عمدت جميع النظريات السيكولوجية الى التشديد على العلاقة بين الذاكرة والذات، فالماضي كما مر بنا يختلف عن الحاضر بانه يترك اثاراً وذكريات تفيض به السجلات في حين ان الحاضر يخلو من ذلك كلّه.[1]

ومن خلال هذه العلاقة الجدلية بين الذات والزمن نحاول الولوج الى اشعار اللصوص لنقرأ تلك الصراعات القائمة ما بين الذات والزمن، التي تستقر في نهاية المطاف في جميع نصوصهم على ان الزمن هو العلة الرئيسة في تعذيب الذات وفصلها عمّا تحبّ وما (الفراق) الذي اصبحت نهايته حلماً و(السقم) الذي كان من اثاره، الا دلالتان واضحتان لسطوة الزمن الذي فصل بين ذات الشاعر وماضيه السعيد، يقول(بكر بن النطاح) مصوراً ذلك الصراع السرمدي:-

صدت فأمسى لقاؤها حلماً ... واستبدل الطرف بالدموع دما
وسلّطت حبّها على كبدي ... فابدلتني بصحّة سقما
وصرت فرداً ابكي لفرقتها ... واقرع السّنّ بعدها ندما
شق عليها قول الوشاة لها ... أصبحت في أمر ذا الفتى علما
لو لا شقائي وما بليت به ... من هجرها ما استترت ما اكتتما[2]

فبكر يصور لنا في مقطوعته هذه حاله حاضراً مستذكراً من خلاله ماضيه الأليف ويخصّ منه حصول الفراق (المساء) وهو من اشد أوقات الزمن الماً وحسرةً ووحشةً، لأنه يمثل الوحدة والعزلة وابتداء الظلمة، ذلك الفراق (الزمن) الذي ابكى الشاعر واسكنه المرض والندم، لذا لا غرو ان نجده يرفض الحاضر ويعلي الماضي عليه.

(1) ينظر: الزمن في الادب /49

(2) ديوان اللصوص /1/130

وتزداد حسرة (قيس بن الحدادية) على ماضيه الذي يمثل حبّه وشبابه، يقول:

ان الفؤاد قد امسى هائمـاً كلفـا	قد شفه ذكر سلمى اليـوم فانتكسـا
عناه ما قد عنـاه مـن تذكرهـا	بعد السّلوّ فامسى القلب مختلسـا
وبعدمـا لاح شيب في مفارقـه	وبان عنه الصـا والجهل فانملسـا
تذكر الوصل منها بعدما شحطـت	بهـا الديار فامسى القلب ملتبسـا
فعدّ عنك هموم النفس اذ طرقـت	واشدد برحلك مذعان السرى سدسا[1]

فحب سلمى في نظر ابن الحدادية مقترن بماضيه اقتراناً سرمدياً ومنقطع عـن حاضره الا عـن طريق الذكرى التي أصبحت بعيدةً بفعل تقادم الزمن (لاح شيب – بان عنه الصّبا)، من هنا اصبح الماضي لديه جنّة تحتويها الذاكرة، وتغدو محاولـة اسـترجاعها بعيدة المنال بفعل الزمن وتقادمه.

ويتخذ (مالك بن الريب) من ماضيه متكئاً له يعوض فيه ثقل حاضره الذي اخـذ يحاصره ويقرب ساعة فراقه، يقول:

الا ليت شعري هـل ابيتـن ليلـةً	بجنـب الغضى ازجي القلاص النواجيا
فليت الغضى لم يقطع الركب عرضه	وليت الغضـى ما شى الركاب لياليا
وليت الغضى والاثل لم ينبـتا معـاً	فانّ الغضـى والاثل قـد قتلانيـا
لقد كان في اهل الغضى لو دنا الغضى	مزار ولكـن الغضـى ليس دانيـا[2]

بناءً على هذا الفرز الزماني لدى ابن الريب فان الماضي لديه لا يشكل الموت الذي مثله حاضره، بل هو الانبعاث والتجدد والحياة، بمعنى ان اتكاء الشاعر على الماضي ليس ضعفاً منه ولا تقليلا في شجاعته وصلابته امام حادثـات الـزمن، بـل هـو اتكـاء يشـير الى توفر مستلزمات الحياة والحب والتجدد فيه والدعوة الى

---

(1) عشرة شعراء مقلون /35
(2) ديوان اللصوص /178/2

تحجر الزمن على وقت الشباب، من هنا فالنص يشير الى الثنائية الزمنية التي تحقق بها الذات ذاتيتها الايجابية حتى ولو كانت بالدعوة الى إيقاف الزمن.

ويتخذ (ابو الطمحان القيني) من ذكريات الماضي متنفساً يهرب اليه من جور الحاضر وشروره، وما فيه من احزان والام تعاقبت عليه مع مرور الزمن، يقول:

لمن طلل عافٍ بذات السلاسـل	كرجع الوشوم في ظهور الانامـل
تبدّت به الريح الصبا فكأنّما	عليـه تذري تربة بالمناخـل
وجرّ عليه السيل ذيلاً كانـه	اذا التفّ في الميثاء اسفاف ساحل
وقفت به حتى تعالى لي الضحى	اسائلـه ما ان يبيـن لسائل
ولما رأيت الشوق مني سفاهـةً	وان بكائـي عن سبيلي شاغلي
صرفت وكان الياس مني خليقة	اذا ما عرفت الصرم من غير واصل[1]

فزمن ابي الطمحان في مقطوعته هذه يتحرك ضمن دائرة زمنية ابتدأها بالوقوف على أطلال أحبته الراحلين والتي صرّح بأماكنهم جغرافيا، فهي تقع بـ (ذات السلاسل) وأماكنهم نفسياً فهي كامنة في قلبه، لا تغيرها تعاقب السنين والأيام، فهي كالوشم في الأنامل، وهو هنا أضاف اليها بعداً جمالياً اخر عندما نعتها بهذا النعت (وشم الانامل) الذي تتخذه الفتيات في زمانه وسيلة للزينة وزيادة في الجمال، ثم بعد الوقوف فيها اخذ يبين ما حلّ فيها بفعل الزمان وعادياته، اذ اخذت فيها الريح والسيول ما خذها فاحالتها جدباء موحشة بعد حياتها وانسها.

ومما تجدر الإشارة اليه في هذه المقطوعة ان الشاعر انطلق في هذه الدائرة الزمانية من الحاضر مستخدما الفعل الماضي الذي يحمل دلالة الحاضر (تبدت به الريح - جرّ عليه السيل - وقفت به - لما رأيت الشوق - صرفت...) بعد ان كانت تلك الديار واهلها خلاف ذلك، ولعل الشاعر اراد من خلال ذكر هذه الافعال

---

(1) ديوان اللصوص /323/1.

ان يبين افعال الزمن في هذه الديار واهلها، ويبرى نفسه واحبته من ساكني الديار في الوقت ذاته من ان يكون لهما دور في خرابها من رحيل وفراق وغيرهما، كما هو معروف في خراب اطلال بعض الشعراء.

ويعلن (جعدة بن طريف السعدي) اندماجه مع الماضي واعلان الوحدة والالتحام بينه وبين ذاته، يقول:

ياطول ليلي ما انام كأنما	في العين مني عائر مسجور
ارعى النجوم اذا تغيب كوكب	كالات اخر ما يكاد يغور
ان طال ليلي في الاسار لقد اتى	في ما مضى دهر عليّ قصير[1]

فالشاعر في هذه الثنائية الزمنية يظهر لنا تمسكه بالماضي الجميل، ورفضه لحاضره المؤلم، مما يعني ان الماضي يمثل الأساس في حياته وشعره، في حين ان الحاضر المؤلم لا يأتي ذكره الا من خلال ذكريات ذلك الماضي السعيد، والتي أصبحت تمثل لدى اللصوص صراعاً نفسياً حاداً ضد حاضرهم، معلنين من خلاله انتماءهم الى زمنهم الماضي، زمن الحبّ والذكريات.

ويظهر (المرار بن سعيد الفقعسي-) في احدى قصائده انقطاعه عن الحاضر وعزلته عنه، ورغبته في سحب ماضيه الى حاضره، ليحقق دوام حياته، يقول:

لعمرك ما ميعاد عينيك والبكا	بداراء الا ان تهب جنوب
أعاشر في داراء من لا أحبه	وبالرمل مهجور اليّ حبيب
اذا راح ركب مصعدين فقلبه	مع الرائحين المصعدين جنيب
الى الله اشكو لا الى الناس انني	بتيماء اليهود غريب
واني بتهباب الرياح موكلّ	طروب اذا هبّت عليّ جنوب[2]

(1) ديوان اللصوص /179/1

(2) المصدر نفسه /208/2

فالفقعسي في قصيدته هذه يبدو منقطعا عن حاضره وساكنيه، وهذا الانقطاع ناجم عن العزلة الروحية التي يمر بها والتي اشار اليها في قصيدته (غريب)، تلك العزلة التي لوّنت قصيدته باشكال الحنين الى الطفولة والشباب او الى علاقات انسانية سرق الزمن جمالها وصدقها، تاركاً بين يدي الشاعر بعض الرموز الدالة عليها (البكا - لا احبه - مهجور - غريب) يقابلها (طروب - نسيب - حبيب) وغيرها من المتناقضات،التي زاد الزمن من تضادّها وخلافها، تلك الرموز الصامتة شكلاً والناطقة مضموناً زادت من خلافه مع زمنه الحاضر المرير.

ويشكو (الاحيمر السعدي) من حاضره، فيلتفت الى ماضيه ويدعو له بالسقيا والدوام، يقول:

اشكو الى الله صبري عن رواحلهم — وما الاقي اذا مرّوا من الحزن
لكن ليالي نلقاهم فنسلبهم — سقياً لذاك زماناً كان من زمن[1]

فالشاعر قدّم لدعوته الى ماضيه بالدوام والتواصل عن طريق السقيا ببيان لحاله في حاضره المليء بالاحزان والهموم نتيجة فراق وارتحال الأحبة، ولعل هذه الحالة البائسة لحاضر الشاعر، تتكرر ثوابتها مع كل استحضار للماضي البعيد فتصبح ضمن المسوغات النفسية والفنية لهذا الاستحضار، عدم وجود توافق بين حركة الزمن وطمأنينة الذات الشاعرة في تحقيق احلامها ودوام حياتها.

وتتجلّى ثنائية الماضي والحاضر لدى (البريق الخناعي) عندما ربط بين الزمان والمكان مبيّنا من خلالها فعل الزمان بأماكن الأحبة التي خلى زمنه الحاضر منها ومن ساكنيها، يقول:

الم تسل عن ليلى وقد ذهب الدهر — وقد اوحشت منها الموازج والحضر
وقد هاجني منها بوعساء فروع — واجماد ذي اللّهباء منزلة قفر
يظلّ بها داعي هديل كأنه — على الساق نشوان تميل به الخمر

---

(1) ديوان اللصوص /65/1

أسـائل عـنهـم كلمـا جاء راكـب　　مقـيماً باملاح كـمـا ربـط اليـعـر
فما كنت اخشى ان اعيش خلافهم　　بستة ابيـــــات كـما نـبت الـعتـــر[1]

فالشاعر في مقطوعته هذه يوجه سؤاله الى نفسه عن كيفية سلوها وصبرها عن احبتها بعدما فعل الزمان فعله بهم وبديارهم التي لم يبق منهما سوى الذكرى، ولولا سؤال الشاعر عنهم وعن اخبارهم كلما قدم راكب من ديارهم لما هون عليه ذلك الفراق والوحدة اللذان اكتنفا حاضره المؤلم.

ولعلنا نلمح في هذه المقطوعة ثنائية اخرى تتمثل (بليلى وديارها) الماضي (والدهر ونوائبه) الحاضر، اذ تمثلت ليلى وديارها بالماضي الجميل الذي عاش معه الشاعر اياماً سعيدة، اما الدهر ونوائبه فتتمثل بالحاضر المؤلم الذي سلب من الشاعر ايامه الجميلة وزرع مكانها الغربة والالم والوحدة.

ويشعرنا (ابو الطمحان القيني) بهذه الثنائية عندما ربط بين ماضيه وشبابه وكأن الماضي يمثل الشباب والحيوية والتجدد، وكأن حاضره سبب كهولته وشيخوخته، يقول:

حنتني حانيـات الدهـر حتى　　كأنـــي خاتل يدنـــو لصيـــد
قريـــب الخطـــو يحسب من راني　　ولســت مقيـــداً اني بقيـــــد[2]

فالقيني في بيتيه السابقين يظهر في صراع مع الدهر في زمن الحاضر، وهذا الصراع سرعان ما انتهى لصالح الدهر، فاضحى بفعل ذلك الدهر (حانياً - خاتلاً - قريب الخطو - مقيداً) بعد ان كان يتمتع بالشباب والحركة والحيوية في زمنه الماضي، ولعل الشاعر اسلمه حاضره للاستسلام والخضوع له، فاجبره على استخدام اسمي الفاعل (حاني - خاتل)، وصيغتي المبالغة (قريب - مقيّد)، ليدل من خلالها على عظم الفاجعة وسريانها.

---

(1) شرح اشعار الهذليين /189/2.
(2) ديوان اللصوص / 1 /315.

ويكشف (القتال الكلابي) النقاب عن تلك الثنائية عندما عانى من سجنه وعذابات سجانه، فأدرك ان الزمن لم ينصفه حقه حين قلب عليه حياته، فلجأ الى ماضيه يداري به ارتباكه من حاضره بما يحمل ذلك الماضي من سعادة وعزّ وشموخ، يقول:

الا حبذا تلك الديار واهلها لو ان عذابي بالمدينة ينجلي
برزت بها من سجن مروان غدوة فانستها بالايم لمّا تحمل
وانست حيّا بالمطالي وجاملاً ابابيل هطلى بين راع ومهمل[1]

الذي نراه في هذه المقطوعة ان زمنين يكتنفانها (ماضي و حاضر)، والكلابي رفض الحاضر (السجن والعذاب) وتمنى الماضي (الحرية والسيادة) وتمثلت هذه الثنائية منذ بداية القصيدة التي غلّب بها الشاعر ماضيه على حاضره من خلال استخدام افعال الماضي (حبذا - برزت - انست) داعماً تلك الأفعال بالأداة (لو) التي تفيد التمني للعودة لما مضى.

هكذا يحرك الماضي وايامه، الكلابي ويصبح اهله وساكنوه، الزمان والمكان معاً في نظره، من هنا يصبح ماضي الشاعر جنةً ضائعةً في رؤاه واحساسه، لكن هذا الماضي الذي يمثل جنّة الشاعر الضائعة بفقد جماله وكماله ان خلا من التواصل والحب من قبل ساكنيه هذا ما دلّ عليه قوله (وانست حيّا بالمطالي) فيبدو ان حيّ الحبيبة قد حدّده الشاعر من حيث لا يشعر.

نلاحظ مما تقدم ان الزمن الذي يبحث عنه اللصوص هو زمن الوطن والمستقر الذين نشأوا فيه ولامست اقدامهم غرينه وتنفّست رؤاهم هواءه، زمن الحب والحرية الذي ظل الشعراء ينشدونه بالم وحسرة، زمن الشباب والحيوية،الذي طالما حلموا بوقوفه عند هذه النقطة من العمر.

(1) ديوان اللصوص /98/2

ويظهر (بكر بن النطاح) تلك الثنائية عندما ربط بين الموت والزمن بوصفه حاملاً له، لذا ظل متمسكا بماضيه (الحياة والحركة) رافضاً في الوقت نفسه الحاضر (الموت والسكون والغياب)، يقول:

أي امرئ خضب الخوارج ثوبه	بدمٍ عشيّة راح من حلوان
ياحفرةً ضمّت محاسن مالكٍ	ما فيك من كرم ومن احسان
لهفي على البطل المتعرض خده	وجبينه لاسنة الفرسان
ذهبت بشاشة كل شيء بعده	فالأرض موحشة بلا عمران
افتحمد الدنيا وقد ذهبت بمن	كان المجير لنا من الحدثان [1]

اننا نشعر من خلال هذه المقطوعة احساس الشاعر بالموت والفراق الابدي الذي لا مناص منه، نتيجة سريان الزمن وكأنه قد خرج من رحم الحاضر، لذا راح الشاعر يرفض وبقوةٍ حاضره وسريان الزمن معلناً تمسكه بماضيه والدعوة الى توقفه خشية انتهاء حياته، وبعده عن احبته.

وعبر (ابو صخر الهذلي) عن سخطه ورفضه لحاضره وان كان ايجابيا في بعض جوانبه الا انه سلبي من طرف الحبيبة لانه يخلو منها ومن ذكرها، اظهر لنا ذلك من خلال اسم التفضيل (اطيب) الذي بين من خلاله تمني عودة ماضيه نتيجة جور حاضره، يقول:

فما روضة بالحزم ظاهرة الثرى	ولتها نجاء الدلو بعد الابارد
يمج خزاماها الندى وعرارها	بعلياء لم يؤثر بها جرس وارد
باطيب نشراً من سليمى و غرة	اذا ما سقى كاس الكرى كل راقد [2]

فتوحد ابي صخر مع ماضيه وعدم انقطاعه عنه روحا وفكرا جعله يفضله على حاضره لخلوه من اهم مستلزمات الحياة - على الاقل في نظر الشاعر -

(1) ديوان اللصوص / 134/1

(2) شرح ديوان الهذليين / 2 / 334.

الذي يتمثل بوجود الحبيبة وتواصلها فيه، خلاف الحاضر الذي ندر توافرها فيه لذا فضل الشاعر (زمن تواجد ليلى) ذلك ان صيغة التفضيل (اطيب) تعمل على توحيد الشاعر مع ماضيه بكل ما يحمل من الشباب والحيوية والحب والصفاء والتواصل توحيدا يجعل رؤية الشاعر الى حاضره رؤية سلبية وقاسية، ذلك ان صيغ التفضيل باستعمالها تشير الى شيئين مختلفين مقارن بينهما - كما يبدو لي - لتنتهي دائما في تعظيم طرف وتقلل من الطرف الاخر، وهنا عملت الصيغة التفضيلية في مقطوعة الهذلي على التقليل من شان الحاضر واظهار سلبياته، بالمقابل فقد أشارت من الجانب الاخر الى الاعلاء من شأن الماضي ورفعه بكل ما يحويه، لانه زمن الحبيبة ليس الا.

ويرجح (بكر بن النطاح) اول طرفي ثنائيته الزمنية على الاخر من خلال استخدامه للافعال اللغوية الدالة عليه، والتي عززت هي الأخرى طاقته التذكارية لماضيه السعيد، يقول:

صدت فأمسى لقاؤها حلماً — واستبدل الطرف بالدموع دما
وسلّطت حبها على كبدي — فابدلتني بصحة سقما
وصرت فردا ابكي لفرقتها — واقرع السن بعدها ندما
لولا شقائي وما بليت به — من هجرها ما استثرت ما اكتتما[1]

فحرص الشاعر في مقطوعته هذه على أيام الزمن الماضي (زمن الحبيبة) نتيجة جور الحاضر (فراقها وخلو زمنه منها ومن مثيلاتها)، جعله يعتمد على الأفعال اللغوية وتراكمها في أظهار شوقه وهيامه اليه، اذ عملت الأفعال الماضية التي استعملها الشاعر (صدّ - أمسى- استبدل - سلط - ابدل - صار) على إضفاء صورةٍ حركية سريعة لحياته، والتي تقترن بالزمن الماضي، ولا سيما اذا عرفنا ان استعمال الافعال الماضية في المقطوعة تفوق استعمال الأفعال المضارعة

(1) ديوان اللصوص /130/1

بنسبة كبيرة، وقعت جميعها ضمن دائرة الاسترجاع التي تفيد الماضي من الزمان، مما يعني ان الفضاء الزمني لهذه المقطوعة سيطر عليه الماضي على حساب الحاضر.

نستخلص مما تقدم سيطرة الماضي على الحاضر في ذاكرة الشعراء اللصوص الى حد الاندماج بينه وبين ذواتهم، ولعل شعورهم بقوة الزمن وجبروته ونفوذه نفوذا حادا تصعب النجاة منه، من الأسباب التي جعلتهم يلجأون الى ماضيهم من شرور حاضرهم، فضلاً عن رغبة بعضهم، معايشة الحاضر من خلال الماضي الذي عدوه متنفسا لهم لما يمرون به من ازمان الخلع والفقر والعوز التي لحقها بهم زمانهم وأناس ذلك الزمان، ذلك ان استرجاع الماضي لا يظهر الا من خلال الحاضر، كما انه لا يستحضر كذلك الا من خلال الموضوع الحاصل لذكراه والمقترن به، ذلك اننا لا نشعر بحركة الزمن الا ((في ضوء ما تسقطه على مجرى الاحداث من حالات شعورية ولا شعورية))[1].

ثانياً- ثنائية الحاضر والمستقبل:

لقد مرّ بنا في الثنائية الأولى (ثنائية الماضي والحاضر) ان الحاضر في نظر الشعراء اللصوص غير اليف، ولا يمكن قبوله نظرا لارتباطه بالواقع الذي يحياه شعراء هذه الحقبة، خلافا للماضي والمستقبل الذين يعدان غير واقعيين في لحظة الشاعر الحاضرة، وما دام حاضر اللصوص الذي نحن بصدد الحديث عنه، متطابقا تماما مع واقعهم وما دام واقعهم كذلك سلبيا لا يمكن مجاراته، لذا نجدهم اخذوا بالتطلع الى مستقبل افضل، ليس فيه شرور الحاضر والامه، ذلك لان الشاعر المخفق اليائس والمثقل بأعباء الزمن يجد نفسه هملا بين الناس[2]، الذين يجهلون مشاعره واهميته، والمستقبل يعني بالنسبة له خلاصا من عذابات لا يحتملها قد حال

---

(1) الزمن التراجيدي /36

(2) ينظر: المعمرون والوصايا / المقدمة.

معظمها بينه وبين حبه القديم، لذا اخذ يمني النفس بمستقبل يبعث الحياة في ذكرياته السابقة، وهذا يعني ان الشعور بالحاضر لا يحصل الا عندما يكون في حالة اليمة ومن خلال الواقعة غير السارة[1]، وبناءً على ذلك جاءت نصوص اللصوص الشعرية عاكسة هذه الحقيقة ناقلة لقطات انتباه الشاعر لحاضره مسجلة رغبته في الحصول على زمن اخر يخلصه من زمنه الحاضر.

نستطيع التوصل علاوة على ما تقدم الى ان حاضر اللصوص ظل في جدل مستمر مع مستقبلهم، لما لمستقبلهم من اهمية خاصة في حياتهم النفسية ((من حيث هو مجال التوقع والامل والتطلع والترقب بكل معانيه سواء منها السار وغير السار))[2].

ولعل من اكثر الثنائيات التي طالعتنا في اشعار اللصوص فيما يخص الثنائية موضع الدراسة، ما اظهره (الشنفرى) من ماساة واقعهم الذي امتاز بالظروف الاقتصادية المتردية، الامر الذي جعله يتطلع الى مستقبل مشرف خال من تلك الظروف البيئية، مما اكسب مستقبله المتخيل في هذه الثنائية دلالة اليفة تخلو من وحشة الحاضر وقساوته، يقول:

اقيموا بني امي صدور مطيكم ... فاني الى قوم سواكم لاميل
فقد حمت الحاجات والليل مقمر ... وشدت لطيات مطايا وارحل
وفي الارض منأى للكريم عن الاذى ... وفيها لمن خاف القلى متعزل
لعمرك ما بالارض ضيق على امرىء ... سرى راغبا او راهبا وهو يعقل
اديم مطال الجوع حتى اميته ... واضرب عنه الذكر صفحا فاذهل
واستف ترب الارض كي لا يرى له ... علي من الطول امرؤ متطول
ولولا اجتناب الذام لم يلف مشرب ... يعاش به الا لدي وما كل
ولكن نفسا مرة لا تقيم بي ... على الضيم الا ريثما اتحول[3]

(1) ينظر: الحياة والموت في الشعر الأموي /253.
(2) المصدر نفسه /255.
(3) ديوانه / 66-73.

تتوافر في هذه القصيدة الية الاستقبال بشكل جلي ابتداء من استعمال الشاعر فعل التفضيل (اميل) للدلالة على حبه وتفضيله لزمن اخر يلغي به واقع حاضره المرير، وانتهاء في اقامته للمقارنات الضدية لحاله وحال قومه، الان وغدا، مما يعزز رغبته في البحث عن زمن اخر يقوم بهدم زمنه الحاضر لغرض بناء نفسه.

ويتطلع (طهمان بن عمر الكلابي) الى مستقبل يوفر له الحرية والامان فيحاول هدم زمنه الحاضر الذي مثل في أبياته التالية السجن والقيد والالم لبناء زمن الحرية والطلاقة، يقول:

لعلك بعد القيد والسجن ان ترى   تمر على ليلى وانت طليق
طليق الذي نجا من الكرب بعدما   تلاحم من درب عليك مضيق
وقد جعلت اخلاق قومك انها   من الزهد احيانا عليك تضيق[1]

ففي هذه الأبيات نحن إزاء تأمل مستقبلي يعززه ورود اداة التمني (لعل) التي هي طلب مستقبلي، والذي جعل من القصيدة ان تنمو في فضاء مستقبلي وهي تخاطب الذات من موقع الالتفات الى حالها حاضرا،متاملة الى نسج مستقبل يتمتع بالحرية ولقاء الاحبة مستقبلا.

ويهدف (المرار بن سعيد الفقعسي) الى هدم حاضره والتطلع الى بناء مستقبل منقطع عنه، يخلص النفس من هموم حاضرها وآلامه، يقول:

وجدت شفاء الهموم الرحيل   فصرم الخلاج ووشك القضاء
واثواؤك الهم لم تمضه   اذا ضافك الهم اعنى العناء
ولماعة ما بها من علام   ولا امرات ولا رعي ماء
كان قلوب ادلائها   معلقة بقرون الظباء
يظل الشجاع الشديد الجنان   مخافتها معصما بالدعاء
اذا نظر القوم ما ميلها   رأى القوم دوية كالسماء[2]

---

(1) ديوان اللصوص /340/1.

(2) المصدر نفسه /202/2

يمثل الرحيل والرؤيا والحلم للقادم من الايام في هذه المقطوعة بعض اشكال الحقل الدلالي الخاص بمستقبل الشاعر، وان تكرار هذه الدلالات يمثل التاكيد على التمسك بزمام المستقبل، لهجر الحاضر المظلم.

وما دام الشاعر ازمع على ركوب المستقبل الخفي بمخاطره واحداثه، فهو يعلن منذ البدء بتحديه الصعاب وقهرها، لاستشراق غد باسم وتخلصه من كل ما يقف حجر عثرة في طريق تحقيقه وولوجه.

ان المقطع الصعلوكي يصور لنا بدقة متناهية تصور الحاضر في ذهن الشاعر، وقد عبر عنه بلفظ سوداوي معتم (الهموم) لذا فهو لا يريد العيش فيه والتعامل معه ما دام لا يسقيه الا الهموم والاحزان، حيث اصر على بناء زمن مستقبلي يخلصه من همومه ويشفيه منها، رغم الصعاب التي تواجهه.

ويتطلع (قيس بن الحدادية) لزمن لا يتطابق مع زمنه يتحقق فيه لقاؤه بحبيبته لذا نجده يتوق الى المستقبل الذي يلغي حالة الافتراق بينه وبين سلمى التي طال امدها، ويوعدها بقرب ذلك الزمن، يقول:

لا تعذليني سلمى اليوم وانتظري	ان يجمع الله شملا طالما افترقا
ان شتت الدهر شملا بين جيرتكم	فطال في نعمة ياسلم ما اتفقا
وقد حللنا بقسري اخي ثقة	كالبدر يجلو دجى الظلماء والافقا
لا يجبر الناس شيئا هاضه اسد	يوما ولا يرتقون الدهر ما فتقا
كم من ثناء عظيم قد تداركه	وقد تفاقم منه الامر وانخرقا[1]

ان الحاضر في هذه المقطوعة يتحمل القسط الاكبر من لعنات ابن الحدادية، فهو بسبب احساسه بالمرارة والحرقة لفراق حبيبته اخذ يستجير بالزمن من الزمن، فحاضره المسؤول - في نظر الشاعر - عن هذه العذابات والالام يستجير منها بالمستقبل الذي هو قادر - كما يرى هو - على تحقيق عملية اللقاء بالاحبة ولم الشمل.

(1) عشرة شعراء مقلون /41

ونجد ايضا عند (ابي صخر الهذلي) صورة للمستقبل الايجابي المتمثل في الامل الذي غدا عند اللصوص وغيرهم مجالا فسيحا يرتاده للتنفيس عما يمر به في حاضره، اذ اصبح مجالا تعويضيا ومعادلا نفسيا لدى الشاعر كالماضي مثلا، فهو متمسك بالمستقبل حتى ولو كان حاملا للموت، لذا نراه يظل متطلعا اليه ولعلنا نشعر امام ذلك بعظم النوائب التي يحملها حاضر الشاعر، يقول:

فيغدو الفتى والموت تحت ردائه ... ولا بد من قدر من الله واجب
يقول غدا القى الذي اليوم فاتني ... ويامل ان يلقى سرور العجائب
وينسى الذي يمضي وفي كل مرة ... يسدى له نسج المنايا الطوالب
فلا تغتبط يوما بدنيا وان صفت ... ولا تأمنن الدهر صرف العواقب[1]

فأزمة ابي صخر في مقطوعته هذه تكمن في شدة وطاة الزمن الحاضر عليه فهو هادم لطموحاته واقف بوجه سعادته واحلامه، ولذلك فلا يجد جدوى من ذمه ولومه بل اتخذ طريقا اخر ربما انفرد فيه، وهو محاولة تجاوزه الى الغد الكفيل بتحقيق رغباته وطموحاته.

ويلح حاضر (ابي النشناش العقيلي) المليء بالاحزان والهموم وجفاء الاقارب فيدعو الى تجاوزه الى المستقبل المتخيل، ولو كان في ذلك المستقبل نهاية حياته، ويبدو ان هذه الصورة تكثر عند صعاليك العصر الاسلامي لما فيه من مسحة اسلامية تتمثل بالايمان بحتمية الموت، يقول:

اذا المرء لم يسرح سوا ما ولم يرح ... سوا ما ولم تعطف عليه اقاربه
فللموت خير للفتى من قعوده ... فقيرا ومن مولى تدب عقاربه[2]

مما نلاحظه في أبيات ابي النشناش هذه انه يرى بان حاضره اذا لم يحقق رغباته وينمي علاقاته الاجتماعية مع الاخرين، فانه يرغب بتوقف مسلسل حياته

---

(1) شرح اشعار الهذليين /325/2

(2) ديوان اللصوص /286/2

مع الزمن، وربما اراد الشاعر من خلال ذلك اظهار او اعلام المتلقي بقساوة زمنه وجوره عليه في وقت الحاضر، لذا رغب بالموت، وهو من اقسى الاشياء التي يرغب بها الانسان، لكن واقعه فرض عليه ان يكون كذلك، هكذا عانق اللصوص الموت وتوحدوا به - ومنهم العقيلي - على الرغم من ان كثيرا منهم ارادو التجاوز والقضاء على مجانية الموت من خلال المغامرة والتصعلك.

وعلى الرغم من هذا وذاك فلا يسعني الا ان اقول ان ابا النشناش العقيلي بقدر ما كان شاعرا تمنى الموت بامتياز فهو في الوقت ذاته شاعر يتمنى الحياة بامتياز كذلك، فهو لم يتمن الموت الا من اجل الحصول على حياة افضل وارقى يسودها الحب والتالف والقضاء على كل مظاهر الشر والكراهية التي سادت مجتمع اللصوص، فعلى الرغم من ان الشاعر طلب الموت وتمناه، الا انه كان مولعا بحب الحياة الحرة، فهو قد طلب الموت من منظور ان فقدان الحرية هو الحرية ذاتها، ولا يستطيع الانسان - أي انسان - ان يمتلك زمام الحرية الا من خلال الموت.(1)

وتتجلى ثنائية الحاضر والمستقبل اكثر ما تتجلى لدى (السمهري العقلي) عندما عاش قسوة الحاضر الذي فارق بينه وبين حبيبته، فما كان من الشاعر الا ان يتمنى زمنا يحقق له لقاءه باحبته ولو كان الزمن المتمنى حاملا للموت معه، ولعل الشاعر في ذلك كان مؤمنا بان عليه ان لا يفتقد الوشيجة التي تربطه بالزمن، فالماضي لا يعود والحاضر لا يجود بما يتمناه الشاعر، وليس ثمة امل يمكن ان يقترن بالزمن، الا التطلع والامل لقادم الايام (2)، يقول السمهري:

الا ليتنا نحيا جميعا بغبطة ... وتبلى عظامي حين تبلى عظامها
كذلك ما كان المحبون قبلنا ... اذا مات موتاها تزاور هامها(3)

---

(1) ينظر: اتجاهات الشعر العربي المعاصر /186

(2) ينظر: الزمن عند الشعراء العرب قبل الاسلام /246

(3) ديوان اللصوص /284/1

فرغبة السمهري في مقطوعته هذه تتعلق بلقائه مع احبته في القبر، وهي رغبة صادقة منه في تجدد الحياة مرة اخرى والارتقاء بالذات فوق هشاشة وزيف الواقع، لذا نجد ذات الشاعر تراهن الزمن وتصارعه على مواجهة موتها الحاضر (فراق الاحبة) بترقب المستقبل (لقاء الاحبة) الذي فيه خلاص عذاباتها وألم الفراق.

الا ان هذه النظرة الايجابية للمستقبل من الشعراء اللصوص، لم يكتب لها الدوام بل سرعان ما اخذ الشعراء يخشون منه، لكونه مجهولا فيما يخبئ لهم من أحداث على الرغم من ان جهلهم به - كما مر فيما سلف - يعد اهم البواعث لاستمرار حياتهم والنأي عن التذبذب[1]. اذ تجسدت تلك النظرة السوداوية للمستقبل لدى اللصوص عندما اظلم المستقبل بوجوههم نتيجة تسلط شبح الموت على أرواحهم فيزداد المستقبل نتيجة ذلك الشبح رهبة فوق رهبتهم والما فوق المهم وحزنا مضافا الى أحزانهم، لذا اخذ الشعراء يتأملون ما يكنه مستقبلهم لهم من أحداث، ولعل (مالك بن الريب) احد هؤلاء الشعراء الذين تأملوا فكرة الموت بحرقة وألم شديدين أسلماهما الى استباق الشاعر للزمن والتحدث بغربة وحزن لما يحدث له بعد موته وما يرافق الموت من دفن وعزاء، يقول:

تذكرت من يبكي علي فلم اجد ... سوى السيف والرمح الرديني باكيا
واشقر محبوكا يجر عنانه ... الى الماء لم يترك له الموت ساقيا
ولكن باكناف السمينة نسوة ... عزيز عليهن العشية ما بيا
صريع على ايدي الرجال بقفرة ... يسوون لحدي حيث حم قضائيا
ولما تراءت عند مرو منيتي ... وخل بها جسمي وحانت وفاتيا
اقول لأصحابي ارفعوني فانه ... يقر بعيني ان سهيل بداليا
فيا صاحبي رحلي دنا الموت فانزلا ... برابية اني مقيم لياليا[2]

(1) ينظر الزمن عند الشعراء العرب /80
(2) ديوان اللصوص /2/179-180

فنحن ازاء هذه الأبيات الجنائزية المحزنة يطالعنا مالك بإحساس يملؤه الفراق للاهل والاحبة والوطن والحزن المصاحب للألم نتيجة الانقطاع مع الحياة او انقطاع الحياة معه، نتيجة سيطرة الموت على زمن الشاعر هكذا استحالت نفس ابن الريب الى وساوس حين عظم مصيرها، فتمادت في الوجدانية أكثر من الانضباط والتقييد ((لان التجربة الفنية تلغى معها الحدود وينفتح امامها الافق فتخرج من ماساتها الذاتية لتعبر في اعماقها عن ماساة بشرية عامة وهي ماساة الانسان في مواجهة الفناء في لحظة النهاية))[1].

وفي التفاتة أخرى من الشاعر، وقعت في باب الرسالة الشعرية أرسلها وهو يعاني ويصارع الموت، عندما اخذ يوصي صاحبه ان يبلغ اهله وعشيرته وحبيبته - وهي المقصودة بالذات - بان لا رجعة بعد اليوم ولا تلاقي يحصل في دنياه وزمانه الجائر، يقول:

فيا صاحبـا اما عرضت فبلغا بنـــي مازن والريب ان لا تلاقيا[2]

فرسالة ابن الريب هذه التي تضمنت معنى الوصية التي انتقل فيها من حاضره الذي يعج بالم الفراق الى المستقبل بعد ان ترحل روحه عن جسده، تعد من السياقات التي تعتمد الاستباق الزمني معيارا لبنائها.

ويستكمل بعد ذلك تامله لمستقبله الذي حمل موته وفراقه للأهل والأحبة من خلال استباق زمني لاحداث تتصف بانها لا يماريها شك او خلاف لانها حقيقة واقعة تجري على كل انسان، فنجده يتخطى جدار الزمن المعاش الى الزمن غير المعاش (الموت) من قبله، فكانه يخترق زمنه الحاضر الى المستقبل ويعد نفسه من موتاه ويدعو احبته الى زيارة قبره، والسلام عليه، وفي هذا - كما يبدو لي -

(1) التداخل النصي بين السياب ومالك بن الريب (بحث) /59
(2) ديوان اللصوص 182/2

الرغبة في استمرار الود والمحبة بين الحبيبين لانه عاش دنياه من اجله، ومن اجله مات، وبه يخلد في قبره، يقول:

فيا ليت شعري هل ابكي ام مالك — كما كنت لو عالوا نعيك باكيا
اذا مت فاعتادي القبور وسلمي — على الرمس اسقيت السحاب الغواديا
على جدث قد جرت الريح فوقه — ترابا كسحق المرنباني هابيا
رهينة احجار وترب تضمنت — قرارتها مني العظام البواليا(1)

ويرتبط المستقبل لدى ابن الريب بالخوف والقلق من المصير المجهول الذي يضمره له الزمن ومع زيادة التكهن بذلك الخوف والقلق مما ستاتي به قادم الايام، تشعر ذاته ان زمنها الخارجي اخذ بالانفصال عن زمنها النفسي الذي اصبح يسير ببطء رتيب وكانه يريد التوقف او ان شعورها به اخذ ينبىء عن تلاشيه لثقل وطاته عليها، فيؤدي الى ازدياد وطاة الاحساس والخوف من المستقبل(2)، يقول مصورا ذلك:

اتجزع ان عرفت ببطن قوّ — وصحراء الاديهم رسم دار
وان حلّ الخليط ولست فيهم — مرابع بين دحل الى سرار
اذا حلّوا بعائجة خلاء — يقطف نور حنوتها العذارى(3)

فمالك في هذا المقطع اقام حوارا (مونولوجا) بينه وبين ذاته، ليوحي لنا بأن الزمن لم يترك له صاحباً يشكي له همومه والامه، فخاطبها بذلك الخطاب الحزين ذي المفردات الدالة على الالم والتوجع، حيث ابتدأه بالفعل (اتجزع) ايمانا منه بان لا احد يجيب تساؤله، مما اضطره مكرها الى اخبار نفسه بالجزع منذ البداية عن طريق ذلك الفعل ذي النبرة الصافية. ولم لا والمستقبل ينتظره بـ (رسوم منازل

(1) ديوان اللصوص /184/2
(2) ينظر: الزمن في شعر الرواد /21
(3) ديوان اللصوص /163/2

الاحبة الراحلين عنها - غيابه عن جوار احبته ايام الربيع)، هذا الزمن المدمر ذو الايقاع السريع الذي يعمل بشراسة عدائية في اجساد واعمار الناس ما دفع الشاعر الى تذكر ديار الاحبة ومرابعهم بعد رحيله عن طريق الية استباق الزمن من خلال الخيال والتنبؤ بكل ما هو سيء وموحش، انطلاقا من ان كل فعل وعمل يصدر عن سيء وموحش يكون مثله، هذا ما جعل الشاعر يتنبأ بهذه الافعال الزائفة للزمن لمعرفته الحقيقية بزيفه ووحشته.

ما نراه فيما تقدم ان نظرة الشعراء اللصوص الى زمنهم ببعده الحاضر ابتعدت عن التفاؤل وارتبطت بالقلق والحزن اما بعده المستقبلي فقد اقتطعوا جزءاً منه وهو الخوف مما يكنه لهم مستقبلهم من الموت وانقطاع الحياة، ذلك لمعرفتهم بان المستقبل يحتوي على النقيضين بالنسبة لهم، على الموت والحياة وعلى الانتهاء والاخلاء والتحقق منا[1].

كما يكشف لنا اللصوص ايضا وعيهم وشعورهم الجيدين بزمنهم، وبالتالي انعكاس هذا الوعي والشعور على عملهم الشعري، مما يؤكد ان هناك علاقة متبادلة بين وحدتي الزمان والذات، وهذا في النهاية هو ما يشكل وحدة الاثر الفني نفسه، من حيث ملاحظة وجود علاقة وظيفية متبادلة بين كل من الزمان والذات والاثر نفسه، مما يعكس نوعا من الاستمرار والوحدة في العمل الشعري.[2]

ثالثاً- ثنائية الماضي والمستقبل:

قبل البدء بالحديث عن معاني هذه الثنائية التي عبرت بشكل واضح عن زمن اللصوص كان لزاما علينا ان نطرح تساؤلا، ليجيب البحث عليه وهذا التساؤل يدور حول الكيفية التي اصبح فيها الماضي والمستقبل ثنائيتين ضديتين في نظر الشعراء فضلا عن ان البحث قد تناولهما فيما سبق واظهر ايجابية الاول، وتبعيض ايجابية

---

(1) ينظر الحياة والموت في الشعر الاموي /260

(2) ينظر: الزمن في الادب /43

الاخر، حيث استثنى منها الموت المرتبط بالمستقبل وما يتبعه من قلق وخوف من المجهول، هذا من جهة ومن جهة اخرى وجود الفارق الزمني الكبير بينهما، انطلاقا من ان ((الماضي يترك اثارا او علامات او سجلات في حين ان المستقبل لا يفعل ذلك))[1]، فعندما نقول الماضي، نعني بذلك المجموعة الكاملة للتاريخ المسجل سواء اكان تاريخ الانسان ام الكون اما المستقبل فهو ما لا تاريخ له بعد.[2]

اذن فلم يبق امامنا الا القول، ان هذه الثنائية ما كان لها ان توجد لولا جور الحاضر وزيفه وقساوته وتأرجح ذات الشاعر بين الماضي والمستقبل، وما دام الاول معاشا، والاخر مجهولا، فكان اللوذ بالماضي من قبل الشعراء دون الاخر، فضلا عن ذلك فان طرفي هذه الثنائية متفقان في كونهما يلتقيان عند حدود الذاكرة فهما ينتميان الى عالم الخيال دون عالم الواقع او زمن اللحظة، لذا سيكون تعامل البحث مع النتاج الشعري في ضوء هذه الثنائية من ناحية ايجابية احدهما دون الاخر، عندما يلح عليهم الحاضر المدمر ويخامرهم المستقبل،لكونه يمثل الغد والغيب والغيب مجهول[3]، فيظهر امامه في هذه اللحظة الماضي لكونه ذكرى معاشة معرضة للنسيان من دون المستقبل غير المعاش والحاضر المظلم.

وتتجلى ثنائية الماضي والمستقبل لدى (المرار بن سعيد الفقعسي) معتمدا في بنائها الية الاسترجاع الزمني والاستباق في الوقت ذاته، يقول:

حي المنازل هل من اهلها خبر	بدور وشجى سقى داراتها المطر
وقد لعبت مع الفتيان ما لعبوا	وقد اجد وقد اغنى وافتقر
استغفر الله من جدي ومن لعبي	كل امرىء بامرىء لا بد مؤتزر
وانما لي يوم لست سابقه	حتى يجيىء وان اودى بي العمر

(1) ينظر: الزمن في الادب /26

(2) المصدر والصفحة نفسهما.

(3) قال رسول الله (ص) ((مفتاح الغيب خمس لا يعلمها الا الله، لا يعلم احد ما يكون في غد ولا يعلم احد ما يكون في الارحام، ولاتعلم نفس ماذا تكسب غدا وما تدري نفس باي ارض تموت، وما يدري احد متى يجيء المطر)) صحيح البخاري /41/2.

ما يسال الناس عن سنى وقد قدعت لي الاربعون وطال الورد والصدر
لما راى الشيب قد هاجت نصيته بعد الحلاوة حتى اخلس الشعر
تيمم القصد من اولى اواخره سير المنحب لما اغلي الخطر[1]

يواجهنا المرار الفقعسي في قصيدته هذه بنوع من الزمن المشوش، عندما خلط الامس بالغد مع اغفال تام لحاضره، وكانه اراد ان يشعرنا ان المساحة الزمنية بين الماضي والمستقبل مساحة ميتة لا حياة فيها، اذ غدا الماضي بالنسبة له الامل الذي يهون عليه حزن وجور الحاضر، اما المستقبل الذي هو طموح الخلاص من الحاضر غدا له كذلك خيبة الامل نتيجة الاحداث الغيبية كنوائب الزمان الخفية كالموت والمعلومة كالشيب والهرم ومن هنا فاننا نلمح من حاضر الشاعر انه عذاب ذو وجهتين، لانه يتضمن اشتياقا الى المستقبل الذي اصبح عذابا لدية، لانصرافه الى شيء غير مدرك للحاضر، ويتضمن كذلك الماضي الذي اصبح عذابا أيضا لانصرافه الى شيء خرج عن اليد بالنسبة للحاضر.[2]

وعندما يشعر (جعفر بن علبة الحارثي) بتوقف زمنه عند لحظة الموت المستقبلي تصبح ذاكرة الماضي المعبر الحقيقي الذي يلهمه الصبر والثبات امام القدر، يقول:

احقا عباد الله ان لست رائيا صحارى نجد والرياح الذواريا
ولا زائرا شم العرانين تنتمي الى عامر يحللن رملا معاليا
اذا ما اتيت الحارثيات فانعني لهن وخبرهن ان لا تلاقيا
وقود قلوصي في الركاب فانها ستضحك مسرورا وتبكي بواكيا
اوصيكم ان مت يوما بعارم ليفني شيئا او يكون مكانيا[3]

(1) ديوان اللصوص /222/2

(2) ينظر: دلالة الزمن في الرواية الحديثة /22

(3) ديوان اللصوص /199/1

اعتمد الحارثي في مقطوعته هـذه الية التلاعـب الزمنـي لشـعوره الحـاد بتوقـف الزمن الحاضر عند تلك اللحظة النهائية، فهرب الى ماضيه يستنجده ويستجير بـه مـن لظى الحاضر عن طريق استخدام صيغتي الاسترجاع بالنسبة للماضي والاستباق بالنسبة للمستقبل، وكانه يريد ان يلغي الحاضر، بـل يريـد تسـليمه الى المسـتقبل (المـوت) مـع الحفاظ على ديمومة الماضي ومن هنا ندرك ان محاولـة الشـاعر - أي شـاعر - الامسـاك بزمن معين واعتماد ما يسمى بـ (الابطاء الزمني) المتمثل بالنزوح نحـو المـاضي واحلالـه محل الحاضر الردىء والمستقبل المجهول، لهو اقوى دليل عـلى اللاتكيـف الـذي يعيشـه اللصوص، لذا نجدهم يصارعون الزمن ويلجاون الى امسهم لتعويض نقصهم من الحاضر والمستقبل وقد اسلم هذ التنقـل السريـع في زمـن الشـاعر بـين المـاضي والمسـتقبل دون المرور بالحاضر الى تخلخل وتيرته وعدم انتظام ايقاعه مما سبب للشـاعر قلقـا ووحشـة وضياعا، لان الحياة كما يذكر باشلار هي: (حقيقة جزئية فبـدون تنـاغم وبـدون جدليـة منتظمة، وبدون وتيرة ايقاع لا يمكن للحياة ولا الفكر ان يكونا مستقرين)[1].

ومن هذا المنظور ونتيجـة لعـدم التـوازن واصرار الشـاعر عـلى الامسـاك بالمـاضي ومحاولة سحبه الى حاضره وتوقفه عنده دون ولوج المستقبل تولدت لديه ازاء ذلك تلك النظرة المشوشة تجاه حياته، فاذا الماضي يمارس غيابا الا في الذاكرة واذا بالمسـتقبل شـيئ مخيف لما يضمره من غيبيـات، فظـل الشـاعر متارجحـا مـن اخفـاق الى اخفـاق بفعـل الزمن.[2]

ويتوسل (ابو الطمحان القيني) باصحابه ان يذكروه ساعة احتضاره وقـرب وفاتـه باحبته الذين فرق بينهم الزمن قبل بلوغ نفسه التراقي، يقول:

الا عللاني قبـــل نـوح النـوائـــح	وقبل ارتقاء النفس فـوق الجوانح
وقبل غد يالهف نفسي على غـــدٍ	اذا راح أصحابـــي ولـســت بـرائـح

(1) جدلية الزمن /15

(2) ينظر دلالة الزمن في الرواية /34

اذا راح أصحابي تفيض دموعهم وغودرت في لحد عليّ صفائحي
يقولون: هل أصلحتم لاخيكم وما الرمس في الأرض القواء بصالح[1]

فطلب الشاعر في ابياته هذه تضمن استرجاعا للماضي، وذكرياته السابقة ولعل الاسترجاع الذي اراده الشاعر هنا ليس استرجاعا منقطعا ينتهي بانتهاء فترة زمنية محددة، بل هو استرجاع يتصف بعنصري الديمومة والاستمرار الذين يمثلان ((التقدم المستمر للماضي الذي ينخر في المستقبل ويتضخم كلما تقدم..))[2]. فالشاعر يريد من ماضيه وذكرياته ان يحلا في زمنه الحاضر الذي الح على توقفه لانه يحيل الى الموت والهلاك وان يكون احلاله ابديا لا ينقطع.

ولعل حب الماضي الممتلىء بالذكريات جعل من الشاعر ان يصحر مستقبله من كل مقومات الحياة، فليس فيه الا الموت والفناء، لذا فان ذاته اذا ارادت ان تفارق احزانها وهمومها وخوفها من الارتحال الابدي من الدنيا ان تقف مرة اخرى على ابواب ماضيها، تطرق ذكرياته وايامه الجميلة ليستحيل الماضي حاضرا والحاضر يتوقف عند ذكريات الماضي.

ولا نريد الاطالة في الحديث عن هذه الثنائية كون طرفيها قد بحثنا وبينت دلالتهما ضمن الثنائيتين السابقتين، لكن الذي جعلنا نذكرهما ضمن الثنائيات الزمنية - كما ذكرنا سلفا - هو ان الشعراء اللصوص عندما يتمظهر المستقبل امامهم في صورته السلبية لكونه مجهولا للمصير، نراهم يلجأون الى ماضيهم موطن الامل والذكريات يدارون ارتباكهم النفسي والعاطفي وخوفهم من مجهول المستقبل.

رابعاً- ثنائية الليل والنهار:

لعل الحديث عن هذه الثنائية ودلالتها في اشعار هذه الطائفة يقودنا الى مسالة مهمة تتعلق بسيطرة مفردات الطبيعة على مفردات نتاج الشعراء، ومنها مفردتا هذه

(1) ديوان اللصوص /312/1
(2) لحظة الابدية /76

الثنائية اللتان اكتسبتا بعدا دلاليا واضحا يرتبط بنفسية هؤلاء الشعراء وطبيعة تعاملهم مع موجوداتهم، فضلا عن بعدهما الزمني الوقتي المعروف، لذا اخذت هاتان المفردتان المتضادتان (الليل والنهار) مكانة كبيرة في بنية الشعر، وكانت تلك الاشعار تشير الى هيمنة مفردة الثنائية الاولى على الاخرى، ذلك لانها من اكثر الازمنة اثارة لمعاني الوحشة والظلمة والتوحد مع النص الشعري فضلا عما توحي به من دلالات متباينة تتناغم وطبيعة المواقف النفسية التي يمر بها الشعراء، ولا غرو في ذلك ما دام الليل يمثل بالنسبة للصعاليك، المأوى والهدوء كما فيه الوحشة والرعب والمجهول.[1]

ولعل تعاقب هاتين المفردتين المتواصل اوضح للشعراء بانهما المسؤلان عن كل التغييرات التي تطرأ على الانسان، وما الزمن الاحصيلة لتتابع الايام، وما الايام الا تتابع لمفردتي تلك الثنائية. ولعل من اكثر المواقف التي تجلت فيها رؤية الشعراء واحساسهم بالزمن (الليل)، وكما ذكره الدكتور صلاح عبد الحافظ، ما جاء مصاحبا لشعر الغزل. فكلما يتعمق الحب ويشتد عوده يتعمق الشعور بالزمن، ذلك لان الحب يخلق الزمن ويحيل كل شيء يمر به الشاعر من علاقات وغيرها الى الزمن[2]، وعندما يلتقي الحبيبان فانهما يشعران بقصر الليل وبطوله في البعد والفراق، هذا ما طالعنا به (المرار بن سعيد الفقعسي) عندما ابعده الزمن عن دياره وفارق بينه وبين الحبيبة التي ذكره بها حمامات يسجعن حوله، يقول:

لعمرك انني لاحب نجدا	وما ارأى الى نجد سبيلا
وكنت حسبت طيب تراب نجد	وعيشا بالطريفة لن يزولا
اجدك لن ترى الاحفار يوما	ولا الخلق المبينة الحلولا
ولا الولدان قد حلوا عراها	ولا البيض الغطارفة الكهولا
اذا سكتوا رأيت لهم جمالا	وان نطقوا سمعت لهم عقولا

(1) ينظر: الليل والنجوم(بحث) /19

(2) ينظر: الزمان والمكان واثرهما /362/1

احقا ياحريز الرهن منكم — فلا اصعاد منك ولا قفولا
تصيح اذا هجعت بدير توما — حمامات يزدن الليل طولا
اذا ما صحن قلت: احس صبحا — وقد غادرن لي ليلا ثقيلا
خليلي اقعدا لي عللاني — وصدا لي وسادي ان يميلا [1]

فالفقعسي اخذ يشعر بطول ليله بعد فراقه لاهله ولاحبته ووطنه، فعلى الرغم من ظلمة الليل ووحشتة المعهودتين،اضاف اليهما الزمن الما جديدا مضافا الى الم الغربة، الا وهوالم فراق الاحبة، ولعل الشاعر شدد في هذا المقطع المؤلم على اظهار دلالتين للزمن عانى منهما كثيرا، اولهما الليل الذي يمتاز بطوله وظلمته وثقله، وثانيهما الظلمة التي احاطت بحياته نتيجة فراق احبته عنه فاصبحت حياته مظلمة لفراغها وتصحرها من وجودهم، وهذا يعني ان ليل الشاعر ارتبط في قصيدته هذه بالوصل / والهجر، ومادام مشهدا الهجر والفراق قد خيما على ابياتها، لذا راح يتألم من طول الليل وثقله وكان الحبيبة تركت بعد هجرها اثرين في نفسه، اولهما حبها الذي لم يفارق قلبه، وثانيهما طول ليله وثقله فعند مغادرتها تركت له ليلا ثقيلا.

ويجثم ليل الفقعسي على نفسه ويطول، وكانه قد تحجر وليس له من انصرام على الرغم من افول نجومه الصغيرة والكبيرة وانكسار ظلمته، يقول:

تقلبت هذا الليل حتى تهورت — اناث النجوم كلها وذكورها[2]

فالليل هنا ليس الليل الذي نعرفه، بل هو ليل خاص بالفقعسي، ليل خرج من جملة الليالي التي نعيشها وتتعاقب من حولنا، ليل يابى ان يخضع لقانون الليالي المحدد بالساعات والازمان، اذن فهو ليل خلقه الشاعر من ذاته ونفخ فيه من روحه المحملة بالهموم والاحزان، لذا ظل يعاني من طوله ولم يذق طعم النوم فيه وهي

---

(1) ديوان اللصوص /251/2.

(2) المصدر نفسه /222.

معاناة طبيعية انسجمت مع حالته النفسية والشعورية التي هو عليها، فالبسها همومه والامه والبسته هي ايضا ظلمتها ووحشتها وهي في الوقت ذاته دعوة من قبله الى مجيء النهار ليخلصه من همومه وليله الذي زاد الزمان منها طولا وعرضا.

وترتبط ثنائية الليل والنهار لدى (الخطيم المحرزي) بالغربة عن الوطن والابتعاد عنه الذي لم ير منها صديقا في ارضها ولا نوما في ليلها، يقول:

وقائلة يوما وقد جئت زائرا	رايت الخطيم بعدنا قد تخددا
فلا تسخري مني امامة ان بدا	شحوبي ولا ان القميص تقددا
فاني بارض لا يرى المرء قربها	صديقا ولا تحلى بها العين مرقدا
اذا نام اصحابي بها الليل كله	ابت لا تذوق النوم حتى ترى غدا[1]

يظهر ليل الخطيم في هذه الابيات متواطئا مع غربته التي اخرجته من طبيعته المعهودة، فأصبح تبعا لذلك ليلا طويلا، ليس للرقود فيه مكان بفعل تلك الغربة، وكان الشاعر اراد ان يبين لنا من خلال ذلك تمسكه وانتماءه الى وطنه وما اظهاره وكشفه من هجران النوم من عينيه في بلاد الغربة، لانها غربة الا دليل على ذلك الانتماء والتمسك الوطني، فضلا عن ذلك فقد بين لنا في هذه الابيات ان ليل وطنه يختلف عن ليل غيره من الاوطان لذا لم يحظ الليل عنده برضى وقبول حتى اصبح عدوا له وداعيا الى جلائه.

اما ليل (عبيد بن عياش البكري) فقد اصبح عدوا له، لانه اصبح ملاذا امنا لحبيبته في سفرها وهجرها اياه، يقول:

سرت من قصور الحوف ليلا فاصبحت	بدجلة ما يرجو المقام حسيرها
نباطية لم تدر ما الكور قبلها	ولا السير بالموماة قد دق نورها
يدور عليها حادياها اذا و نت	وانت على كاس الصليب تديرها[2]

(1) ديوان اللصوص 235/1
(2) المصدر نفسه /7/2

ان الذي جعل الشاعر لا يالف ليله في مقطعه هذا، لتامره مع حبيبته ضده ومساعدته لها على الهروب، اذ اصبحت لها ظلمته سترا وامنا للهروب والابتعاد عنه، لذا اصبح ليله طويلا تبعا لذلك، فكان الرحيل سببا في الاسى والحزن العميقين، المعنى الذي نجده عند (بكر بن النطاح الحنفي) عندما طالعنا بقوله:

تطاول ليلي بالحجاز ولم ازل ... وليلي قصير امن الغدوات
فيا حبذا برّ العراق وبحرها ... وما يجتنى فيه من الثمرات
كفى حزنا ما تحمل الارض دونها ... لنا من ذرا الاجبال والفلوات[1]

فبكر ازاء ليله هذا اصبح في حالة من التلاشي والانقطاع مع زمنه وكأنه يعيش في فترة زمنية اعتيادية خالية من الحب الذي هو مصدر الحياة ووجودها، لان الليل الذي اعتاد عليه والفه هو ما كان بوجود الحبيبة ليس الا وما دام الشاعر قد احس بالتلاشي والانقطاع مع الزمن الحالي، فهو يحاول عيش حياة الحلم دون الحقيقة، تلك الحياة التي تحتضن الليل القصير، ليس باحتساب الوقت، بل القصير نتيجة لقاء الحبيبة، مما يعني ان طول ليله متات من فراق الحبيبة، هذا ما كشفه لنا عندما تمنى انتهاء ليله الحالي، لانه مصدر الهموم والاحزان متمنيا بنهاية تلك الهموم والاحزان.

وتتمظهر ثنائية الليل والنهار في نتاج اللصوص الشعري اثناء حديثهم عن السجون المعنى الذي نجده عند (جعدة بن طريف السعدي)، يقول:

يا طول ليلي ما أنام كأنما ... في العين مني عائر مسجور
أرعى النجوم اذا تغيب كوكب ... كالات أخر ما يكاد يغور
ان طال ليلي في الاسار لقد ا تى ... في ما مضى دهر علي قصير[2]

(1) ديوان اللصوص /90/1
(2) المصدر نفسه /179/1

فالشاعر في هذا المقطع يشكو من ليله لطوله وكان عينيه معلولتان لا يستطيعان الرقود، حتى شبه نفسه نتيجة ذلك بمن يرعى النجوم ويراقب افولها بدقة متناهية، ولعل طول ليل السعدي وعدم رقوده فيه على غير المعتاد، مرده الى الحالة النفسية والشعورية التي يمر بها في سجنه، لذا جاء موقفه تجاهه سلبيا ولا يسمح له بالتعامل معه وقبوله.

ويصور لنا (صخر الغي الهذلي) طول ليله وتجافي النوم عن عينيه لشعوره بالارق والقلق من مصيره المجهول، حيث لا يغني من الموت شيء، فهو واقع لا محال، الامر الذي جعل من حياته حزينة قلقة تجاه مستقبلها، حيث لا يستقر لها حال نهارا ولا هجود ليلا، يقول:

أرقت فبت لم اذق المناما	وليلي لا احس له انصراما
الى جدث بجنب الجو رأسٍ	به ماحل ثم به اقاما
ارى الايام لا تبقى كريما	ولا العصم الاوابد والنعاما
خفي الشخص مقتدر عليها	يشن على ثمائلها السماما
فيبدرها شرائعها فيرمي	مقاتلها فيسقيها الزؤاما[1]

فنفاذ العمر ومروره ومعرفة نهاية حياته كان سببا في ارق الشاعر وطول ليله وحرمانه من المنام، ذلك ان الذي يشعر او يفكر بالموت او الذي يدنو اجله يكون ليله مرا طويلا ثقيلا عليه، لذا نراه يحس بكل ثانية من ثوانيه دون ان يشعر بها الآخرون، حتى اضحى ليله رمزا الى المعاناة ومعاودة الهموم التي تاتي اليه ساعة ذكره للموت.

لابد من الإشارة هنا الى ان جميع الصور المحللة في هذا المبحث التي تخص ثنائية (الليل والنهار) أظهرت الدلالة السلبية لليل، الا ان هذا لا يعني غياب الدلالة الايجابية له في اشعار اللصوص وهذا امر طبيعي ما دام التعامل مع الزمن

---

(1) شرح اشعار الهذليين / 195/1

- ومنه الليل - عند كل الشعراء يخضع للحالة النفسية والشعورية التي يمر بها اثناء نظمه الشعري، لذا نجد في اشعار اللصوص دلالتين لكل مفردة من مفردات الزمن، احدهما ايجابي والاخر سلبي، تبعا لما ذكرنا سلفا، ويقدم الشعراء مصداقا لذلك عندما اخرجوا ليلهم من دلالته السلبية السابقة وحملوه دلالة ايجابية اخرى عندما جعلوه مصدرا للراحة والهدوء ولقاء الاحبة، المعنى الذي نجده عند (بكر بن النطاح الحنفي) عندما اتخذ من الليل زمنا للزيارة واللقاء بالحبيبة التي حددت له ذلك الوقت (غياب ضوء القمر) موعدا للقائهما، يقول:

نسيم المدام وبرد السحر ... هما هيجا الشوق حتى ظهر
تقول: اجتنب دارنا بالنهار ... وزرنا اذا غاب ضوء القمر
فان لنا حرسا ان رأوك ... ندمت واعطوا عليك الظفر
وكم صنع الله من مرة ... عليهم وقد امروا بالحذر[1]

ما نلاحظه في هذه المقطوعة ان حبيبة الشاعر طلبت منه ان يجتنب زيارتها وقت النهار، لانه كاشف للسر واللقاء، وينتظر الليل، لانه اكتم لذلك خشية حرسها والواشين الذين يحولون بين لقائهما واجتماعهما.

ويضفي (جحدر المحرزي) على ليله صفة ايجابية البسها اياه بعد ان زار حبيبته اثناء حلوله، فوصفه بانه جامع للاحبة وراعٍ لذلك الاجتماع، يقول:

اليس الليل يجمع ام عمرو ... وايانا فذاك بنا تدان
بلى ونرى الهلال كما تراه ... ويعلوها النهار كما علاني[2]

فليل جحدر في هذين البيتين اكتسب صفتي القبول والرضا، لانه ارتبط عنده بالوصل واللقاء، لذا نراه لم يتحدث عن طوله وقصره وارتباط ذلك بحالته

(1) ديوان اللصوص /109/1
(2) المصدر نفسه /173

النفسية، بل اكتفى بوصفه انه يجمع الاحبة لما يمتاز به من سرية وخفاء نتيجة ظلمته، وهذا يعني ان ظلمته ابدلتها الحبيبة بلقائها نورا انار قلب الشاعر وليله.

أما (السمهري) فقد تمنى الليل بتمامه، لكي يشفي نفسه وعاطفته عندما يلتقي بحبيبته، يقول:

الا حيّ ليلى قد الم لمامها ... وكيف مع القوم الاعادي كلامها
تعلل بليلى انما انت هامة ... من الهام يدنو كل يوم حمامها
فلما ارتفقت للخيال الذي سرى ... اذا الارض قفر قد علاها قتامها
وبيضاء مكسال كعوب خريدة ... لذيذ لدى ليل التمام شمامها
كان وميض البرق بيني وبينها ... اذا حان من بين الحديث ابتسامها
فالا تكن ليلى طوتك فانه ... شبيه بليلى دلها وقوامها[1]

الذي نلاحظه من مقطوعة الشاعر هذه انه حول ليله الحالي الى ليل التمام، الذي يتصف بالطول، ويبدو ان طلبه لليل التمام لا يستمر في كل الأوقات، بل ان طلبه هذا يقتصر على الليل الذي فيه لقاء الحبيبة، ذلك ان طول الليل يتلاشى ليحل محله شعور اللقاء والمتعة، لان الليل في حالات شعور الشاعر بالسرور يتحول الى دقائق معدودات[2].

وترتبط ثنائية الليل والنهار بذكر الخمرة عند اللصوص ولا سيما صعاليك العصر الجاهلي، لما للاسلام من اثر واضح على اشعار نظرائهم الإسلاميين التي يصبح الليل فيها قصيراً، والظلمة نوراً، هذا ما طالعنا به (السمهري) عندما رسم لنا مشهدا صحراوياً خمرياً أساسه الخيال تحدث فيه عن نفسه وصاحبه عندما اصبحا طريدين في صحراء مقفرة تخلو من الماء وانس البشر، فطلب من صاحبه طلبا ملؤه التمني بان يسقيه ويسقي نفسه قبل ان يطلع الصبح عليهما، والذي شبهه

(1) ديوان اللصوص /1/282-283 ينظر: الزمان والمكان واثرهما /1/356
(2) المصدر نفسه /1/286.

بالحادي لظلمة الليل كالحادي للابل، أي ان صبحه ينذر ويحذر بقرب الليل لانه حاديه، يقول:

الم تر انــــي وابن ابيض قد جفت	بنـــا الارض الا ان نـــؤم الفيافيــــا
طريديــــن مـن حييّن شتى اشدّنا	مخافتنـــا حتـــى نخلنا التصافيــا
وما لمتـــه في امــر حزم ونـجـده	ولا لامنــي في مرّتــي واحتياليــا
وقلت له اذ حل يسقي ويستقــي	وقد كان ضوء الصبــح لليل حاديـــا[1]

فالشاعر في مقطوعته هذه يمر بحالـة مـن اللهـو والمتعـة -وان كانـت متخيلـة- ابدلها جاهدا بحالته اليائسة، عندما كان وصديقه طريـدين في المفـازة وزمنـه في حالتـه الاخيرة افضل ما يكون، فالحالة السارة التي هو عليها هي حالة سروريـة للـزمن نفسـه، لان الزمن في هذه المقطوعة اوجده الشاعر، ليعوض به حالته الاولى من التيـه والضيـاع، من هنا لا نجد في المقطوعة حديثا عن طول الليل وقصره بل نجد فيها حديثا عن ترابط وامتزاج (الخمر بالليل).

ويكتسب ليل (ابو النشناش العقيلي) صفة ايجابية اخـرى عنـدما جعلـه مصـدرا للرزق والكسب عن طريق الاغارة والتصعلك لما يمتاز به ذلـك الليـل مـن الظلمـة التـي تستره اثناء اغارته، يقول:

وسائلـة أين الرحيـل وسائــل	ومــن يسال الصعلوك اين مذاهبه
وداويـــة يهمــاء يخشى بها الردى	سرت بابي النشناش فيها ركائبه
ليـدرك ثأراً او ليـــدرك معنماً	جزيلا وهـذا الدهـر جمّ عجائبـــه
ولـم ار مثـل الهـم ضاجعـه الفتى	ولا كســواد الليل اخفـق طالبــه

فأبو النشناش اخذ من الليل في هذه المقطوعة سواد ظلمته، ليجعل منها مسرحا لعملياته الليلية، التي تتمثل بالاغارة وكسب المغانم بطريقته المعروفة، لذلك

---

(1) ديوان اللصوص /286/2.

نراه يطلب من فتيان قومه، اذا جن ليلهم ان يهيموا في الصحارى ويطلبوا مغانمهم من سواد ظلمتها لان ليل اللصوص لا يخيب طالبه سواء اكان ثاراً او مغنماً.

ويرافق الحديث عن ثنائية الليل والنهار في احيان كثيرة الحديث عن طيف الحبيبة وخيالها طلبا لوصلها والقرب منها، وكثيرا ما يلجأ الشاعر الى الحديث عن طيف الحبيبة والسعي في طلبه عندما يتعذر عليه لقاؤها في الحقيقة، فلجأ الى طيفها يداري به عاطفته الهائجة، يقول تابط شرا مصورا ذلك:

لقد قال الخلي وقال حلسا	بظهر الليل شدّ به العكوم
لطيف من سعاد عناك منها	مراعاة النجوم ومن يهيم
وتلك لئن عنيت بها رداح	من النسوان منطقها رخيم
وذي رحم احال الدهر عنه	فليس له لذي رحم حريم
مددت له يمينا من جناحي	لها وفر وخافية رحوم
اوايسه على الايام اني	اذا قعدت به اللؤما الوم[1]

فتأبط شرا في ابياته هذه بدا لنا مقتنعا راضيا على ليله عندما جاء له بطيف حبيبته، لان من صفة المحبين القناعة و ((الرضا بمزار الطيف..وهذا انما يحدث عن ذكر لا يفارق وعهد لا يحول وفكر لا ينقضي فإذا نامت العيون وهدات الحركات سرى الطيف))[2]، لذا اصبح الطيف لدى الشاعر تعويضا عما فقده على ارض الواقع من فراق فراق وبعد فاضطر الى مناشدة حبيبته عن طريق الخيال لتتحقق رغباته وطموحاته.

ما نلاحظه فيما سبق ان دلالة هذه الثنائية تتنوع لدى اللصوص وتتلّون بتلون الحالة النفسية والشعورية والتجربة التي يمر عليها، فتارة نراه يشعر بطول ليله وثقله لارتباطه بالحزن والقلق، كما في ليل المحبين عند الفراق، وليل الغربة والسجون وعند الشعور بدنو الاجل، وتارة يشعر بقصر ليله عندما يرتبط بالراحة

(1) ديوانه /68-69.

(2) طوق الحمامة /95

والاطمأنان والسكينة كالليل الذي يجمعه باحبته وليل الخمرة، وليل كسب الرزق، لذلك كانت نظرته الى الليل والنهار نظرة تبتعد عن التفلسف، فهي نظرة مرتبطة بشعوره واحساسه وعاطفته تجاه حياته البسيطة.

خامساً- ثنائية الشيب والشباب:

قبل البدء بالحديث عن هذه الثنائية لابد لنا من الاشارة الى ان اغلب الشعر الذي قيل فيها سيطر عليه الطابع المأساوي الحزين، لاسيما في معرض الحديث عن الشباب المفقود ولا غرو في ذلك ما دام الشباب يمثل رمزا من رموز الحياة ولذاتها، وليس عند الانسان لذة تذكر في المشيب ولا حياة، لذلك راح اللصوص يشكون مشيبهم، لانهم ادركوا جيدا ان الانسان لا يستطيع الافلات من قدر الشيخوخة مهما طال به العمر[1]، لان شيخوخته ستجلب له شقاء وتعبا ليس له طاقة على احتمالها[2]، في حين اننا نجد في المقابل ان الشباب يعني لدى اللصوص الفروسية والشجاعة والحيوية[3]، هذا يعني اننا نجد تاكيدا لما ذهب اليه الميداني من ان الشباب يعد قبالة الحياة، والمشيب قبالة الموت[4]، وبناءً على ذلك فقد شغلت تلك الثنائية حيزا كبيرا من اداب الامم كلها، لانها تمثل موضوعا انسانيا عاما ((يتصل بالطبيعة البشرية المتشبثة باهداب الحياة، والتي ترى في تولي الشباب ايذانا بمغيب شمس وجودها وفراق مباهج الحياة))[5].

وما دام المشيب يمثل لدى اللصوص تعبيراً عن حتمية النهاية وحتمية اثار الدهر في البشر[6]، فضلاً عما له من ((الاثر الظاهر المبرر لمعناه الخفي، وهو

---

(1) ينظر: مروج الذهب /50/1/

(2) ينظر: العقد الفريد /79/8/

(3) ينظر: الفروسية في الشعر الجاهلي/30

(4) ينظر: مجمع الامثال /366/2/

(5) الباكون على الشباب /48

(6) ينظر: الزمان والمكان واثرهما /347/1/

وهن العظم ودقة الجلد وانقباض الميول والعواطف وانصراف الملذات والمغريات))[1]، لذا ولد هذا كله لديهم موقفا سلبيا تجاهه، فهذا (الخطيم المحرزي) اخذ ينعى شبابه المحمود الذي مضى، ذلك الزمن الملىء بالاصحاب والنساء الجميلات والعلاقات الطيبة، يقول:

الا يالقومي للشباب الذي مضى ... حميدا واخدان الصبا والكواعب
وللعصر الخالي وللعيش بهجة ... وللقلب اذ يهوى هوى ابنة ناشب
وجاراتها اللاتي كأن عيونها ... عيون المها يفقهننا بالحواجب
حديثا مسدى من نسيج يزنه ... من الود قد يلحمنه بالمعاتب[2]

فالخطيم يطالعنا بهذه المقطوعة الرثائية بحديث ملؤه الالم والحسرة على زمن مضى اسمه (زمن الشباب)، زمن مرت بعده على الشاعر الايام وتقدم به العمر، وبلغ مرحلة جديدة لا تحمد جدتها، حتى بان للشاعر بان كل شيء ناله من الزمن في شبابه قد سلبه منه في مشيبه.

وقد اكد المحرزي في ابياته هذه ان وجود الأصحاب والجواري والقلب الذي يهوى والحديث الذي تنسجه المودة بوجود الشباب، فاذا ولى ولت وتلك هي الحقيقة، لكنها قاسية مؤلمة.

ويرجع (ابو الطمحان القيني) شيخوخته ومشيبه الى الدهر، بانه هو الذي اوصله الى ذلك، فنراه يذم الدهر، ويلقي اللوم عليه، يقول:

حنتني حانيات الدهر حتى ... كأني خاتل يدنو لصيد
قريب الخطو يحسب من راني ... ولست مقيدا اني بقيد[3]

---

(1) الشيب والشباب في الادب العربي /81
(2) ديوان اللصوص /233/1
(3) المصدر نفسه /315/1

وهذا امر طبيعي ومتوقع من الزمن وقد وعاه الشعراء في مختلف العصور لذا نراهم ((لا يتفجعون على شبابهم وما كان لهم فيه من صولات وجولات ولا يجزعون من شيبهم فحسب، بل يضمنونه نظراتهم الى الدهر الخؤون مرددين ان اعمارهم لم تطل بهم حتى اشتعلت رؤوسهم شيببا، وانما مصائب الدهر وفجائعه هي التي اشابتهم وهم في ريعان الشباب))[1]، ولعل القيني من هؤلاء الذين وعوا وشعروا بذلك لذا فقد اظهر لنا في بيتيه السابقين وهواجسه ازاء تقدم عمره وما يصاحبه من انحناء للظهر حتى اضحى فانيا باليا بفعل الدهر، فهو يعيش في زمنه هذا (زمن المشيب)، حياة اقرب الى الممات، لذا نراه يتحدث بحديث تسبقه العبرات وتخامره الالام، لانه ليس مجرد حديث عابر، بل لانه يمثل قضية عمر ضائع ومتعب.

ويشبه (المرار بن سعيد الفقعسي) الشيب بسهم اصابه في احشائه، رابطا بينه وبين صدود الحبيبة، اذ اصبح الشيب دافعا للحبيبة في ان تفارق حبيبها لعدم قدرته على اداء ما كان يفعله في مرحلة الشباب كالمرح واللهو، يقول:

فمالك اذ ترمين يا امّ هيثم ... حشاشة نفسي شل منك الاشاجع
لها اسهم لا قاصرات عن الحشا ... ولا شاخصات عن فؤادي طوالع
فمنهن ايام الشباب ثلاثة ... ومنهن سهم بعدما شبت رابع
لئن كان عذري في مشيبي ضيقا ... علي فعذري في الشبيبة واقع[2]

فالحبيبة في مرحلة الشيخوخة والمشيب تصبح قوة معادية للشاعر - كما في الابيات اعلاه - تضاف الى عدائية الزمن نفسه، فهي اذن تتساوى مع الزمن وتعادله في الجور على ذات الشاعر، فما يعانيه الشاعر من الام ومصاعب من زمنه تاتي المرأة وتزيد عليه امه، ومصاعبه نتيجة صدودها عنه وهجرها له، ذلك لما ((للشيب على نفس المرأة [من] وقع شديد طالما تعرض له الشعراء

(1) الحياة والموت في الشعر العباسي (ماجستير)/49
(2) ديوان اللصوص /245/2

فصوروها فازعة لمنظره او متجاهلة لوجوده) [1]، زد على ذلك ان المرأة تظهر تهكمها وسخريتها من الشاعر الا شيب، ولعل فعلها هذا تبرره بعدم قدرته على مواصلة حياته الاعتيادية من لهو ومرح تجاهها، يقول (الخطيم) مصوراً ذلك:

وقائلة يوما وقد جئت زائرا ... رايت الخطيم بعدنا قد تخدّدا
اما ان شيبي لا يقوم به فتى ... اذا حضر الشحّ اللئيم الضفنددا
فلا تسخري مني امامة ان بدا ... شحوبي ولا ان القميص تقدّدا [2]

فالشيب في هذا المقطع في نظر المرأة، زمن مانع للهو والمرح من قبل الشاعر، وهذا منتهى قسوة المرأة في النظر الى الشيب - كما يبدو لي -.

كما ان هناك من نظر الى المشيب على انه داء لا دواء له، هذا ما طالعنا به (ساعدة بن جؤيه) ولعل وصفه هذا يعكس لنا حالة الشاعر النفسية تجاه الشيب والكهولة، يقول:

والشيب داء نجيس لا دواء له ... للمرء كان صحيحا صائب القحم
وسنان ليس بقاض نومةً أبداً ... لولا غداة يسير الناس لم يقم
في منكبيه وفي الأصلاب واهنة ... وفي مفاصله غمز من العسم [3]

فالشاعر يؤكد في مقطوعته هذه بان الشيب قضاء واقع وقاتل ماهر وهو اعتراف واضح من قبله بالشيب وتاثيره، مما يدل على مدى شعوره وإحساسه الحادين بسيطرة الزمن (زمن الشيب) على نفسه وشعوره.

ويشتكي (عروة بن الورد) من مشيبه الذي تركه قعيد البيت، قليل الصحبة لايستأنس الا بعصاه التي اصبحت رفيق دربه، فيشمت اعداؤه ويسأمه اهله، يقول:

اليس ورائي ان ادب على العصا ... فيشمت اعدائي ويسأمني اهلي

---

(1) الاعمى التطيلي، حياته وادبه /101.

(2) ديوان اللصوص /235/1

(3) ديوان الهذليين /191/1

رهينـة قعر البيـت كـل عشيـةٍ   يطيف بي الولدان اهدج كالّرال[1]

فعروة بن الـورد في هذين البيتين نظر الى المشيب نظرة سلبية، ولـه منـه موقـف غير مقبول، وهذا يرجع الى تاثيره الكبير على حياته التي اصبحت تحت تاثيره معزولة في بيتها تسأم نفسها ويسأمها الاخرون.

اما (ابو كبير الهذلي) فيصور لنا عجزه عن القيـام وعـن ممارسـة أي عمـل بفعـل الشيب فيصبح تبعا لذلك العمود دليله في الطريق بعد ان اصبح مشيه كمشي الطفـل، يقول:

ازهير ان يصبح ابـوك مقصـرا   طفلا ينـوء اذا مشى للكلكـل
يهدي العمود له الطريق اذا هم   ظعنوا ويعمد للطريق الاسهـل[2]

من هنا نستطيع ان نؤكـد حقيقـة مفادهـا ان تشبث اللصوص بالشباب ونبـذ المشيب ما هو الا ((صورة من صور التمسك بالحيـاة، فالحيـاة لـيس مجـرد ايـام تتـوالى وسنين تنقضي وانما هي قدرة وممارسة وشروع ومحاولة لتحقيق ذلك الشروع))[3].

وصور (المرار بن سعيد الفقعسي) المشيب بأنه الجسر الذي يربط الحيـاة بـالموت فاذا بان الشيب في رأسه فانه يعد ذلك نذيرا له بقرب الوفاة، يقول:

وانما لـي يـوم لسـت سابقـه   حتى يجيء وان اودى بـي العمر
ما يسال الناس عن سني وقد قدعت   لي الاربعون وطال الورد والصـدر
لما راى الشيـب قد هاجت نصيته   بعد الحلاوة حتى اخلس الشعـر
تيمم القصـد مـن اولى اواخـره   سيـر المنحّب لما اغلـى الخطـر[4]

---

(1) ديوانه /89.

(2) ديوان الهذليين /90/2

(3) الانسان والزمان في الشعر الجاهلي /111

(4) ديوان اللصوص /223/2

فالفقعسي في هذه الابيات يكشف عن تقدم سنه وذهاب شبابه، ويكشف كذلك عن الحياة التي يعيشها والتي هي اقرب ما تكون الى الممات من الحياة، كما نلحظ من الشاعر انه كان مؤمنا بان زمنه الحقيقي (زمن الشباب) لا يمكن ان يستمر، وان (زمن المشيب) واقع لا محال، لذا نرى الحسرة والألم الشديدين من قبل الشاعر على ايامه الماضية التي لن تعود، لكنه لم يبك الشباب لانه قضاه كما يحب وتحب نفسه، بل تالم اكثر ما تالم وحزن على عجزه وتقدم عمره السريع.

ويشعر (ابو الطمحان القيني) عندما راى شيبه اخذ نصف راسه، ان منيته دنت وقرب زمن رحيله، مما حدى به ان يدير وجهه وفكره للامور الثقيلة التي تنتظره، ولعل الامور التي قصدها تتعلق بالموت وما يتبعه من حساب ينتظره واسئلة سوف يتلقاها عن عمره فيما انفده، يقول:

دنت حفظتي ونصف الشيب لمتي　　وخليت بالي للامور الاثاقل[1]

فالشاعر هنا لم يبد لنا اعترافه بزمانه الحالي، لان فيه كهولته ومشيبه، فلم نر منه بكاء وحسرة عليه، لان من بان مشيبه ودنت منيته، عليه ان لا يفكر ويتالم على ما مضى، وان يهتم بالامور التي تنتظره والتي وصفها بالثقيلة.

من خلال ما تقدم نستطيع ان نتوصل الى ان شعراء هذه الحقبة استطاعوا ان يوظفوا مفردتي ثنائية الشباب والمشيب توظيفا متناقضا تبعا لحالتهم النفسية والشعورية التي يمرون عليها، فزمن الشباب عندهم مثل السعادة والبهجة لما فيه من ملذات وحيوية، اما زمن المشيب فقد مثل لديهم الياس والخوف والقلق والسير في طريق يسلمهم الى الموت.

الا انهم لم ينظروا الى الشيب نظرة سلبية فقط، بل رأوا فيه فضلا عما تقدم انه زمن لاكتساب الخبرة والمواعظ مما يجبر الشاعر الى تعديل مسار حياته عندما يرى عمره قد يفر منه في لحظة ما، وهاهو الشيب جاء منذرا علنا بذلك.

---

(1) ديوان اللصوص / 327/2

ومن الشعراء اللصوص الذين اتخذوا من الشيب رادعا لهم عن ملذات الدنيا وزخرفها ودعوةً الى ركوب طريق الحق والرشاد، مالك بن حريم، يقول:

فان يك شاب الرأس مني فانني	أبيت على نفسي مناقب أربعـــا
فواحـــدة: ان لا أبيـت بغـرة	اذا ما سوام الحي حولي تضوعـا
وثانية: ان لا اصمّت كلبـنا	اذا نزل الاضياف حرصا لنودعـا
وثالثـــة: ان لا تـقـــذع جارتي	اذا كان جار القوم فيهم مقذعـا
ورابعـــة: ان لا احجـــل قدرنا	على لحمها حين الشتاء لنشبعـا
واني لاعدي الخيل تقدع بالقنا	حفاظا على المولى الحريد ليمنعا[1]

فالشاعر يأخذ من شيبه المواعظ والدروس عندما اتخذه مرشدا له لطريق الهداية والصلاح، فظهوره في رأسه يجبره على ترك حياة اللهو والمجون وعدم المبالاة، وهذا يرجع إلى ادراك الشاعر بان الشيب يمثل لديه التبشير بمرحلة جديدة في حياته هي ((مرحلة النضج وترك اللهو والتوجه الى الروية والهدوء ومراجعة النفس عما ارتكبت في حياته من زلات وهفوات))[2].

ولعل مالكا فضلاً عما تقدم ينظر إلى الشيب من زاوية أخرى تتمثل بالهيبة والوقار والمكانة الرفيعة، وهو في كل ذلك يسعى إلى التخفيف من وطأة الشيب ويهون من نزوله.[3]

أما (أبو صخر الهذلي) فقد رسم لنا لوحة جميلة قرن فيها الشيب بالإسلام لأنهما معا ينهيان الفرد من ممارسة لذاته ولهوه السابقين ويدعوانه إلى التمسك بالطريق القديم، يقول:

وما ذكر أيام الصبي اليوم بعدمـا	علا الرأس شيب في المفارق شائـع
وفي الشيب والإسلام عن طلب الصبى	لذي اللب ان لم ينهه الحلـم وازع
فاد لها مـا استودعتك موقـرا	بأحسن ما كانت تؤدى الودائـع

(1) ديوان اللصوص /2/129-130

(2) الشيب والهرم في الشعر الأموي /168.

(3) ينظر: الشيب والشباب في الادب العربي /122

أذا رمت يوما صرمها لم يزل لهـ ا   نصيح يعاديني من القلب شافـع [1]

فأصبح الشيب لدى ابي صخر في مقطوعته هـذه ناهيـا لـه عـن ذكـر ايام اللهـو والصبا الماضية وإعادة ممارستها، ثم زاد من وقاره وهيبته عندما قرنه بالاسلام لانهما يدعوان وينهيان عن اشياء متشابهة.

ويجعل (طهمان بن عمرو الكلابي) من شيبه وانحناء ظهره دافعين لتجدد واعادة علاقاته مع حبيبته التي هجرها، ولعل ذلك يعكس لنا صورة من صور الشاعر للتمسك بالحياة، يقول:

وان لليلـى بعد شيـب مفارقي   وبعـد تحنـي اعظمي لصديـق [2]

ويعلي (مالك بن حريم) من مرحلة المشيب، عندما جعل راسه امرعـا باختلاط المشيب فيه، بعد ان كان رأسه مجدبا بالسواد فقط -علـى حـد تعبيره – فأصبح شيبه وكأنه بياض في خضرة وليس في سواد، وهذا في رأيه أبعده عن الجدب والتصحر، ثم شبه شيبه عندما يلوح في سواد رأسه بالقطيع من البقر التي ترعى في روض مخضر، يقول:

ولاح بيـاض فـي سـواد كأنـه   صوار بجوكـان جدبـا فامرعـا [3]

وفي ختـام الحديـث عـن هـذه الثنائية، لابد ان نشير الى انها مثلث في اشعار اللصوص مقابلة بين زمنين (ماضي / حاضر) ينتظرهما(مستقبل) مجهول حيث مثل (الشباب) فيها (الماضي) الغائب بكل ما يحويه مـن معاني الحيوية والحركة والحب والمجون، لذا نراه يتحسر عليه وعلى عودته للأيام التي فرط بها مـن دون لهـو ومجون وحرية، اما (المشيب) فقد مثل في هذه الثنائية الحاضر المؤلم بكل

(1) شرح اشعار الهذليين /334/2.
(2) ديوان اللصوص /340/1.
(3) المصدر نفسه /128/2

صروفه وجوره وقساوته، لذا نرى الشعراء يرفضونه ولا يرغبون في التعامل معه الا بعضا منهم، وخاصة في العصر ـ الإسلامي الذي ادرك به الشعراء الإسلام وفهموا حقيقته وحقيقة انفسهم.

نستخلص مما تقدم تباين نظرة اللصوص الى تلك الثنائية (الشيب والشباب) فمنهم من رأى في الشباب صورة ايجابية تعني حب الحياة والتمتع بملذاتها، كما تعني الصبا والحيوية، اما صورة المشيب فقد نظر بعضهم اليها على انها الصورة السلبية للحياة لانها تمثل العجز والتقصير ومواجهة الموت في حاضر مليء بالقلق والمصاعب[1]، لذلك نراهم في هذه المرحلة يتشبثون بماضيهم وبما انجزه في ايام شبابه الذي بكاه بلوعة وحسرة[2]، في حين ان بعضا منهم نظر الى المشيب انطلاقا من كونه خطام المنية ونذير الموت[3]، نظرة ايجابية، فعده دليلا ومرشدا له من الفطرية وملذات الحياة، لذا اعتبره زاجرا له من لهو الحياة وشرورها مضيفا اليه الاسلام متمثلا بصرامة قوانينه وحدوده.

وفي نهاية الحديث نؤكد مرة أخرى حقيقة مهمة تنظر الى المشيب على انه قضية تصيب جميع البشر من غير استثناء فتترك أثارها عليهم وعلى من يحيط بهم[4].

---

(1) ينظر: الانسان في الشعر العربي قبل الاسلام /126
(2) ينظر: الشيب والهرم في الشعر الاموي /168
(3) ينظر العقد الفريد / 318/2
(4) ينظر: قضية الزمن ومدلولاتها /8

الفصل الثاني

موقف اللصوص من الزمن

الفصل الثاني
موقف اللصوص من الزمن

مدخـــــل:

تعد علاقة اللصوص بالزمن من اهم العوامل المؤثره في حياتهم، اذ تركت بصمات واضحة على حياتهم، تلخصت بالتصدي تارة، والاستسلام تارة أخرى، لذا أصبح زمـن اللصوص مرآة عاكسة لمشاعرهم وأحاسيسهم وموقفهم النهائي تجاه الكون، وما دام للزمان اهميه كبيرة في حياتهم، لكونه الفضاء الذي تجري فيه مختلـف افعـالهم وهـو المسرح الذي تقع فيه الاحـداث، لذا اصبح مـن اهم العناصر التي يسقطون عليهـا مشاعرهم واحاسيسهم سواء أكانت مشاعر تحدٍ ورفض ام مشـاعر استسـلام وخضـوع، تبعا للموقف الذي يمر به الشعراء،لهذا نجد موقفهم تجاه زمنهم مختلفا تبعا للموقف الفكري والنفسي الـذي يمـرون بـه، وما دامـت تلـك المواقـف متباينه، فتباينـت معهـا مواقفهم، لذلك اثرنـا أن نجـد في شعر اللصـوص موقفين تجـاه الـزمن، اولاهمـا رافض ومتحدٍ لأفعاله، والاخر مستسلم وخاضع لأحداثه وافعاله.

المبحث الأول
مواجهـة الزمـــان

أولأ- مواجهة الزمن من خلال تجاوز شواخص فنائه:

من الأمور المسلم بها أن سريان الزمن يخلف آثارا في حياة الإنسان وما يحيط به من موجودات، ولعل ذلك السريان جعل من الإنسان نفسه يحس أحساسا سلبيا تجاهه، وولد لديه رغبة في الانفكاك منه الى زمن اللا زمن - اذا صح ذلك- لرغبته في البقاء ونشدان الحياه وتجاوز اثار الزمن التي تهلكه وتسلمه الى الموت. ولا عجب في ذلك، فقد جبل الانسان منذ القدم على حب الحياة والرهبة من تصدعات الزمن، وسعى الى تأكيد ذاته الإنسانية فراح يستبق الزمن ويكتب أسمه وطرفا من سيرة حياته على احجار يبنيها فوق قبره[1]، لعلها تنطق بدلا عنه حين يسكته الزمن وتذكر الناس به حين يخيم النسيان على ذاكرتهم، اذن ففناء الانسان نتيجة سريان زمنه هو ما جعله ينشد ويصارع جادا في تخطي ذلك الفناء واحلال كل ما يدل على الحياة مكانه، لعله يقنع نفسه بانه باقٍ وان يد الزمن وعبثيته لا تغير من واقعه شيئا، وهذا مادفع الشعراء اللصوص الى الصراع مع ما يحيط بهم من اشياء، من شأنها ان تقف عائقا أمام تحقيق رغباتهم ودوام حياتهم، فإذا ما حيل بينه وبين تلك الرغبات، تولد داخله صراع نتيجة مايلقاه من مضايقة الزمن المفروض عليه[2]. ولعل أولى مظاهر الفناء التي أتى بها الزمن نتيجة سريانه ووحشيته نالت الطلل فاحالته رسوما دارسة لذا أصبح الطلل لدى الشعراء اللصوص وغيرهم يتصل بظاهرة الفناء[3]، من هنا نستطيع إن نقرر بأننا إذا أردنا إن نتعرف على أثار الزمن وقسوته فلننظر إلى طلل المحبين، كيف أحاله إلى

---

(1) ينظر: الموت والعبقرية /109.

(2) ينظر: دراسة الأدب العربي /142.

(3) ينظر: الانسان والزمان /136.

صورة يصعب النظر إليها حتى عدّ من بعد شاهداً على قدرة الزمن على تدمير الأشياء لذا حاول الشعراء اللصوص تجاوز ذلك الفناء الطللي الذي رعاه الزمن من خلال زرع الحياة فيه من جديد فالمتنخل تجاوز ذلك الفناء من خلال إضفائه سمة الوشم على إطلاله التي درسها الزمن للدلالة على بقائها وديمومتها يقول:

هل تعرف المنزل بالأهيل كالوشم في المعصم لم يجمل
وحشا تعفيه سوافي الصبا والصيف ألا دمتن المنزل[1]

فوشم المتنخل لم يكن زينة وضعها لإطلالة كما تضع النساء وشمهن للزينة وإظهار الجمال بل هو ((تعويذة مجسمة تحفظ الحياة والأمن ونجح المقاصد والشاعر يتحدث عن مشكلة الحياة ذاتها من خلال هذا الطلل ان الوشي اللامع او المجدد يقترن ببعث الحياة))[2].

أي أن الوشم هو الجهد الخيالي في نظر الشعراء اللصوص في سبيل الأبقاء على طلل احبتهم والتغلب على مظاهر فنائه نظرا لأنه يدخل في الطلل حتى يغدو جزءاً لاينفك منه وكذلك ليداوم في حضوره[3]، ويشبه (القتال الكلابي) بقايا إطلاله نتيجة قسوة الزمن عليها بالكتابة على الورق لأنها ادعى للبقاء والديمومة ومقاومة الزمن يقول:

عفا النجب بعدي فالعريشان فالبتر فبرق نعاج من اميمة فالحجر
إلى ضفرات الملح ليس بجوها أنيس ولا ممن يحل بها شفر
تنير وتسدي الريح في عرصاتها كما نمنم القرطاس بالقلم الحبر[4]

---

(1) ديوان الهذليين 2 / 1.

(2) دراسة الأدب العربي /202

(3) ينظر مقالات في الشعر الجاهلي / 151.

(4) ديوان اللصوص /2/73-74

فالشاعر في تشبيهه هـذا أراد إن يبـين لنـا أولا اثـار الـزمن في ديـاره، لان الكتابـة بالنسبة له كانت ملتبسة، مما يؤكد صعوبة التعرف على إطلالهم نتيجة خرابها وعبـث الزمان بها[1] ، كما أراد من خلال تشبيهه هذا محاولـة تجـاوز ذلـك الفنـاء لأطلالـه، مـن خلال تشبيه أفعـال الزمـان بهـا بأفعـال القلـم الحـبر بالقرطـاس الـذي يصـعب محيـه واندثاره فأخذ من اثر (القلم الحبر) الديمومة والبقاء وصعوبة انتهائه ليجعل مـن تلـك الصفات صفات لطلله، فضلا عما يتصف به كاتب القلـم الحـبر مـن مهـارة وحـذر مـن الخطأ وزينة ليضفي تلك الصفات من بعد لطلله.

ومن محـاولات الشـعراء في الانتصـار عـلى الـزمن وتجـاوز اثـاره وبـث الحيـاة في إطلالهم لكونها تمثلهم، جعل الرياح التـي تهـب عليهـا غـير مـدمرة فهـي ريـاح هادئـة صيفية باردة يشتاق إليها الجميع غير مؤثرة، المعنى الذي ذكره (المتنخل) يقول:

وحشا تعفيه سوافي الصبـــــا   والصـــــيف الا دمن المنـــــزل [2]

فمما هو معروف عن الرياح انها رمز من رموز الفناء في الطبيعـة تعبـث بالطلـل فتحيلة رسما دارسا الا اننا نرى في استخدام المتنخل هذا للريـاح اسـتخداما نـادرا يغـاير ماهو مألوف ومعروف أذ اختار من الرياح (الصبا) ومن الفصول (الصيف)الخالي مـن الأمطار المصاحبة للرياح في اغلب الأحيان التي يكون تأثيرها كبيرا.

وتعد مسألة الطلل صورة من الصور التي اتخذها اللصوص في محاولاتهم لتجـاوز شواخص فنـاء إطلالهـم ليمنحـوه مـن خـلال تلـك المسـاءلة الحيـاة والتجـدد فالسـماع والإجابة صورتان من صور الحياة وان كانتا خياليتين، المعنى الذي طالعنا به (المرار بـن سعيد الفقعسي) يقول:

---

(1) ينظر:القارئ والنص /91

(2) ديوان الهذليين /1/2.

خليلي أن الدار غفر لذي الهـوى كما يغفر المحموم أو صاحب الكلـم
قفا فاسألا عن منزل الحـي دمنة وبألابـرق البـادي ألما على رســم[1]

فالفقعسي نال النجاح كما يبدو لي نتيجـة مواجهتـه لزمنـه في البحـث عـن شيء يبث الحياة في طلله من جديد فاستطاع أن يمنحه ذلك عبر إحيائه (من خـلال التسـاؤل والمحاورة))[2].

ذلك أن التساؤل والمحاورة لم يوجها لشيء نفدت حياته وانتهت بـل يوجهـا لمـن يقدر على السماع والإجابة وهذا دليل على حرص الشـاعر عـلى حيـاة طللـه وديمومتـه: فالشاعر يستسلم لزمنه شأنه شأن غيره من الشعراء العرب الذين اكدوا عـلى أن الطلـل شاخص من شواخص الفناء الأبدي ويجـب الخضـوع لـذلك الشرط المـؤلم[3]، بـل صـارع الزمن وجهل فعلة من خلال تساؤله هذا الذي اسـنده لألـف الاثنـين، وفي هـذا الإسـناد دلالة كبيرة تجاوزت مستلزمات الوزن الذي بنيت عليه القصيدة ليؤكد من خلاله عـدم شمولية الزمن على العبث في جميع الطلول بل نال فقط الطلـل الـذي يربطـه بحبيبتـه فوقفا سائليه مستفهمين منه.

ويتم تجاوز مشاهد الفناء في الطلل كذلك لدى اللصوص من خلال الدعوة للطلل بالسقيا للرغبة في إعادة الحياة فيه من جديد ذلك إن العرب ((إذا أحبوا شخصا أو شيئا دعوا له بالسقيا))[4]، المعنى الذي نجده عند (القتال الكلابي) يقول:

عفا لفلف من أهـله فالمضيـــخ فـليـــس به إلا الثـعالـب تضبح
وأدم كثـيران الصر يم تكلفـت لظبيـــة حـتى زرنـنـا وهـي طلـــح
سقى اللــه حياً من فزارة دارهـم بسبَّى كراما حيث امسوا وأصبحوا[5]

---

(1) ديوان اللصوص /266/2.
(2) شعر اوس بن حجر ورواته الجاهليين /273.
(3) يقول لبيد: فوقفت اسالها وكيف سؤالنا صما خوالد ما يبين كلامها: ينظر: شرح الديوان/300
(4) المطر في الشعر الجاهلي / 180.
(5) ديوان اللصوص 63/2..

فالقتال في أبياته هذه طالعنا بذلك الدعاء لديار أحبته لان في الغيث، الخصب والخضرة والحياة وهي ماأرادها لديارها التي طالتها يد الزمان بالخراب والدمار، ولعل الذي ساق الشاعر إلى هذا الدعاء نفسه الحزينة المفجوعة بإحداث زمانها لذا لم يجد الا في الإحداث الكونية متنفسا له يبث من خلاله ألامه وإحزانه ويلون صورها بجو رؤيته الحزينة لذلك امتدت صورة السقيا بامتداد حزنه وألمه.

كما وتجاوز اللصوص مظاهر الفناء التي طالت حياتهم وديارهم، من خلال عدم السكون في مكان واحد لان في السكون صورة من صور الموت والهلاك وفي الحركة صور الحياة والديمومة المعنى الذي طالعنا به (المرار بن سعيد الفقعسي) يقول:

وجدت شفاء الهموم الرحيل	فصرم الخلاج ووشك القضاء
وأثواؤك الهم لم تمضه	إذا ضافك الهم اعني العناء
ولماعة مابها من علام	ولا أمرات ولا رعي ماء[1]

فالشاعر في أبياته هذه أراد التغلب على زمنه لذا لم يجد إمامه سوى الرحيل وعدم البقاء في مكان واحد ليتحقق له مايريد لأنه يرى في الحركة الحياة وفي السكون (الموت) وكأنه في ذلك ((يكشف في الان أقسام الزمان ليخلق من التحامها نوعا من الأبدية))[2].

ويتجاوز (مالك بن الريب) شواخص فناء الزمن والموت الذي يحمله من خلال التحول المكاني من ارض يرى فيها هلاكه وموته، إلى ارض يحس فيها بالأمان والحياة والبقاء , يقول:

ألا ليت شعري هل أبيتن ليلة	بجنب الغضا ازجي القلاص النواجيا[3]

---

(1) ديوان اللصوص /202/2

(2) الادب الجاهلي: قضايا وفنون ونصوص / 279 .

(3) ديوان اللصوص /177/2

فابن الريب حين فقد الأمان في دياره البعيدة، هجم الخوف على ذاته واخذ الموت يراوده لذا دفعه حب الحياة والبقاء إلى البحث عن سبيل للنجاة فلم يجده الا بالتحول المكاني من ارض الغربة (الحاملة للموت) إلى ارض الوطن (الحاضنة للحياة).

ومن مظاهر الحياة التي دعى إليها اللصوص في محاولة لتجاوز شواخص فنائهم تمني رؤية سهيل النجم الذي يشرق في بلاد العرب فقط لعله يجد فيه الأرض التي ولد فيها وعاش عليها فتقر عينه لرؤيتها وتطمئن نفسه من الموت والفناء يقول:

رأيت بذي المجازة ضوء نار   تلألأ وهي نازحه المكان
فشبه صاحباي بها سهيلا   فقلت تبينا ما تنظران[1]

فحنين الشاعر إلى سهيل في لحظة مواجهة الزمن وما يحمله من هلاك ودمار هو حنين إلى الحياة والبقاء وكأنه المعادل الموضوعي للحياة بل هو الحياة نفسها فرؤيته له تعني نجاته من الموت وانتصاره على الزمن الحامل له.

ويتخذ (تأبط شرا) في مواجهته للزمن وتجاوزه لمظاهر فنائه من الممدوح الذي يمثل الكرم والشجاعة والخصب طريقا لالتماس الحياة والتصدي لزمنها الذي حاول هلكه ودماره, يقول:

واني لمهد من ثنائي فقاصد   به لابن عم الصدق شمس بن مالك
أهز به في ندوة الحي عطفه   كما هز عطفي بالهجان الاوارك
قليل التشكي للملم يصيبه   كثير الهوى شتى النوى والمسالك
يبيت بموماة ويمسي بغيرها   وحيدا ويعرو وري ظهور المهالك
يرى الوحشة الأنس الأنيس ويهتدي   بحيث اهتدت أم النجوم الشوابك
ويسبق وفد الريح من حيث تنتحي   بمنخرق من شده المتدارك[2]

(1) ديوان اللصوص/173/1

(2) ديوانه /44

فـ(تأبط شرا) يرى في وصوله إلى الممدوح خلاصه في الهلاك والفناء الذي لحقه بـه الزمن، فهو بدوره القادر على منح استمرارية الحياة وديمومتها له.

وما دام الماضي يمثل واحة في صحراء الحزن والسأم يستظل بـه الشـاعر سـاعات قسوة الزمان عليه، ليخفف منها ومن قساوتها ويعيد ثقته بنفسه من خلاله مرة أخرى لذا حاول (جعده بن طريف السعدي) استرجاع ماضيه وإحداثه في محاولـة منـه لإنقـاذ نفسه من الفناء والهلاك الذي أصابها جراء زمنها الحاضر يقول:

ياطـول ليلي مـا أنام كـأنمـا	في العين منـي عائـر مسجـور
أرعـى النجــوم إذا تغيب كوكب	كالأت أخــر مايـكاد يغـور
أن طال ليلــي في الإسار لقـد أتى	في مامضــى دهـر علي قصير [1]

فرغبة السعدي بالرجوع أو التعلل بالماضي جاءت نتيجة قسوة الزمـان عليـه لـذا كانت رغبته في الرجوع إلى الماضي والحديث عنه أعمق وأوضح مـن سـواه لحزنـه وألمـه العميقين، لذلك أحب ماضيه وأحب ذكره لان فيه القوة والشباب وهـما مصـدرا الحيـاة والديمومة، من هنا نرى ان ماضي الشاعر شبابه وحياتـه وهـو يحـاول الهـرب مـن زمنـه وقسوته اليه، ليحافظ على دوامهما، فان كان زمنه الحاضر يحمل له الموت والفناء، فـإن ماضيه فيه الحياة والحيوية، ولا بـد مـن بعثـه مـره اخـرى مـن اجـل التشـبث بالحيـاة ودوامها هذا يعني ان الشاعر لم يقدم الماضي على انه ذكرى مضت، بل قدمـه عـلى انـه تجربه تقبل التجديد، لهذا التفت الى ماضيه يداري به ارتباكه من الزمن.

وقد استخدم اللصوص كذلك وسائل اخرى في التصـدي لزمـانهم ومحاولـة تجـاوز مظاهر فنائه التي يحملها ويرعاها، عندما اتخذو من مظاهر فنائه وسيله لاعـادة الثقـه بانفسهم عندما شبهوا الشيب الذي جاء به الزمان والذي يرمز الى الموت والفناء بـروض اخصب بعد جدبه، يقول (مالك بن حريم):

(1) ديوان اللصوص / 1 /179

جزعت ولم تجزع من الشيب مجزعا   وقد فـات ربعي الشباب فودعـا
ولاح بيـاض فـي سـواد كـأنـه   صوارٌ بجو كان جدبا فأمرعـا[1]

فإحساس الشاعر بالفناء نتيجة ظهور علاماته منها المشيب وتوديع الشباب تلاشى واندثر عندما جعل من المشيب مخصبا لرأسه وكأنه جاء بحياة جديدة له، ونقلة اخرى أخصبته بعد ان كان مجدبا وفي هذا تحد ومواجهة للزمن أمام قوته وجبروته. وتستمر الثورة والتصدي من قبل الشاعر لسلطة الزمن لغرض إيقاف تياره الجارف عندما قلب اثأر فنائه التي طالته الى مظاهر للحياة المعنوية والتجدد واكتساب الصفات الحسنة التي تبقى حية بعد ذهاب صاحبها, يقول:

فأن يك شاب الرأس مني فأنني   أبيـت على نفسـي مناقب أربعـا
فواحـدة: أن لا أبيـت بغـرة   إذا ماسوام الحي حولي تضوعا
وثـانـية: أن لا اصمت كلبنـا   إذا نزل الأضياف حرصا لنودعـا
وثالثـة: أن لا تقـذع جارتـي   إذا كان جار القوم فيهم مقـزعا
ورابـعـة: أن لا احجـل قـدرنا   على لحمها حين الشتاء لنشبعا[2]

فمحاولة انتصار مالك على زمنه في أبياته هذه كانت نوعا من التعويض الذاتي وتفجيرا لما كان يموج في داخله من صراعات نتيجة مظاهر الفناء التي حملها زمنه والتي أحالها بفعل رؤيته الذاتية إلى مظاهر ايجابية تنعم بها حياته فتزيده املا في الدوام والتواصل مع الاخرين والشعور بتجدد الحياة واستمرارها.

وفي الختام نستطيع ان نقرر ان اللصوص استطاعوا ليس فقط ان يتجاوزوا مظاهر الفناء التي خصهم بها الزمن بل تعدوا ذلك ليعلنوا أنهم أشداء لا يضعضعهم الزمن وفي هذا اكبر تحد ومواجهة للزمن كما يبدو لي ذلك المعنى الذي صرح به (أبو ذؤيب الهذلي): يقول:

(1) ديوان اللصوص /128/2.

(2) المصدر نفسه/2 /129-130.

وتجلـــدي للشامتين أريهـــــم   انّي لريب الدهـــر لا أتضعضع[1]

ولعل مواجهة الشعراء للزمان وإحساسهم بعدائيتـه جـاء مـن حقيقـة ان مـرور الزمن يصحبه النسيان والنسيان فناء والفناء مضاد للحياة والحياة غاية في ذاتها[2].

يتبين لنا مما تقدم أن الخوف من الزمن وما يصاحبه من الام ومعاناة قد تأصلت في نفوس اللصوص بشكل واضح لذا جاءت محـاولاتهم التـي سـعت الى تجـاوز مظـاهر فناء زمنهم متنوعة حسب وجهة نظر قائلها وعمق الحزن والمأساة التي يمر بها، فمنهم من تجاوزها من خلال إسناد مظاهر البقاء والحياة لها ومنهم مـن تجاوزهـا مـن خـلال التجلد وقوة الذات، ومنهم مـن تجاوزهـا مـن خـلال اللجـوء الى المـاضي والارتمـاء فيـه، ومنهم من لجأ الى الممدوح رمز الخصب والعطاء ليتجاوز من خلاله مظاهر فناء الـزمن التي حلت به.

ثانياً- قهر الزمن من خلال الخلود:

يعد الخلود نوعا من الوجود الدائم الـذي لايتـأثر بـالزمن ومسـيرته وقـد نشـأت فكرته لدى الإنسان منذ القدم منـذ أن أحـس بحتميـة المـوت ومفارقـة الأهـل والأحبـة والديار، مما جعل الحياة عنده لغزا يورث القلق والحيرة أمـام حتميـة وقـوع المـوت[3]، ولعل تلك المشكلة (الموت) كانت باعثا أساسيا من بواعث جهـده ونشـاطه الـذي اتخـذ طرقا متعددة تصب جميعها في أطار حفظ النوع من خـلال الرغبـة الجـادة في مواجهـة تحدي الموت وتحقيق الخلود.[4]

والذي يطلع على أشعار اللصـوص في عصرـي الجاهليـة والإسـلام يجـد أن فكـرة الخلود وقهر الزمن الحامل للموت قد تسربت الى أذهانهم مع الاختلاف في

(1) ديوان الهذليين /3/1/

(2) ينظر الادب الجاهلي: قضايا وفنون.../ 280

(3) ينظر: الزمن و الشعر /13

(4) ينظر: دراسات نقدية في الادب العربي /227.

طريقة تعاملهم مع الزمن فيما بينهما نتيجة ظهور الاسلام لذا جاءت محـاولاتهم في التغلب على مشكلة الموت والفناء ونشـدان الخلـود مختلفـة متنوعـة تبعـا لـذلك اذ راحوا يخلدون انفسهم من خلال انجازاتهم وصفاتهم ايمانـا مـنهم بفنـاء الجسـد وبقـاء ذكراه، التي تتمثل بتلك الانجازات والصفات الحسنة.

ولعل من تلك المحاولات الساعية للخلود وقهر الموت الذي يحمله زمـن الشـاعر، محاولة ابداع الاعمال الأدبيـة التـي تحمـل اسـماءهم وتحقـق لهـم الخلـود[1]، اذ انهـم اتخذوا من الشعر الاطار الامثل لخلود ناظمه فضلا عن ذلـك فهـو القـادر عـلى تخطـي حدود الزمان[2] وقد اضطلع الشعر بهذه المهمة منذ بداياته الاولى الامر الذي طالعنا به (دويد بن زيد) يقوله:

اليـــــوم يبنى لدويد بيتــــــه   لو كان للدهر بلى أبليتــــــه[3]

وقد احس اللصوص بتلك المهمة النبيلة فعندما شعروا بسلب الزمن مـنهم اغـلى ما يملكون، فضلا عن سلب نفوسهم اصبح التشكيل الادبي لـديهم هـو التشكيل الـذي ينتصر به على الفناء[4]، المعنى الذي اكده (بكر بن النطاح) يقول:

ارانا معشر الشعراء قوما   بالسننا تنـعمت القلـوب
اذا انبعثـت قرائحـنـا اتينـا   بألفاظ تشق لها الجيـوب[5]

فبكر يرى في الشعر ترفيهـا للـنفس وادخـالا للفـرح والسرـور في قلـوب سـامعيه وبهذا يستطيع ان يقهر معادلة الموت والفناء من خلال هذا التشكيل الشعري.

---

(1) ينظر المأدبة /17.
(2) ينظر: الوعي والفن / 121.
(3) المعمرون والوصايا / 25 .
(4) ينظر: الانسان والزمان/18.
(5) ديوان اللصوص /84/1

اذن احساس الشاعر بالفناء الابدي ودعوته بوجوب الخلود على الرغم من إيمانه بحتمية الموت جعله يسعى الى ان يحيل وجوده الزماني الى وجود اخر غير زماني ليس فيه ذكرا للموت فعمد الى الشعر ليحقق به ذلك الوجود الاخر[1].

ومن محاولات اللصوص الاخرى الساعيه للخلود وقهر الزمن ذكر المرأة والحنين اليها ذلك (لان المراة لم تكن مصدرا للجمال والمتعة فحسب))[2]، بل هي ((كون ممتلى فرحا وحزنا خصبا وجدبا))[3]، وهي فضلا عن ذلك ((دنيا يتصافح عندها الشاعر مع الزمن والموت))[4]، لذلك تمنى (طهمان بن عمرو الكلابي) تحقيق امنيته التي تتمثل بسلام حبيبته الذي ينجيه من موته وفنائه، يقول:

ولو أن ليلى الحارثية سلمت   علي مسجى في الثياب أسوق
حنوطي وأكفاني لدي معدة   وللنفس من قرب الوفاة شهيق
اذا لحسبت الموت يتركني لها   ويفرج عني غمه فأفيق[5]

يرى الكلابي في أبياته هذه إن حياته موصولة بتواصل حبيبته له فهو يحيا بوجودها ويموت ويفنى بفراقها لذا أكد هنا على وصلها وقرنه بدوام حياته وخلوده في الدنيا وهذا واضح من قوله ((اذالحسبت الموت يتركني لها..)).

هذا يعني إن المراة في نظر الشاعر تساوي الحياة وهجرها يعني الموت والفناء فضلا عن انها تبعث في النفس احساسا بالراحة واللذة وتكون الحياة معها اكثر جدة وتألقا[6].

---

(1) ينظر: الشاعر والوجود في عصر ما قبل الاسلام / 85.

(2) الحياة والموت في الشعر الجاهلي / 212.

(3) مظاهر جمال المرأة في الشعر الجاهلي والاسلامي (رسالة ماجستير) /23.

(4) مقدمات جديدة لقراءة الشعر الجاهلي (بحث) /59.

(5) ديوان اللصوص /339/1.

(6) ينظر: مظاهر جمال المرأة.../4-9.

ويقرن (السمهري) صرخته في وقت الضيق بذكر المرأة لعله ينسى- او على الاقل يهوّن ذكرها من امله وحزنه الذي يسلمه الى الموت يقول:

ألا طرقت ليلى وساقي رهينة بأسمر مشدود عليّ ثقيل
فما البين ياسلمى بان تشحط النوى ولكن بيناً ما يريد عقيل
فان أنج منها انج من ذي عظيمة وان تكن الأخرى فتلك سبيل[1]

(فالسمهري) في أبياته هذه قرن ذكر حبيبته له بنجاته وبقائه لذا أكد على زيارتها له ولو بالمنام كي تنجيه من واقعه المولم وهو بهذا يؤكد حب الخلود والبقاء وتجاوز الزمن الذي جاء ويحمل معه الالام والمعاناة والفناء.

ما نراه فيما تقدم إن المرأة مثلت زمن الشاعر واذا كانت كذلك فيجب إن يكون هذا الزمن صافيا نقيا في علاقاته معه, دائما في التواصل طاهرا لان الطهر رمز البقاء والحياة فإذا تغيرت المرأة تغير تبعا لذلك زمن الشاعر ودب الموت في حياته[2].

ويرى اللصوص في الكرم وسيلة من وسائل بقائهم وخلودهم في الدنيا منطلقين من حقيقة إن الانسان والمال زائلان فاذا كان الامر على هذه الشاكلة فعلى المرء إن يجود بماله ليخلد ذكره من خلال كرمه وانفاقه لان الفتى لايكون فتى الا بالكرم والانفاق كما يرى (بكر بن النطاح) يقول:

ليس الفتى بجماله وكماله إن الجواد بماله يدعى الفتى[3]

فالفتى في نظر بكر ليس بجمال منظره وكمال سلوكه بل الذي يجود بماله هو الذي يدعى فتى ولعله أراد إن يؤكد على حقيقة هذه الدنيا الفانية منبها الناس وداعيا لهم بأن تكون حياتهم مليئة بالعمل النافع الذي يبقى ذكره بعد رحيل عامله

---

(1) ديوان اللصوص / 279/1.

(2) ينظر: الزمن عند الشعراء العرب قبل الاسلام / 226.

(3) ديوان اللصوص/ 83/1

وقد ادرك (عروة بن الورد) تلك الوسيلة المهمة للوصول الى الخلود اذ لم يكن الكرم عنده مجرد انفاق للاموال فحسب بل اصبح الكرم عنده الفراش والبيت والحديث المتبادل فضلا عن ترك المراة الحسناء الذي يلهيه الانشغال بها عن أكرام ضيفه يقول:

فراشي فراش الضيف والبيت بيته ... ولم يلهني عنه غزال مقنع
أحدثه إن الحديث من القرى ... وتعلم نفسي انه سوف يهجع(1)

فابن الورد يريد إن ينعته الاخرون بالكرم لأنه من الصفات المحببة لديه وكان ينظر اليه على انه اذا نعت به ضمن لنفسه البقاء والخلود لذلك نراه يحرص على الكرم دون الحرص على الدنيا لعلمه بفنائها وبقاء الكرم والسخاء للذين سيخلدان ذكره عند الناس.

وتتسع دائرة الكرم لدى (بكر بن النطاح) لتشمل الانفاق بالحسنات يلجا اليها اذا لم يجد مالا يقسمه مع سائله يقول:

ولولم يجد في العمر قسمة ماله ... وجاز له الإعطاء من حسناته
لجاد بها من غير كفر بربه ... وشاركهم في صومه وصلاته(2)

الذي نراه في هذه المقطوعة إن من كان كرمه كهذا والذي بلغ فيه صاحبه درجة الإيثار ترك موته فراغا كبيرا وفراغه يترك ذكرا حسنا والذكر وسيلة الى الخلود وهذا ما اراده بكر.

وقد حرص (المرار بن سعيد الفقعسي) على رثاء النفس وتأبينها بصفات الكرم لانه من الباقيات الخالدات، ولعله اراد إن يبين من خلال ذلك إن الأنسان لايمكن إن يندب بعد موته بدون كرمه. يقول:

---

(1) ديوانه / 83.

(2) ديوان اللصوص / 1/ 99

الا يالقومـي للتجلـد والصبـر | وللقـدر السـاري اليك ومـاتدري
وللشـيء تنسـاه وتـذكر غيـره | وللشـيء لا تنسـاه الا على ذكـر
فتى كان يقري الشحم في ليلة الصبا | على حين لايعطي الدثور ولا يقري[1]

فالفقعسي أراد من خلال أبياته هـذه إن يمـنح مرثيـه صـفتي الخلـود والبقـاء في الدنيا من خلال الذكر الدائم له من قبل الناس وبذلك يصبح الكـرم وسـيلة مهمـه تمـنح صاحبها ذكرا حسنا تجعله يتمتع بابدية تتجاوز وتقهر احكـام الزمـان القاسـيه الذاهبـة الى احلال الفناء والهلاك محل البقاء والخلود وتصبح الصفات الحسنة التـي يـتحلى بهـا الصعلوك وسيلة من وسائله التي قاوم بها الزمن ويسعى الى تحقيق خلوده من خلالهـا لذا نجدهم يؤكدون عليها ويفتخرون بها لانهـا تعـلي مـن شـانهم وتعمـل عـلى تخليـد ذواتهم الامر الذي طالعنا به (تأبط شرا) يقول:

لتقرعــــن عليّ الســـن مـــن نـدم | اذا تذكرت يومـــا بعض اخلاقي[2]

مـا نـراه في هـذا البيـت إن قائلـه يؤكـد ان قومـه سـيندمون عـلى فراقـه عنـدما يتذكرون ماعنده من خصال وصفات حسنه، وقرع السن كناية عن الندم على شيء فات لايمكن استدراكه وهذا يعني إن تأبط شرا أكد لنا بان تلك الصفات هي التي تخلد ذكره بعد موته اوهي التي تقودهم الى تذكره وهنا يسجل الشاعر انتصارا عـلى الـزمن الـذي يسعى الى فنائه ويقهره من خلال التقليل من دوره في الإفناء وقد تحقق لـه ذلـك مـن خلال مايمتاز به من صفات واخلاق.

ويدرك (القتال الكلابي) إن بقـاء الفـرد وخلـوده لايمكـن إن يكـون الا مـن خـلال محافظته على الصفات الحسنه التي يجب إن لاتتغير مع تغير الزمان وتقلباته,لان الزمن لايستقر على حال واحد بل هو متقلب من حال الى حال, يقول:

(1) ديوان اللصوص / 2 / 225
(2) ديوانه / 43.

اذا هـم همـــا لم يـر الليل غـمه عليه ولـم تصعب عليــــه المراكب
قرى الهم اذ ضاف الزماع فأصبحت منازلــــــه تعتـــس فيهــــا الثعالب
جليد كريم خـيمـة وطـباعــه على خيـــــر ماتبنى عليه الضرائب
اذا جـاع لـم يفرح بأكلـه ساعــة ولم يبتئس من فقدها وهو ساغب
يرى إن بعد العـسر يسرا ولا يـرى اذا كان يسـرانــــــه الدهـر لازب[1]

ما نراه في هذه المقطوعة إن قائلها ادرك عاليا إن مـايتحلى بهـا مـن صـفات ومـا يحرص على تحقيقها في ذاته هو مايجلب له الحمدوالحمد سبيل الخلود وهـذا ماسـعى اليه اللصوص لقهر زمنهم والتغلب عليه وسبقه بالخلود قبل إن يسبقهم بالفناء.

ويلجا (ابـو الطمحـان القينـي) الى القبيلـة والانتسـاب اليهـا والتغنـي بأمجادهـا كوسيلة من الوسائل التي تحقق له خلوده وعلى اثر ذلك نشأت علاقات قوية ومتبادلـة بين الفرد والقبيلة حتى اصبح الفرد للقبيلة والقبيلة للفرد[2] يقول:

اذا قيـل: أي النـاس خيـر قبيلـة واصبر يومــــا لا توارى كواكبه
فان بنـــي لام بن عمـرو أرومــة علت فوق صعب لا تنال مـراقبـة
أضاءت لهم أحسابهـم ووجوههـم دجى الليل حتى نظم الجزع ثاقبة
لهم مجلس لا يحرصون عن الندى اذا مطلب المعروف اجدب راكبــه
واني مـن القــوم الذين هــم هـم اذا مات منـهم سيد قام صاحبه
نجوم سماء كلما غاب كـوكـــب بدا كوكب تأوي اليه كواكبــه[3]

فالقيني يرى في الانـتماء إلى القبيلـة والتغنـي بمآثرهـا وسـلوكها مايمنحـه الخلـود ويقهر زمنه الذي يريد التفريق بينهما ذلك لان اعتزاز العربي بنسبه وقبيلته يمثل

---

(1) ديوان اللصوص / 56/2.
(2) ينظر: قيم جديدة للأدب العربي القديم والمعاصر / 32/1 .
(3) ديوان اللصوص /309/1.

خير وسيلة للتغلب على شمولية الموت المطلقة[1]، اما الشجاعة فقد اعتمدها اللصوص لتحقيق خلودهم وقهر زمنهم الذاهب الى الفناء ولعل اهم مامنحته الشجاعة لهم الشعور بأنهم قادرون على الثبات امام جريان الزمن فمهما حاول الزمن نسيانهم وفناءهم الا انهم بشجاعتهم قادرون على ايقاف زحفه نحو الفناء من خلال جعل انفه في التراب الامر الذي طالعنا به (تأبط شرا) يقول:

نحز رقابهم حتى نزعنا   وانف الموت منخره رغيم
وان تقع النسور علية يوما   فلحم المعتفى لحم كريم[2]

فالنبرة الحماسية التي استخدمها (تأبط شرا) في بيتيه السابقين والمبالغة في الوصف يمثل خير وسيلة من قبله لفرض ذاته على الزمن والفناء وتحدي الموت مع علمه بانه امر محتوم والمرء غير مخلد والخلود الامثل في الشجاعة وفي الشجاعة يتحقق له البقاء والدوام.

اما شجاعة (جحدر المحرزي) فهي شجاعة موروثة من اسلافه الذين مهدوا له الطريق الواضح لسلوكها فما دام اسلافه تحقق ذكرهم وخلود اسمائهم من خلال شجاعتهم فهو كذلك تبع اسلافه ليتحقق له ماتحقق لهم يقول:

نازلته إن النزال سجيتي   اني لمن سلفي على منهاج
وعلمت اني لو ابيت نزاله   اني من الحجاج لست بناج
ففلقت هامته فخر كأنه   اطم هوى متقوض الابراج
ثم انثنيت وفي قميصي شاهد   مما جرى من شاخب الاوداج[3]

---

(1) القارئ والنص /79

(2) ديوانه / 69-70

(3) ديوان اللصوص /154/1.

فالموقف الفروسي الذي نجده في هذه المقطوعة يبحث عن الحياة الحرة التي تمثل في نظر قائله، الخلود والبقاء لذا نراه ينفر من حياة الذل والخنوع التي تمثل الموت الى حياة الفروسية التي مثلت لديه الانتصار على الزمن وقهر نتائج ايامه.

وقد حرص (مالك بن الريب) على رثاء نفسه بالشجاعة في ايامة السابقة محاولا تخليدها في قصيدته الرثائية التالية لتنطق بدلا عنه حين يسكته الزمن يقول:

خذاني فجراني بثوبي اليكما ... فقد كنت قبل اليوم صعبا قياديا
وكنت كغصن البان هبت له الصبا ... ارجل فينانا يصيد الغوانيا
وقد كنت عطافا اذا الخيل ادبرت ... سريعا لدى الهيجا الى من دعانيا
وقد كنت محمودا لدى الزاد والقرى ... ثقيلا على الاعداء عضبا لسانيا
وقد كنت صباراً على القرن في الوغى ... وعن شتمي ابن العم والجار وانيا[(1)]

فرغبة ابن الريب بالبقاء والخلود وتحدي الزمن من خلالهما ماجعله يؤكد على صور بطولاته السابقة الخالدة في ذهنه لكي يخلدها الزمن في أذهان الأجيال القادمة.

كما لجأ بعض اللصوص إلى المغامرة في حياته والهيام في الصحاري لتغيير واقع حياته القاسي الذي يرفل بالفقر اولاً وكسب الخلود من خلال الذكر الحسن بعد موته ثانيا هذا ماذكره (عروة بن الورد)، يقول:

اذا المرء لم يطلب معاشا لنفسه ... شكا الفقر أو لام الصديق فأكثرا
وصار إلى الأدنين كلا وأوشكت ... صلات ذوي القربى له ان تنكرا
وما طالب الحاجات من كل وجهة ... من الناس الا من أجد وشمرا
فسر في بلاد الله والتمس الغنى ... تعش ذايسار أو تموت فتعذرا[(2)]

---

(1) ديوان اللصوص /181/2.

(2) ديوانه /22

يطلب ابن الورد من نفسه إن تغامر في حياتها لكي تحقق أهدافها ومما هو واضح في تلك المقطوعة إن قائلها حدد هدفين من وراء مغامرته (احدهما) تخليصه من واقعه الاقتصادي المؤلم والذي يمثل الموت لديه و(ثانيهما) حصوله على الموت الذي يخلصه من فقره المدقع وكلاهما يمنحانه الخلود فالغنى يمنحه الحياة التي بدورها تمنحه الخلود السرمدي والموت يمنحه كذلك خلود أفعال وسلوك مغامراته والتي تنعكس بدورها على خلود اسمه وصفاته.

وفي نهاية الحديث في هذا المبحث تبين لي إن دعوة اللصوص لخلود ذواتهم ساعدت على فقدهم الإحساس بتغير الزمن والامه ومهدت لهم الطريق في مواجهته وإيقاف جبروته والانتصار عليه من بعد.

كما تبين لنا اختلاف الطرق التي سلكوها في مواجهتهم لزمنهم وتصديهم له نظرا لاختلاف المواقف النفسية التي يمرون بها وعمق المأساة التي زرعها الزمن في نفوسهم لذا نرى البعض منهم لجأ إلى الشعر وأخر إلى الكرم وثالث إلى الشجاعة وآخرين لجأوا إلى المغامرة والتمسك بالقبيلة وبالصفات الحسنة يدارون بها ارتباكهم من الزمن لأنهم يرون إن الزمن يؤثر فيهم ويغير من حياتهم اذا استطاع إن يزعزع هذه الصفات ويغير مضمونها لذا نجدهم ملتزمين بها لان فيها حياتهم وخلودهم بعد مماتهم ومن خلالها ايضا يستطيع إن يقهر الزمن ويتحدى الامه وجبروته الذي يحاول إن يخلف مخالبه في تلك الصفات والمآثر.....

المبحث الثـاني
الاستسلام للـزمـن

أولاً- الإحساس بتوقف الزمن

على الرغم من إن الزمن في الواقع لايتوقف عند نقطة معينة وانه دوما في حـراك تعاقبي مستمر الا إن الذات الشاعرة لسبب ما قد ترى أو تشعر بتوقفه وجمـوده ذلـك لانها تراه ((يتميز بنوع من التوزيع اللا متكافئ من الشذوذ وعدم والانتظام في مترية الزمن الذاتية))[1].

وهذا يعني إن الانسان قد يخامره أحساس بتوقف الزمن او تباطئه تبعـا للحالـة النفسـيه التـي هـو عليهـا لان الـزمن ((الـذي يتعلـق بنـا ونسـتعمله كـل يـوم مطـاط. الانفعالات التي نشعر بها تمدده وتبسطه))[2].

ولعل شعورنا بطول الزمن من جهة وتوقفه وتحجره من جهة أخـرى لا يحصـلان الا في حالة القلق والخوف من الزمن ذاته الامر الـذي جعلنـا نـذهب في فصلنا السـابق فضلا عن التذبذب الحاصل تجاه الزمن من السرعة والبطء الى تقسيم كل مفردة توحي بالزمن إلى ثنائيه من شأنها استيعاب حالته النفسيه القلقة تجاهـه فـنرى الشـعراء مـثلا ينظرون نظرة ملوها المحبة والرضا عن أحدى طرفي الثنائية بينما ينظرون نظرة يشـوبها السـخط وعـدم الرضـا والرهبـة مـن طرفهـا الأخـر هـذا السـخط والخـوف مـن الـزمن ومفرداته الدالة عليه جعلت من اللصوص يشعرون بتوقف زمنهم عند نقطة مـا تمثـل فراقهم عن أحبتهم ووطنهم وديارهم او تقييد

(1) الزمن في الادب/19

(2) Proust:portrait of agenius\158 نقلا عن الزمن في الادب /20

حرياتهم أو قرب موتهم ورحيلهم، الامر الذي طالعنا به (جعده بن طريف السعدي) الذي يرى بتوقف زمنه على زمن واحد وهو زمن الليل، يقول:

يا طـــول ليلى مـا أنام كأنمـــا في العين مني عائـــر مسجـــور
ارعى النجوم اذا تغيب كوكـــب كالأت اخـــر مــا يكـاد يغـور[1]

ما نراه في هذين البيتين ان قائلهما بين لنا من خلالهما طول زمنه بسبب توقفه عند وقت الليل ولعل طوله متأت من ضحالة الحياة النفسيه التي يعيشها والواقع المتأزم الذي يحياه فإيقاع الزمن المتباطئ على نفس الشاعر سبب له الضجر منه فجعله يرعى النجوم ويعرف وقت أفولها لطول ملازمته لها والنظر اليها وكأن عينيه مسجورتان بالعلل ذلك إن الزمن كنسيج لحياتنا الداخلية تنساب فيه هذه الأخيرة (كما تنساب المياه في مجرى النهر ،سريعة عندما تكون زاخرة تملا ضفتيه وتدفع تياره بزخم وبطيئة عنما تكون ضحلة تمضي متمهلة لا يميّز الناظر بين سيرها ووقوفها)[2].

أما (الخطيم المحرزي) فأخذ ليله على عاتقه مهمه تحجيم التواصل بينه وبين أصدقائه وفرض عليه عزلة اجتماعية مما جعله يشعر بتوقف زمنه لانه لايداري حياته الاجتماعية وتواصله، يقول:

وقائلة يوما وقـــد جئـــت زائـــرا رأيت الخطيم بعـدنا قد تخـــددا
فلا تسخري مني إمامـــة إن بـدا شحـوبي ولا ان القميص تقـــددا
فاني بأرض لايـــرى المرء قربهـــا صديقـا ولأتحلى بها العين مرقـدا
اذا نام أصحابي بـها الليل كله أبت لأتذوق النـــوم حتى ترى غـــدا[3]

(1) ديوان اللصوص /179/1.
(2) لحظة الأبدية / 15.
(3) ديوان اللصوص /235/1

فالخطيم يشعرنا بتوقف زمنه مسندا ذلك التوقف الى ظرف زماني معين (الليل) الذي يوحي بالثقل والتباطؤ في مكان يخلو من العلاقات الاجتماعية ومن الأحبة اللذين يجعلون الليل قصيرا بتواصلهم لكن مع خلو مكانهم وزمانهم من ذلك التواصل الاجتماعي بات الشاعر يصارع همومه في ذلك الظرف الزماني المظلم والذي أسلمه من بعد الى صراع داخلي بين هواجسه النفسية الراغبة في تواصلها مع من تحب وبين مأساوية الزمن وزيفه , يدعمه ضعف الشاعر في مواجهة زمنه والخطيم أزاء تلك الأحداث اخذ يشعر بتوقف زمنه عندها ولا يستطيع إن ينفك منها لأنها أصبحت وكما يبدو للشاعر قدرة المحتوم.

ويشعرنا (عطارد بن قران) بطول ليله وكأنه توقف عند ذلك الظرف من الزمان وهو ما اشعره بالملل ومن ثم الانقطاع مع زمنه , يقول:

يطـول علـي الليل حتى أملـه فاجلس والنهـدي عنـدي جالـس
كلانـا به كبلان يرسف فيهما ومستحكم الأقفال اسمـر يابـس[1]

فجمود الزمن وتأخره عن ركبه الزماني هو مازاد من إحساس الشاعر بطول الوقت وطبع نفسه بطابع الحزن والضجر وأشاع فيه نوعا من الشعور بالموت ذلك إن الشعور بالوقت يحيا بتوقفه ويموت مع حركته[2].

ففراغ الحياة مثلا وخلوها من المعنى وانعدام التجديد فيها يزيد من حدة الإحساس والمعاناة بالزمن ذلك إننا نشهد تمددا للزمن مع الحزن والضجر وبالمقابل نشهد تقلصا له مع اوقات الرضا والقبول والسعادة هذا ماشار اليه (هانزمير) عندما ذهب الى القول إن الساعة قد تصبح دقيقة وقد تصبح الدقيقة ساعة متى ما اقام الزمن في عنصر الروح العجيب.[3]

---

(1) ديوان اللصوص /19/2

(2) ينظر: لحظة الابدية /212

(3) ينظر: الزمن في الأدب /17-20

ويشعر (المرار بن سعيد الفقعسي) بتوقف زمنه عند ظرف (الليل) من الزمان ولعل هذا راجع الى شعوره بالهموم التي صبت عليه صبا وكأنها رفيق دربه لا تفتأ إن تفارقه, يقول:

تقلبت هـذا الليـل حتى تهورت إنـاث النجوم كلهـا وذكورها[1]

فشعور الفقعسي بتوقف زمنه ناشئ من كثرة الهموم التي تطارده فلا هي تغفل عنه وتتركه في شأنه ولاهي تجعله يغفل عنها فينام والتي جعلته يتعلق بالنجوم يراقبها ويرصد حركاتها وكأن مصيره فيها فأفولها لدى الشاعر يعني أفول همومه وخلاصه منها ولعل الذي جعل الشاعر يشعر بتوقف زمنه وتحجره ربما لانه كان يتطلع للحصول على لقاء بأحبته عندما ينجلي الظلام على غير المعتاد لذا نجده يرغب من جانب أخر إلى اختصار الزمن وطي ساعاته للوصول إلى أحبته.

ومازال الزمن يمثل لدى الشعراء اللصوص بعدا من إبعاد وجودهم وان سكونه وتوقفه يمثلان اقترانه بالفناء لذا نجد(جعفر بن علبه الحارثي) تواقا إلى أعادة الماضي وبعثه من جديد وعندما ادرك استحالة ذلك شعر بتوقف زمنه حاضرا و تحجره، يقول:

أحقا عبـاد اللـه إن لسـت رائيـا صحاري نجد والريـاح الذواريـا
ولا زائرا شـم العرانين تنتمـي إلى عامـر يحللن رملا معاليـا
اذا ما أتيت الحارثيـات فانعنـي لهـن وخبرهـن إن لا تلاقيـا[2]

ما نراه في هذه المقطوعة إن قائلها ادرك توقف زمنه وقرب فنائه (وخبرهن إن لا تلاقيا) لذا نراه يدعو إلى بعث ماضيه مرة أخرى ليداري به انقطاعه عن الزمن وعندما لا يتحقق له ذلك يشعرنا بقرب موته وفنائه.

---

(1) ديوان اللصوص/222/2
(2) المصدر نفسه /199/1

فتوقف زمن الحارثي ما كان لولا وجود تلك الفجوة بين ذاته وماضيها الجميل وعندئذ يكون الزمن واقفا ومتحجرا عند تلك الظواهر الدالة على الموت والفناء، لكن لا يفهم من ذلك إن بعث الماضي هو محاولة الشاعر للانتصار على الزمن بقدر مايتعلق بجور الحاضر وظلمته فلم يجد الشاعر امامه للخلاص من محنته هذه التي أحس معها بإيقاف حياته عندها الا باللوذ بزمن غير الحاضر ومادام المستقبل مجهولا ولم تعرف حقائقه لذا نراه لجأ او حاول اللجوء الى الماضي لكونه قد عايشه وسعد بمعيشته الأمر الذي جعلنا لانتفق مع الدكتور احسان عباس عندما ذهب الى ((إن هذا التجميد للماضي انتصارا على الزمن))[1]، لان في جموده تجسيدا لموت الاشياء من خلال توقفها عن الحركة مما يعني فقدانها القدرة على التواصل مع الحياة.

ومما يزيد اللصوص الما وضيقا في حياتهم طول الاقامه في المكان الواحد مما يشعرهم بتوقف زمنهم على حالهم هذا   يقول(طهمان بن عمرو) مبينا ذلك:

من مبلغ عبـد العزيز ومحفنـا	وذبيـان انـي قـد مللـت ثوائيـا
مللـت ثواء باليمامـه لا ارى	من الناس الا العبد يحدو السوانيا
واشـرب ليلا ثـم اصبح طاويا	تظل عتاق الطير حولي حوانيـا[2]

لعل الذي يقلق الشاعر هو احساسه بتوقف زمنه في الحاضر وكأنه سمر وطبع عليه وهذا يرجع الى الاحساس المتضخم بالان، لان الان لا تجري فيه الحركة وبالتالي يفتقر الى جريان الزمن ولعل الشعور بالان لايتم الا في حالة القلق المشوب بالخوف وهذا مايجعلنا نشعر بطول الزمن في حالتي القلق والخوف بينما نشعر بقصره في حالتي الامن والفرح.[3]

(1) اتجاهات الشعر العربي المعاصر /86 .

(2) ديوان اللصوص 365/1.

(3) ينظر الزمان الوجودي/ 174.

ومن المظاهر الزمانية التي تجعل من زمن اللصوص متوقفا ومتحجرا عند زاوية معينة احساسهم بدنو اجلهم الذي جعل من شعورهم مضطربا تجاه هذه الازمة النفسية , داعين من خلالها الى الانفلات من ربقة هذا الزمن المتحجر المعنى الذي نجده عند (مالك بن الريب) يقول:

ولما تراءت عند مرو منيتي وخل بها جسمي وحانت وفاتيا
أقول لأصحابي ارفعوني فانه يقر بعيني إن سهيل بداليا
فيا صاحبي رحلي دنا الموت فانزلا برابية اني مقيم لياليا[1]

فابن الريب يطالعنا بشعور نفسي حاد ذي نبرة هادئة مستسلمة لقدرها صاغية له والتي اسهم الموت في تكثيف موقفها النفسي- وتعميق معاناتها بما يضفي على الحركة الخارجية للزمن من ابطاء زمني ينتظر توقفه في لحظة زمنية ما في مقابل حركة النفس الداخلية التي انفصلت عن زمنها الخارجي نتيجة ازمتها مع زمنها.

ويستسلم ابن الريب لحركة الزمن المؤلمة التي سرعان ما توقفت عند لحظة زمنية معينة أحس معها بتوقف حياته في تلك اللحظة المؤلمة فنراه يخاطب صاحبه معلنا من خلال مخاطبته له توقف حياته عند زمن الموت لذا دعاه الى تبليغ اهله وقومه واحبته بذلك يقول:

فيا صاحبا اما عرضت فبلغا بني مازن والريب إن لا تلاقيا[2]

لعلنا في هذا البيت نشهد تسابقا زمنيا بين زمن الذات (الداخلي) وزمن العالم (الخارجي) سرعان ما انتهى لصالح الزمن الخارجي الذي حمل موت الشاعر وأعلن توقفه عنده وعلى هذا المضمار يكون الزمن الداخلي قد توقف عند الرموز الدالة على الفناء والهلاك.

---

(1) ديوان اللصوص /180/2.

(2) المصدر نفسه /184/2.

وفي الختام يقر البحث ويؤمن بالطبيعة المتحركة للذات الإنسانية , والتي لا نجد فيها مهادنة بين الشاعر وذاته على توقفها لكن على الرغم مما ينتاب الشعراء من إرهاصات وتوترات نفسية تجاه إحداث زمانهم فإننا نجدهم يقفون موقفا سلبيا تجاهها ويضفون عليها صفات خارجة عن نطاقها تتصف بالأبدية المطلقة ففعاليات الانسان التي لاتنقطع أو لا تقبل الانقطاع هي ماجعلت من الشعراء يضفون على أحداث زمنهم صفة الأبدية ويدعون الى جلائها وانكشافها كي يمارسون تلك الفعاليات بحرية تامة بعيدا عن التوقف والتحجر.

ثانياً- الاستسلام للزمن لكونه حاملا للموت:

انطلاقا من إن امل الانسان في امتلاك الزمن عبر الخلود في الحياة الدنيا ظل ناقصا، لان الواقع يجعل من امتداد عمر الانسان نقصا في ذخيرته، فكل عام يمر من حياته يمثل زيادة في عمره ونقصا منه لان سريان الزمن يسير فيه نحو نهايته عندما يتوج بالموت لذا ظل الموت وامره الشغل الشاغل لدى اللصوص اذ اوقد فيهم جذوة القلق والخوف وافسد عليهم متعة الحياة لكن الذي يزيد الامر تعقيدا، إن من يرعى هذا الموت ويحمله الى ذات الشاعر، هو الزمن لذا ادرك الشعراء إن مشكلة الموت لاتتم الابسبب الزمان وانها من جوانبه، بحيث لا يتصور الشاعر امكانية البقاء والخلود في الحياة الدنيا مادام الانسان يعيش في هذه الدائرة الزمنية،[1] وعلى هذا الاساس اصبح الموت يمثل (الجانب النهائي من مشكلة الزمان , فالموت لاينفصل عن الزمان وهو واقع داخل اطار الزمان والخوف من المستقبل هو فوق كل شيء خوف من الموت)[2]، لذا ظل اللصوص يخشون الزمان ورهبته، لانه يحمل أقدارهم، مما زرع في نفوسهم خوفا وقلقا نتيجة معرفتهم وإدراكهم بأن أعمارهم كلما طالت فان هناك من يرتقبها، الأمر الذي جعل من

(1) ينظر الحياة والموت في الشعر الاموي /184.

(2) العزلة والمجتمع /128

الانسان عموما والعربي على وجه الخصوص إن يصب لعناته على الزمان ويتهمه بالغدر والخيانة وانعدام الثقة[1] لانه يرتقب حياته ويعمل على انقطاع تواصلها وقد ادرك (بكر بن النطاح) فعل الزمن وما يضمره له لذا أدار وجهه الى من بجانبه يسأله ويستنجده من يدي زمنه الذي اخذ يقطع جسمه وأوصاله، يقول:

هل أنت منقذ شلوي من يدي زمن   أضحى يقد أديمي قد منتهس
دعوتك الدعوة الأولى وبي رمق   وهذه دعوة والدهر مفترسي[2]

فبكر أدرك موته مسبقا ووعى مصيره، ومادام ذلك الادراك في حالة الوعي التام، لذا نجده اخذ يسابق موته واجله عن طريق الاستنجاد بصاحبه، لعله ينقذه من اجله المقدر، والذي اظهره من خلال استخدامه لاداة الاستفهام (هل) التي حملها بكر معنيين كما يبدو لي. المعنى الاول: وجهه الى صاحبه لكي ينقذه من الموت الذي احل به وهي دعوة لاثاني لها كما يظهر من بيت الشاعر (دعوتك الدعوة الاولى وبي رمق.....) ويكشف لنا هذا عظم المصيبة التي نزلت ببكر. المعنى الاخر: فربما يتعلق بجور الزمن وسلطته الجائره التي لاينجو منها احد، لذا طالعنا بهذا الاستفهام الذي يظمر وراءه، عدم جدوى الحياة ودوام التواصل مادام هناك موت من ورائهما فمهما قدم له نراه يسال: هل انت منقذ شلوي ؟

والذي اجاب عليه في البيت نفسه (أضحى يقدّ اديمي)، أي لا فائدة تذكر مادام الموت نازلا بنا عاجلا ام اجلا.

اما (عبيد بن ايوب) فنراه يسند للزمن افعال الفرقة والعزلة وهي من اشار الموت يقول:

وفارقتهم والدهر موقف فرقة   عواقبه دار البلى وأوائله
وأصبحت مثل السهم في قعر جعبةٍ   نضيا فضا قد طال فيها قلاقله[3]

(1) ينظر: الزمان الوجودي /253.
(2) ديوان اللصوص 114/1.
(3) المصدر نفسه 403/1.

ما نراه في هذين البيتين إن قائلها ادرك فاعلية الزمن وتقلباته وتياره الجارف الذي اخذ كل شيء في طريقه إلى مصيره المقدر (الموت)، والذي عمل بدوره على زرع الفرقة والانعزال بين الاحبة فالشاعر يرى بان الانسان عندما يشعر بموته سرعان مايتبادر إلى ذهنه شعور بالعزلة، لان الموت ((يقطع كل علاقة بينه وبين العالم..... فالموت يضع حدا لحديث الانسان مع العالم الموضوعي)).[1]

وإزاء هذا الزمن الغادر، الذي لا ينجو من غدره احد نجد اللصوص يعلنون عدم قدرتهم على مواجهته، لانه لا ينظر لهم حين يعدو عليهم ولا يستأذن منهم بل يمارس سلطته وجوره عليهم رغما عنهم، هذا ماصرح به (بكر الحنفي) حين رثى احد ملوك قومه بعد إن جعل زمنه حاملا للموت ومسرعا به يقول:

ياعين جودي بالدمـــوع السجام	على الامير اليمنـــي الهمـام
على فتـى الدنيـــا وصنديدهـا	وفارس الدين وسيف الامــام
لا تدخـري الدمـع على هالك	أيتـم اذ اودى جـميـع الانـام
لم ينظـر الدهـــر لنـا اذ عدا	على ربيـع الناس في كل عـــام[2]

فالنظرة الى الدهر في هذه المقطوعة ليس مجرد انه زمن، بل كانت النظرة اليه بعده قوة فعاله مسيطرة وقاهرة تنسب اليها الافعال والحوادث لذا لم نره يتحدث عن الموت بقدر ماتحدث عن حامله وراعيه أي إن هنالك محركا للموت يحركه ويسيره بهذا الاتجاه يقوم بفعله ويأخذ دوره.

ولعل بكراً اراد من خلال مقطوعته الرثائيه هذه إن يرثي نفسه، لايمانه بان حوادث الزمان التي مرت على الاخر ستمر يوما على ذاته فمع إن موت احد الناس الذي هو موضوع خارجي مستقل عن انا الشاعر يكون قابلا للانسحاب الى الداخل نظراً لاستطاعة ذات الشاعر تصور موتها عبر الاخر[3].

---

(1) العزلة والمجتمع /102

(2) ديوان اللصوص /1/129-130

(3) ينظر: مقالات في الشعر الجاهلي /331.

بل فضلا عن ذلك فاننا حين ننظر في وجه الاخر نستطيع إن نقدر وببساطه كم مضى عليها من الزمان وسوف ياتي عليها زمن لن تعرف معنى الزمن، اذ لابد إن تختفي الوجوه القديمه لتظهر اخرى جديدة، وبدون هذه الاحداث المتغيرة لا يمكن إن نشعر بمرور الزمن[1] فالزمن ((دائم الحركة باتجاه الموت فكل عام يمضي- بالحياة الانسان يمثل نقصا وزيادة في عمره الذي يسير نحو نهايته لاسبيل لاسترجاعه))[2].

ويعلن (قيس بن الحدادية) استسلامه للزمن وعدم قدرته على مواجهته، لان له شأناً وهدفا يسير نحوه لابد من بلوغه، وهذا الهدف الذي يسعى الزمن الى بلوغه يأتي على حساب الشاعر، يقول:

اذا مـــا طواك الدهـــر يأمّ مالك   فشأن المنايـــا القاضيـــات وشأنيا[3]

حيث ظلت مشكلة الزمن ترهقه وتسيطر على تفكيره، لانها تتخبط عشوائيا وليس لها قوى مدبرة متعقلة تعمل على تسييره فالشاعر ادرك انه وحبيبته يعيشان في فضاء يسيطر الزمان عليه، ومن حقّه إن يفعل كل شيء سوى مصاحبة الانسان، لذلك صرّح مسبقا باستسلامه وطواعيته للزمان ونوائبه من هنا ادرك الانسان إن احساسه بالزمن مرتبط بالموت والفناء، فقد كانت حياته بمثابة الممكن الوحيد في مواجهة الموت الذي اخذ يهدد الاحياء جميعا ولشدة ذلك الاحساس اخذ الخوف والقلق من الزمان يسيطران على فكر الانسان وحياته بدرجة عالية، ولهذا فقد اصبح القلق من الموت ((قلقا لاسبب له سوى الوجود نفسه, وهو مرض ميتافيزيقي لاعلاج له، انه لعنة التناهي التي تحل بالإنسان منذ ولادته وكأنما كتب عليه إن يموت لمجرد انه ولد))[4].

---

(1) ينظر: الزمن البايلوجي (بحث) /61.

(2) الانسان والزمان / 7.

(3) عشرة شعراء مقلون /44.

(4) مشكلة الحياة / 198.

ومادام الزمن قوة تواجه الانسان وتتحين له الفرص، فلا داعي لمصارعته او مواجهته، الامر الذي طالعنا به (الخطيم المحرزي) عندما شبه الزمن بالقرن الذي يعلو الرأس للدلالة على علو الزمن وتسلطه على الانسان، ومن يكن كذلك فالغلبة للاعلى على حساب الاسفل، يقول:

ابا قطريّ لاتصارع فانني ... ارى قرنك الاعلى واياك اسفلا
اراك اذا ناوأت قرنا سبقته ... الى الارض واستسلمت للموت اولا[1]

فالخطيم أكد في بيتيه السابقين استسلامه للزمن وعدم مواجهته له، فضلا عن شعوره بحتمية انتصار الزمن، وان لا فرار من نوائبه، لذا نراه قد وصفه بأنه على رؤوس البشر ومن يكن كذلك فالغلبة له ولعله اراد ان يبين من خلال ذلك اثر حوادث الزمان التي لاتترك للمرء سبيلا للحياة السعيدة، وعدم معرفته بمستقبله المجهول كل ذلك جعل من الشاعر يدعو صاحبه الى الاستسلام للزمن لكونه القوة الخفية القاهرة والمنتصرة في النهاية.

وبلغ استسلام اللصوص لزمنهم الى حد الايمان بحتمية اثار الزمن التي تطال يد البشر فالموت الذي يحمله الزمن يطال الانسان، ولو احتمى في الحصون والقلاع العالية، فلابد إن تناله اسباب المنايا كما يرى (ابو الطمحان القيني) يقول:

لو كنت في ريمان تحرس بابه ... أراجيل أحبوش وأغضف الف
أذن لأتتني حيث كنت منيّتي ... يخبّ بها هادٍ بأمري قائف
فمن رهبة آتي المتآلف سأدرا ... وأية ارض ليس فيها متآلف[2]

يؤكد ابو الطمحان في مقطوعته هذه حتمية الموت وحتمية انتصار الزمن على الانسان، لذا فهو يرى إن الانسان لوكان في حصن ريمان والاحابيش على كثرتهم تحرس بابه، لطالته المنية، وكأن هناك من يرشدها ويعلمها طريقها.

(1) ديوان اللصوص /249/1.
(2) المصدر نفسه 1/ 320.

إن الايمان بحتمية الموت وغلبة الزمن جعلت الشعراء يحاولون لململة شتات نماذجهم المحطمة من الزمن ونوائبه عن طريق تحقيق أي نوع من انواع حب الحياة والتعلل بها، فمادام الانسان يعيش فرصة لا تتحقق له الا مرة واحدة، لذا عليه إن يستغلها بالتمتع بالحياة ولذاتها لان الزمن قد يخطف منه حياته، لانها رهينة لديه دون إن يحقق امانيه، الامر الذي طالعنا به (السمهري)، يقول:

الاحي ليلى قد الم لمامها ... وكيف مع القوم الاعادي كلامها
تعلل بليلى انما أنت هامة ... من الهام يدنو كل يوم حمامها[1]

فايمان (السمهري) بنوائب الزمان ومايحمله من فناء، جعله يداري خواطره ويواسيها من نوائب زمانها باللهو والانشغال العاطفي مع ليلى، لانه مدرك تماما انه ميت اليوم او غدا فكل يوم يمر يقرب اجله.

أما (قيس بن الحداديه) فقد أكد دوامه على طريق المحبة والود والوصال، ليداري بها ارتباك نفسه من مصيرها المحتوم، يقول:

واني لعهد الود راع وإنني ... بوصلك مالم يطوني الموت طامع[2]

فما نراه في هذا البيت تأكيد قائله على دوام تواصله ومحبته للناس هذا الدوام للمحبة والتواصل لن ينقطع من الشاعر لولا وجود الموت والزمن الذي يحمله، فمادام الشاعر مؤمنا بأن زمنه سينتهي به الى الموت والفناء، لذا نراه قد جعل اكبر غاياته في الحياة إن ينكب على متسع العيش ولذائذ الحياة، لينهل منها مايشاء حتى اذا مابلغته الزمن بموته ومنيته لم يجد في نفسه حاجه الا وقضاها ولا غاية الا وحققها.[3]

---

(1) ديوان اللصوص 281/1.

(2) عشرة شعراء مقلون / 40

(3) ينظر: الانسان ورؤية الحياة في الشعر الجاهلي (بحث) /163

ويرى (ابو ذؤيب الهذلي) اذا كان الموت حتما مقضيا على البشر- وان نوائب الزمان ستطال الجميع، لا ينجو من تلك النوائب هاربها فان على الانسان إن لايفرح لخير ولا يبتئس لضرٍ يحلان عليه, يقول:

فدع عنك هذا ولا تغتبط | لخير ولا تتباءس لضرّ
وخفّض عليك من النائبات | ولاتك منها كئيبا بشرٍّ
فان الرجال الى الحادثا | ت-فاستيقننّ- أحب الجزر[1]

يبيّن ابو ذؤيب في مقطوعته هذه إن نوائب الدهر وحوادثه يفترسان الانسان كالصيد الذي يبحث عنه بشوق ولهفة، وهي صورة تكشف عن المآل الحزين الذي ينتظر الانسان من زمنه الذي ظل في صراع مستمر معه, والذي سرعان ماينتهي لصالح الزمن وغلبته وانهزام الانسان ورغباته، ولهذا يصبح لافائده من الفرح والحزن ازاء نوع الاحداث التي يمر بها الانسان، لانه سيفنى كما تفنى تلك الاحداث امام قوة الزمن القاهرة الحاملة للموت من جهة واستسلام الشعراء لتلك الحقائق من جهة اخرى نجد (بكر بن النطاح) اخذ يتوسل بالزمن وجبروته على إن يبقيان مالكا الى جانبه، ويذهبان بغيره من الناس يقول:

أقول للدهر وقد عضني | فوه بأنياب وأضراس
يا دهر إن أبقيت لي مالكا | فاذهب بمن شئت من الناس[2]

فالزمن الذي يتمتع بالخلود، يحاول بجبروته وتسلطه إن يعدم حياة بكر من خلال اختطافه للمقربين اليه، لذا جاء خوفه من زمانه من ناحيتين:

الأولى: من الموت نفسه، **والأخرى:** من انتقاء الموت لكرام القوم دون غيرهم وعدم أنصافه وعدالته في جوره.

---

(1) ديوان الهذليين 1/ 149-150

(2) ديوان اللصوص 114/1.

ولا يقتصر الزمن على حمل الموت الجسدي فحسب بل نراه قد حمل للصعاليك موتاً نفسياً ولعل هذا الموت اشد مرارة، واقسى على النفس من موت الجسد على النحو الذي ذكره (ابو النشناش العقيلي) يقول:

ولم ار مثل الهــم ضاجعة الفتى   ولا كســواد الليل اخفــق طالبه

فمت معدما او عش كريما فانني   ارى الموت لا ينجو من الموت هاربه [1]

فالمعنى الذي أراده الشاعر في هذين البيتين يتلخص في إن الهموم والفقر في دنياه عاجزان عن تحقيق وجوده الإنساني وبذلك يصبح مسلوب الارادة والحرية وهو في النهاية لا يختلف عن الميت، بل يزيد عليه في المعاناة والإذلال والآلام فضلا عن تغيبه بين الناس لهذا نجد امكانية الانتصار على الموت من الشعراء خاصة، والبشرية عموما غير متحققة، لذا جاءت صورة الموت لديهم سوداوية قاتمة، ومن هنا ندرك عمق الحالة النفسية التي يمر بها اللصوص وهم يواجهون زمانهم وما يحمله لهم من فناء.

كما أدرك اللصوص أيضا إن نظرتهم إلى الزمن هي بمثابة نظرتهم إلى الموت والفناء ولما كانت مواجهة الموت من الأمور المستحيلة ولشدة إحساسهم بالفناء اخذ الخوف والقلق والنظرة السلبية تجاه الزمن تسيطر عليهم لكونه المسؤول الوحيد عن هذه الظواهر التي تحطم حياته وتحيله إلى ركام تنعدم فيه الحياة، وبما إن أحساس الشعراء بالزمن ارتبط منذ البداية بإحساسهم بالموت فان الذي يزيد من هذا الاحساس ادراكنا باننا نموت ويبقى بعدنا الوجود مستمراً ومهما اتخذنا من وسائل الخلود الرمزية فان الموت مصيرنا الأخير [2].

---

(1) ديوان اللصوص / 286/2

(2) ينظر الانسان والزمان / 190

الفصل الثالث

التشكيل الفني للزمن في شعر اللصوص

الفصل الثالث
التشكيل الفني للزمن في شعر اللصوص

المبحث الأول
الزمن واللغة الشعرية

انطلاقا من أن اللغة ((أداة زمانية، لأنها لا تعدو إن تكون مجموعة من الأصوات المقطعة إلى مقاطع تمثل تتابعا زمانيا لحركات وسكنات في نظام اصطلح الناس على ان يجعلوا له دلالات بذاتها))[1] وأصبحت هذه المقاطع الصوتية التي تكونت منها اللغة أداة التفاهم والتخاطب بين الناس، بل وأصبحت فوق ذلك، الأصل في تكوينه ونشوئه[2]، هذا يعني أن هناك علاقة حميمة بين الزمن واللغة ونتيجة لهذه العلاقة فقد اتخذ الشعراء اللصوص اللغة وسيلة للتعبير عن عواطفهم وإحزانهم وآلامهم التي هي من نتاج أفعال الزمن، ولعل هذه اللغة التي اتخذت وسيلة للتعبير والإفصاح لم تختص بشاعر دون أخر، بل هي ألفاظ مشاعة للجميع، لكن الذي يختص بالشاعر هو أسلوبه في انتقاء الألفاظ التي تلائم عاطفته وأحزانه وتعبر عنها أفضل تعبير بأقل كلمات وأكثر وضوحا، بحيث تميزه عن غيره، وما دامت اللغة ((ثوب الفكرة والأسلوب هو فصال الثوب وطرازه الخاص))[3] لذلك أثرنا في مبحثنا هذا أن نعرج على الأساليب التي اتخذها اللصوص وسيلة لإظهار حالتهم النفسية والتعبير عنها، تلك الأساليب التي تشكلت منها لغتهم الشعرية.

---

(1) التفسير النفسي للأدب /55.
(2) ينظر: الأدب والمجتمع /44
(3) الأسلوب والأسلوبية /20.

(1) أسلوب الاستفهام:

الاستفهام هو طلب العلم بشيء لم يكن معروفا، مسبقا[1]، وقد شغل هذا الأسلوب حيزاً كبيراً في قصيدة اللصوص، اذ اتخذوه منفذا تعبيريا لما يختلج في نفوسهم من معاناة وشعور حادين، فضلا عن انه يكشف عن تزاحم الأسئلة التي تدور في مخيلتهم حول الزمن وموقفهم منه، تلك الأسئلة التي تفتقر إلى الجواب، ولاسيما التي تتعلق بالموت والفراق، ومن خلال اطلاعنا على شعر اللصوص، المتضمن هذا الأسلوب، وجدنا انه - أي الاستفهام - يحمل دلالات عدة يحددها سياق النص، الأمر الذي أكده الدكتور السامرائي بقوله ((إن ما ورد في الشعر عن الاستفهام قد انصرف إلى معانٍ أخرى هي الصق بتصوير الأحوال النفسية من الألم والحسرة والتعجب والتوجع ونحو هذا))[2] ومن هذه الدلالات التي خرج اليها الاستفهام ما طالعنا به (جعفر بن علبة لحارثي) يقول:

أحقــا عباد اللـه أن لست رائيا ... صحــاريَّ نجــد والرياح الذواريا
ولا زائرا شــم العرانين تنتمي ... إلى عامــر يحللــن رمــلا معاليا
أذا ما أتيــت الحارثيـات فانعني ... لهـــن وخبرهـــن أن لا تلاقيا[3]

فقد خرج الاستفهام في هذه المقطوعة إلى معنى أظهره الشاعر من خلال تعجبه وتوجعه على أيامه الماضية، فنراه يسأل، لكن لا احد بجانبه، ويستفهم عن الأمر مع علمه بحقيقته ((وخبرهن إن لا تلاقيا)). لذا وجه السؤال إلى كل البشر (عباد الله) لعل أحدا منهم يجيبه مع معرفته التامة بعدم الإجابة.

فتلك الصحارى المؤنسة، ونساء بني عامر الجميلات، أبعدهما عنه الزمن وفارق بينهما، لذا لجأ إلى هذا الأسلوب يداري به نفسه ويعللها من ويلات الزمن

(1) ينظر: جواهر البلاغة /80.
(2) في لغة الشعر / 59
(3) ديوان اللصوص / 199/1

الذي اسكت حياته وتواصله مع أحبته.

ولجأ (بكر بن النطاح) إلى الاستفهام ليبين من خلاله تعجبه من سلوك نفسه في صدها عن أحبتها، يقول:

هل قلبك اليوم عن شنباء منصرف وأنت ماعشت مجنون بها كلف
ما تذكر الدهر ألا صدعت كبدا حرى عليك وأذرت دمعة تكف
يدوم ودي لمن دامت مودته واصرف النفس أحيانا فتنصرفْ[1]

فالشاعر في أبياته هذه وجه سؤالا إلى نفسه يستفهم عن تحول قلبه وتركه للحبيبة في هذا الوقت مع هيامه وولعه بها فيما مضى من الأيام. لذا نراه يستعين بالاستفهام ليبدي من خلاله تعجبه على ذلك الترك والانقطاع في زمنها الحالي، على الرغم من انه كان كلفا بها إلى درجة أنها خلفت تصدعا في كبده من شدة العشق والهيام بها.

ويستعين (طهمان بن عمرو) بالاستفهام ليبين لنا خبرته في الحياة التي عرفته حقيقة الزمن، لذا خرج الاستفهام عنده إلى معنى ابعد فيه الوفاء والأمان للزمن، يقول:

ألا يا اسلما بالبئر من أم واصل ومن أم جبر أيها الطللان
وهل يسلم الربعان يأتي عليهما صباح مساء نائب الحدثان[2]

فكل بيت من هذين البيتين يحمل موقفا اتجاه الزمن، حمله الشاعر إياهما، الأول دعا فيه الزمن وتوسل أليه أن يسلم ربعيه وان يرفع يديه عنهما، أما الأخر فقد نقض الأول فبعد أن عرف الشاعر الزمن وخبره جيدا، استبعد عنه الأمان، لذا طالعنا بفكرة عدم الأمان من الزمن وأحداثه، فعلى الرغم من توسله به أن يبقي له أطلال أحبته، نراه يتابع حديثه متسائلا هل يمكن لهذين الربعين أن يسلما وكل يوم

(1) ديوان اللصوص / 222/1.

(2) المصدر نفسه /1/ 369

(صباح مساء) حوادث الزمن تمر عليهما، فعلى الرغم من هذا التوسل للزمن في سبيل البقاء والخلود، نراه يؤكد غدر الزمن وعدم وفائه، من خلال استفهامه وهذه حقيقته التي عرفها اللصوص وبنوا عليها فكرتهم تجاهه.

وقد يخرج الاستفهام إلى معنى التذكير، هذا ما نراه عند (مالك بن الريب)، يقول:

أتجزع إن عرفت ببطن قو وصحراء الاديهم رسم دار
وان حل الخليط ولست فيهم مرابع بين دحل إلى سرار[1]

فالشاعر يوجه استفهاما إلى نفسه، قاصدا منه تذكيرها بحالتها عندما تمر ببطن قوّ وصحراء الاديهم، وترى رسم دار الأحبة اللذان رحلوا وتركوا منازلهم، ولعل الحالة النفسية والشعورية المتأزمتين لدى الشاعر هما اللذان قاداه إلى أن يستعين بالاستفهام ويخرجه إلى هذا المعنى (التذكير)، ليؤكد لنا شدة الحزن والألم الذين حلا به نتيجة رحيل أحبته، فهو يعلم ويدرك جيدا هذا الحزن الذي أصابه لكنه أراد من خلال استفهامه هذا أن يزيد من الحزن على نفسه ويوسع عليها دائرة الألم من خلال تذكيرها كلما أرادت النسيان أو بالأحرى اراد الزمن ذلك من خلال تعاقب إحداثه، فدلالة التذكير هنا إفادة شيئين أولهما، دوام ذات الشاعر على تذكر أحبتها، وثانيهما، زرع موقف سلبي في الذات تجاه الزمن لكي لا تامنه وتطمئن اليه في قابل الأيام.

ويستعين اللصوص بالاستفهام الذي يفيد التمني، لبيان موقفهم من الزمن، الأمر الذي طالعنا به (أبو صخر الهذلي) يقول:

هل القلب عن بعض اللجاجة نازع وهل ما مضى من لذة العيش راجع
لنا مثل ما كنا أذا الحي جيرة سقى ذلك العيش الغمام اللوامع
ليالي اذا ليلى تداني بها النوى ولما ترعنا بالفراق الروائع[2]

---

(1) ديوان اللصوص / 2/ 163

(2) شرح اشعار الهذليين /334/2.

فالاستفهام في مقطوعة ابي صخر هذه، خرج إلى معنى التمني، عندما تمنى من خلاله من الزمن أن يرجع له أيامه الماضية وذكرياته الجميلة التي انقضت وانقطعت معها حياته، فالتمني جاء بأسلوب استفهامي أفصح الشاعر من خلاله عن حالته النفسية المتأزمة لفقد ماضيها وأيامه الجميلات متمنيا عودته مرة أخرى، ولعل تكرار حرف الاستفهام (هل) في البيت الأول، يدل على شدة الحزن الذي الم بالشاعر وكثرة حوادث زمانه، الأمر الذي جعله يصدر كل رزيةٍ زمانية ألمت به بحرف استفهام، لذا فإننا نرى في تكرار حرف الاستفهام (هل) جاء كاشفا حوادث الزمن المتعددة التي إعاقت حياته.

نستخلص مما تقدم أن الشعراء قد أفادوا من الدلالات البلاغية التي خرج اليها الاستفهام، اذ استطاعوا أن يعبروا من خلالها عن حالتهم النفسية المتأزمة وموقفها من الزمن الحامل للفرقة والغربة والموت. متخذين منها الوعاء الذي يحتوي انفعالاتهم ومشاعرهم معبرين عنها من خلالها.

(2) أسلوب النداء

احتل أسلوب النداء مكانا مهما في إشعار اللصوص، بوصفه من القواعد الرئيسة التي ارتكزوا عليها في بناء نصهم الشعري والنداء هو ((طلب إقبال المدعو على الداعي بأحد حروف مخصوصة))[1] لكن هذا المعنى البلاغي للنداء كثيراٍ مايتجاوزه الناس إلى معنى أخر يخرجه من حقيقته ((فقد ينادى الحيوان الذي لايعي والجماد الأصم الذي لاحس له ولا حركة، بل قد يتوجه النداء إلى مخاطب أصلا، وذلك كما في حال مناجاة النفس وتأنيب الضمير))[2] وبذلك يخرج النداء من صيغته المألوفة إلى أخرى غير مألوفة، وهذا ما اراده اللصوص عندما اتخذوا هذا الأسلوب الذي قصدوا من ورائه ترويح نفوسهم مما لحق بها من الأم وأحزان

---

(1) شروح التلخيص /333/2.

(2) علم المعاني - تأصيل وتقييم /85.

الزمن، لان ((أدبية النداء تأتي عند تخلصه من أصل المعنى ليولد إنتاجية بديلة، سواء أكان التوليد على مستوى السياق أو على مستوى الصيغة))(1) وعلى هذا توجه الشعراء إلى مخاطبة الزمن، متخذين من تلك المخاطبة وسيلة لإظهار إحزانهم وآلامهم من أفعال الزمن وحوادثه، فهذا ((مالك بن الريب)) يتخذ النداء وسيلة لإظهار حسرته وتوجعه من الزمن الذي قرب موته، يقول:

فيا صاحبي رحلي دنا الموت فانزلا ... برابية إني مقيم لياليا
أقيما علي اليوم أو بعض ليلةٍ ... ولا تعجلاني قد تبين شانيا(2)

فمالك يخرج النداء في هذه المقطوعة من صيغته المألوفة ويدخله في عالم المجاز ليكتسب دلالة التحسر والتوجع من الزمن،الذي أسهم في انقطاعه عن الأهل والأحبة عندما قرب منيته اليه، وعندما أحس الشاعر بقرب اجله وعدم وجود أي جدوى للخلاص منه التجأ إلى النداء، لكن ليس طلب خلاصه وإنقاذه من الموت، فهو عارف بالزمن خبير بما يحمله من ويلات ومنها الموت.

بل ليظهر لنا حزنه وألمه لما حل به من نائبات الزمن، وليكشف لنا عن توجعه وحسرته تجاه زمنه، لذلك جاء نداؤه يحمل نبرةً هادئة يائسة من زمنها، مستقبلة اجلها من خلال اختياره للمكان الذي سيضم جدثه الغريب، ويستعين ((جحدر المحرزي)) بالنداء، لإظهار حالته النفسية،فيخرجه إلى معنى أخر أفاد التمني، ليكون قادرا على إيصال تلك المهمة، يقول:

يا دار بين بزاخةٍ فكثيبها ... فلوى غبير سهلها أولوبها
سقت الصبا أطلال ربعك مغدقا ... ينهلّ عارضها بلبس جيوبها(3)

(1) البلاغة العربية – قراءة اخرى /300.

(2) ديوان اللصوص /2 / 180

(3) المصدر نفسه /1 /151.

فقد خرج النداء في البيتين السابقين إلى التمني لديار الأحبة بالسقيا بمطر تحمل رياح الصبا سحابه، يعم جميع النواحي والجيوب، ولعل حرص الشاعر على أحياء إطلال أحبته وبقائها، ما جعله يدعو لها بالسقيا وبث الحياة فيها مشعرا إياها بان الدعاء موجها من قبله من خلال ندائها ((يادار...سقت الصبا أطلال ربعك)) ،ليشعر أهلها من أحبته انه على تواصل معهم، وان الزمن لم ينسه ذكرياتهم وأيامه الجميلة معهم.

ويتوسل ((بكر بن النطاح)) بالزمن من خلال أحدى مرادفاته (الدهر) ان يبقي له مالكا ويذهب بمن يشاء من الناس، يقول:

يا دهر ان أبقيت لي مالكا فاذهب بمن شئت من الناس[1]

فنداء الشاعر لزمنه في هذا البيت أخرجه إلى معنى الترجي، ليترك له ممدوحة الذي وصفه بالكرم والسخاء، ويستبدله بغيره، ولعل الشاعر هنا لم يوجه لومه وتقريعه إلى الدهر -كما معروف- بقدر ما ترجاه وتوسل به وكأنه يعي ويسمع نداءه فيجيبه، حيث ناداه بالأداة (يا) التي تستعمل في بعض الأحيان لطلب الاستغاثة[2]، من محنة الزمن، لذا فهو بحاجة إلى رفع صوته عاليا ليسمعه زمنه، لكن مع علمه التام بان زمنه لا يقبل دعوته واستغاثته وترجيه لذا نجده أراد من خلال ندائه هذا الذي حمل دلالة الترجي أن يسمع الناس جميعا ويبين لهم حزنه وألمه ليشاركوه همومه وإحزانه وليخفف عن نفسه وطأة الجو المتأزم الذي هو عليه ويتخذ (بكر بن النطاح) من أسلوب النداء وسيلة لتنبيه نفسه أن تزهد في حياتها، فلا تجزع للهلاك الذي يأتي به زمنها، لان الله سيفنيها، يقول:

يا نفس لا تجزعي من التلف فأن في الله أعظم الخلف
أن تقنعي باليسر تغتبطي ويغنك الله عن أبي دلف[3]

(1) ديوان اللصوص /115/1.

(2) ينظر: اسليب الطلب عند... / 224

(3) ديوان اللصوص /121/1.

فالنداء في هذين البيتين خرج إلى معنى آخر مجازي، أفاد التنبيه والتوبيخ إذ اظهر من خلاله تنبيه نفسه وتوبيخها بسبب ما حلّ بها من جزع نتيجة إحداث الزمان المؤلمة، ودعاها إلى تخطي جزعها وحزنها من خلال الإيمان بان الله سيخلف ما لحق بها من ضرر، وان تقتنع باليسير، ولعل نداء من هذا النوع يكشف عن عمق المأساة والإحزان التي تلمّ بقائلها، لذلك فعندما أراد الشاعر أن يبين لنا معاناته التجأ إلى هذا الأسلوب ليكون كفيلا بذلك النقل والإظهار.

نستخلص مما سبق أن اللصوص أفادوا من أسلوب النداء في تركيب جملهم الشعرية، كما افادوا من الدلالة المجازية التي خرج أليها هذا الأسلوب، للتعبير عن حالتهم النفسية والشعورية التي أملى عليها الزمن شروطه وأجبرهم على الانصياع لها.

(3) أسلوب الأمـــر:

وهو من الأساليب المهمة التي شغلت حيزا مهما في أشعار اللصوص لبناء نصهم الشعري وإظهار ما يجول في خواطرهم من إحزان زرعها الزمن في نفوسهم، والأمر في نظر البلاغيين ((قول ينبئ عن استدعاء الفعل من جهة الغير على جهة الاستعلاء))[1] ولأسلوب الأمر دلالات عدة يولدها سياق النص، آذ أن البلاغيين تجاوزوا العناية ببنية الأمر لكونها بنية إنشائية طلبيه إلى ((كونها بنية توليدية لغيرها من بنى الإنشاء، لأنها لا تعرف الالتزام بأصل المعنى، بل تحاول تنتج ما لم تتعود اللغة أنتاجه))[2] وهذا ما نهجه اللصوص لأنفسهم عندما استخدموا أسلوب الأمر كغيره من الأساليب عنصرا فنيا في بناء قصيدتهم الشعرية، اذ اتخذوا منه ومن دلالته ومعانيه التي يخرج اليها وعاء يتسع لاحتواء أحزانهم وهمومهم، وأسلوبا يعلنون من خلاله موقفهم من الزمن وإحداثه، لذا نجد (مالك بن الريب)

---

(1) الطراز المتضمن... / 3 / 281.

(2) البلاغة العربية - قراءة اخرى / 293.

اتخذ من هذا الأسلوب وسيلة أعلن من خلالها التماسه لصاحبيه أن ينزلا به ويقيما معه في مكان وزمان مثلا الموت لديه، يقول:

فيا صاحبي رحلي دنا الموت فانزلا ... برابيةٍ إني مقيمٌ لياليا
أقيما علي اليوم أو بعض ليلةٍ ... ولا تعجلاني قد تبين شأنيا[1]

فأسلوب الأمر في هذين البيتين أفاد معنى الالتماس، حيث التمس الشاعر فيهما صاحبين له كانا يسايرانه عندما أحس بقرب وفاته ودنو اجله.أن ينزلا به ويقيما في تلك الأرض لان نفسه لا تطيق الرحيل، فعلامات موته قد بانت ولا جدوى من أكمال الرحلة بعد ذلك، فضلا عن ذلك فان ترديد هذا الأسلوب أكثر من مرة كما هو واضح في البيتين (انزلا... أقيما)، ((يدل على أن الأسى الذي يغمر قلبه لابد من أن ينطلق فيغمر الكون كله، بل لابد من أن يخرج من مجال القول إلى مجال الفعل))[2] كما خرج الأمر إلى معنى الالتماس لدى ((مالك بن الريب)) يقول:

هبت شمالا خريقا أسقطت ورقا ... واصفر بالقاع بعد الخضرة الشيحِ
فارحل هديت ولا تجعل غنيمتنا ... ثلجا تصفقه بالترمذ الريحُ
أن الشتاء عدوّ لا نقابله ... فارحل هديت وثوب الدفء مطروح[3]

فقد خرج أسلوب الأمر في هذه المقطوعة إلى معنى الالتماس، لذا جعله في بداية شطر بيته الثاني وبداية عجز بيته الثالث، لأنه رأى في دلالته هذه القدرة على شفاء نفسه والترويح عنها مما لحق بها من آلام وإحزان جراء زمنها الواقعي حيث طلب من خلاله من قائد الجيش (سعيد بن عثمان) والتمسه أن يرحل عن هذه الأرض التي لا يطاق عيشها، ذلك العيش الذي لم يعتده الشاعر، لذا التمس سعيدا

---

(1) ديوان اللصوص / 180/2.

(2) قضايا النقد الادبي بين القديم والحديث /35.

(3) ديوان اللصوص /189/2.

ان يرحل عنها، لان موته مستقر فيها و يستعين (عروة بن الورد) بأسلوب الأمر لبيان رأيه في كيفية الحصول على الغنى وكسب العيش، يقول:

فسر في بلاد الأرض والتمس الغنى   تعــش ذا يسار أو تموت فتعـــذرا[1]

فالأمر خرج في هذا البيت إلى معنى النصح والإرشاد، عندما خاطب الشاعر من خلاله الإنسان القاعد عن كسب الرزق، ونصحه بان يسير في الأرض الواسعة ويطلب الغنى، ليتحقق له احد الأمرين، إما أن يعيش في غنى دائم وأما أن يموت جراء كسبه لرزقه، فيعذره الناس، لأنه أفنى عمره في طريق الكسب والسخاء.

ويلجأ (أبو النشناش العقيلي) إلى هذا الأسلوب، ليبين من خلاله فناء الدنيا وتأكيد نزول الموت على كل إنسان، ومن تكن حياته كذلك، فلابد أن يختار له طريقا يعيش فيه حياته في سعة وكرامة، يقول:

فمت معدمــا أو عش كريما فأنني   أرى الموت لاينجــو من الموت هاربــة[2]

فقد أفاد أسلوب الأمر في هذا البيت دلالة الاختيار عندما أكد الشاعر على حقيقه الموت وفناء الدنيا الذي لا ينجو منه هارب، ومادام الموت وراء كل حياة لذا نرى الشاعر يطلب من الإنسان أن يختار احد الطريقين لها (الموت المعدم، أو العيش الكريم)، لان الموت سيخطفها من دون النظر اليها.

وبذلك يكون الأمر بمعناه المجازي أسلوبا فعالا انتهجه اللصوص، لكونه يتناسب مع شدة انفعالاتهم وهيجان نفوسهم واضطرابها، فضلا عن انه من الأساليب الرئيسة التي تحمل المتلقي على الاستجابة السريعة.

(1) ديوانه / 77.

(2) ديوان اللصوص 2/ 286.

(4) أسلوب التمني:

وهو من الأساليب التي لجا أليها اللصوص حين أرادوا التعبير عن مواقفهم النفسية تجاه الزمن، والتمني هو ((محبة حصول الشيء سواء كنت تنتظره آو ترتقب حصوله أولا))[1] ومادام التمني يقع في الممكن والمستحيل[2]، لذا نجد الشعراء استخدموه في الأشياء التي تحصل والتي لا تحصل، ومنها تمني الخلود في الدنيا وعودة الماضي والشباب واللقاء بالحبيبة الظاعنة ورجوع المسافر وعودة الحياة الى طلل الأحبة مرة أخرى. ولعل بعض هذه الأشياء ممكن الحصول وبعضها الأخر مستحيل، ويحصل التمني بأدوات عدة، فيكون مع ليت حقيقيا ومع غيرها بلاغيا،

ومنه قول (مالك بن الريب) الآتي:

ألا ليت شعري هل أبيتن ليلةً بجنب الغضى أزجي القلاص النواجيا
فليت الغضى لم يقطع الركب عرضه وليت الغضى ماشى الركاب لياليا
وليت الغضى والأثل لم ينبتا معا فان الغضى والأثل قد قتلانيا[3]

فتمني الشاعر بـ(ليت) في هذه الأبيات أخرجه إلى معنى بلاغي أفاد التحسر- والتشوق على ما تركه وراءه، لذا نجده استنجد زمنه من خلال هذه الأداة ذي الدلالة المجازية إلى أن يرد أليه أيامه الماضية التي قضاها في وطنه مع أحبته، وان يساير الغضا الركب المسافر، وان لا يجتمع الغضا والأثل معا لأنهما رمز للوطن والأرض والأحبة، فضلا عن رموز أخرى تخص الشاعر نفسه لان باجتماعهما يجتمع ألمه ومعاناته وهمومه على ذاته، فبدلا من أن يتألم لأحدهما. أصبح باجتماعهما يتألم لكلاهما، ولعل لجوء الشاعر إلى هذا التمني جاء ((تعبيرا

(1) شرح الكافية / 2/ 346
(2) ينظر اساليب الطلب عند النحويين والبلاغيين / 521
(3) ديوان اللصوص / 2/177 - 178

عن ضعف الأمل منه ودلالة على اليأس منه))[1] مما جعله يوكل إلى هذا الأسلوب إظهار شدة ما يعانيه من الم الفراق والوحدة نتيجة غربته المكانية والزمانية معا.

واستخدم (طهمان بن عمرو) من أدوات التمني (لو) ،ليهون على نفسه عظم المصيبة ويخلصها من همومها، يقول:-

ولو أن ليلى الحارثية سلمت ... على مسجى في الثياب أسوقُ
أذا لحسبت الموت يتركني لها ... ويفرج عني غمه فأفيق[2]

فالشاعر أتى بـ(لو) حرفا للتمني مع علمه أنها حرف يفيد امتناع الجواب (أذا لحسبت الموت يتركني لها) لامتناع شرطه (لو أنها سلمت على مسجى)، فإتيانه بـ(لو) ابعد المتمني عنه (الحياة بعد الموت) فهو على يقين تام أن الذي يموت لا يمكن رجوعه، لكن حلول المصيبتين عليه (مصيبة هجر الحبيبة وبعدها عنه)، ومصيبة (نزول الموت عليه)، جعلاه يفكر بطريقة تخلصه منهما، فلم يجد إلا الأداة (لو) لتحقيق أمنيته التي أضحت مستحيلة الوقوع.

ويلجأ (أبو الطمحان القيني) إلى الأداة (ألا) متمنيا من خلالها، من أصحابه أن يذكرانه بأحبته وأيامه الماضية، وان يوفرا له كل ملذات الدنيا قبل موته، وبلوغ نفسه التراق، يقول:

ألا علاني قبل نوح النوائح ... وقبل ارتقاء النفس فوق الجوانح
وقبل غد يا لهف نفسي على غدِ ... إذا راح أصحابي ولست برائح
إذ راح أصحابي تفيض دموعهم ... وغودرت في لحدٍ علي صفائحي[3]

أما (الخطيم المحرزي) فلجأ إلى الأداة (هل) ليخرج تمنيه بـ(ليت) عن معناه الحقيقي، يقول:

---

(1) البلاغة الاصطلاحية / 177.

(2) ديوان اللصوص / 1/ 339

(3) المصدر نفسه /1/ 312

إلا ليــت شعـــري هل ابيتن ليلة بأعلى بلـــي ذي الســلام وذي السـدر
وهل اهبطن روض القطا غير خائفٍ وهــل أصبحن الدهر وسط بني صخر
وهـل اسمعـــن يـوما بكـاء حمامـةٍ تنـــادي حماماً في ذرى تنضب خضــر
وهـل أرين يومـــاً جيـــادي أقودهـــا بـــذات الشقـــوق أو بانقائهـــا العـفرِ[1]

فالشاعر يتمنى من زمنه أن يرد اليه ما كان قريبا منه وموصولا اليه. وكأنه لا يدرك أن الذي يتمناه أصبح مستحيلا لا يمكن تحقيقه، فأخذ يكرر تمنيه في بداية كل بيت من أبياته السابقة. لعل الزمن يحققها بعد ان كان سببا في فراقها، وهذا هو السر في العدول في التمني ((عن ليت التي هي الأصل [فيه] إلى هل... لإظهار كمال العناية به حتى لا يستطاع الاتيان به الا في صورة الممكن الذي يطمع وقوعه))[2] وبذلك يكون أسلوب التمني من الوسائل المهمة التي اتبعها الشعراء في أظهار ما يعانونه ومازرعه الزمن في نفوسهم، وبيان موقفهم منه ومن أحداثه،فكان بحق الوعاء الذي حمل معاناتهم وآلامهم بقصد تخطيها والتخلص منها، فضلا عن إيصالها إلى اكبر عدد من المتلقين.

(1) ديوان اللصوص /1 / 244
(2) شروح التلخيص /240/2

المبحث الثـاني
الـزمـن عنـصرا بنـائيـاً

يدخل الزمن جسد القصيدة دون النظـر إلى غرضـها وتعـدد موضـوعاتها، وهـذا الدخول أما ان يكون في مقدمة القصيدة أو وسطها أو خاتمتهـا،أو إحـدى لوحاتهـا التـي تتخلل نصها الشعري او تشمل كل أجزائها، بوصفة عنصرا مهما من مكونات بنـاء الـنص الشعري،حتى يبدو لدى المتلقي انه يمثل احد مرتكزات البناء الشعري:

(1) الزمن عنصراً في بناء المقدمة:

مادامـت المقدمـة تمثـل الجـزء الأهـم الـذي تقـع عليـه نظـرة النقـاد والبـاحثين والمهتمين بالحركـة الشـعرية، لـذا نجـد الشـعراء اهتمـوا بمقـدماتهم،لأنها تمثـل لـديهم المدخل الرئيس لقصائدهم، فضـلاً عـن إنهـا الجـزء الـذي يشـد انتبـاه المتلقـي ويعمـق إحساسه بها (حزنا أو فرحاً)، تبعا لطبيعة الظـروف التـي تصـورها تلـك المقـدمات. لـذا نجدهم دائبين في اغلب قصائدهم إلى ذكر الزمن وما يدل عليـه، وبنـوا عليـه مقـدمات قصائدهم، ولعلنا نجد ذلك عند (ابي صخر الهذلي) وهو يبني مقدمة قصيدته على ذكـر الزمن بأسلوب أخباري، يقول:

نام الخلي وبت الليل لـم انـم ... وهيـج العين قلـب مشعر السقم
مكلـف بنـوى ليلـى ومرتهـا ... يطـول ليلـك ليلا غير منصرمِ[1]

فمفردة الزمن (الليل) في البيتـين السـابقين، أسـهمت في بنـاء مقدمـة قصـيدة أبي صخر، عندما استعملها في الأخبار عن الحال الذي هو عليه من بعـد فراقـه عـن الأهـل والأحبة والوطن، وبذلك استطاع من خلال هذه المفردة الزمنية إن يهيئ لنا

---

[1] شرح اشعار الهذليين /353/2

الأجواء المناسبة للدخول الى الجو النفسي والشعوري الذي ينتابه، والذي نتج عن طريق استرجاع الذكريات الماضية التي خلا منها زمنه، وبذلك استطاع الشاعر إن يمهد لنا السبل إلى التعرف على أجزاء القصيدة الأخرى من خلال العنصر الزمني الذي بنى عليه القصيدة.

ويتخذ (بكر بن النطاح) من (الدهر) كعنصر في بناء قصيدته التي اختصت في بيان دور الزمن السلبي في حياة الشاعر، يقول:-

أقـــول للدهـــر وقد عضنـــي ... فـــوه بأنيـاب وأضـــراس
يـــا دهـــر ان أبقيـــت لي مالكـــاً ... فاذهـــب بمن شئـــت من الناس (1)

فبكر افتتح أبياته بأسلوب إخباري بين من خلاله اثر الدهر على حياته عندما صوره بوحش مفترس عضه بأنيابه القوية، ثم سرعان ما انتقل بعد ذلك إلى التوسل بالزمن (الدهر) عن طريق أسلوب النداء، وطلب منه إن يترك مقربيه ويذهب بمن يشاء.

ولعل هذين المذهبين بما يحويانه من تفاصيل حزينة قربا المصير المجهول الذي ينتظر الشاعر، وزادا من انفصال ماضيه عن حاضره، وأثرا تأثيرا سلبياً في نفسيته وطريقته في الحياة، الأمر الذي لم يستطع الشاعر إيصاله إلى المتلقي لولا مفردة الزمن التي بنى عليها تلك الأبيات.

كما اتخذ (بكر بن النطاح) من وقت السحر منطلقاً لبناء قصيدته التي ذكر فيها شوقه وحنينه إلى اهله وأحبته، يقول:

نسيـــم المدام وبرد السحـــر ... همـــا هيجا الشـــوق حتى ظهـــر
تقول اجتنـــب دارنا بالنهـــار ... وزرنـــا اذ غـــــاب ضـــوء القمر (2)

---

(1) ديوان اللصوص / 1/ 114

(2) المصدر نفسه /109

لقد ركز الشاعر في مطلع قصيدته هذه على الوقت المحبب لديه (وقت السحر قبيل الفجر)، الذي تربطه معه روابط قوية عندما كان من الأوقات التي يلتقي بها مع حبيبته، ولعل ماضي (بكر) وذكرياته الجميلة لهما الأثر الأكبر في إثارة شعوره الفني، بمعنى أن تلك الأوقات الزمنية والتأمل فيها وبذكرياتها، أسهمت في تهيئة الجو النفسي- المناسب للإبداع الشعري، وبذلك أصبح الزمن عنصراً مهما في تشكيل قصيدته هذه، ما كان لها وجود لو لا وجود الزمن في بنيتها.

وبني (مالك بن الريب) قصيدته على الزمن، مطوعاً ذلك الزمن لفكرته الشعرية التي بنى عليها أبياته التالية، يقول:

سرت في دجى ليلٍ فأصبح دونها ... مفاوز حمران الشريف وغربِ
تطالع من وادي الكلاب كأنها ... وقد أنجدت منه فريدة ربربِ
علي دماء البدن أن لم تفارقي ... أبا حردب يوماً وأصحاب حردب [1]

ففي هذا الافتتاح نجد أن ابن الريب طوع الزمن لصالح الفكرة التي بنيت عليها أبياته فاختار منه (الليل) ليكون الجو المناسب للسير في الصحارى، ولعل الشاعر كان واعيا عندما اختار هذا الوقت من الزمان، لغرض إعطاء المتلقي صورة متحركة للشاعر الهائم على وجهة في تلك الفلوات، وبذلك أصبح الزمن عنصراً اساسيا في البناء الشعري لهذه الأبيات، لأنها قامت عليه وعلى دلالته.

من خلال ذلك كله نستنتج بأن مفردات الزمن جاءت ملتزمةً مطالع قصائد اللصوص، ولعل ذلك الالتزام يرجع لإيمان الشعراء أن تلك المطالع التي قامت على الزمن ومفرداته في بنيتها الفنية قد استوعبت معاناة الصعلوك وهمومه، وآلامه، فضلا عن ان احتواء تلك المطالع لتلك المفردات الزمنية جاء نتيجة تأثر الحياة والظروف التي عاشوها ووفرها لهم ظرفهم الصحراوي.

---

(1) ديوان اللصوص /153/2.

(2) الزمن عنصرا في الانتقال من غرض إلى غرض أخر (التخلص)

يمثل التخلص عند العرب القدماء، الانتقال من المقدمة إلى الغرض الرئيس في القصيدة برابط يجعل المعاني أخذا بعضها ببعضهما الآخر، من دون أن يشعر المتلقي بذلك الانتقال[1] كما أشاروا أيضا إلى الإبعاد النفسية والقيم الفنية التي يجب على الشاعر أو الكاتب مراعاتها في الانتقال بين أجزاء النص انتقالا يشعر بالتماسك والتحام تلك الأجزاء.[2] فضلا عن ذلك فان التخلص يعتمد على قدرة الشاعر وبراعته، من هنا أطلق عليه (حسن التخلص)، ويكون التخلص أما بالأسلوب (دع) الذي ندر وجوده في إشعار اللصوص، لكثرة قصائدهم القصيرة والمقطوعات فضلا عن حياة التشرد التي يعيشونها، وإما إن يكون بواو العطف والفاء او افعل التفضيل، ومن صور التخلص التي اعتمدت الزمن معيارا لها، ما نراه لدى (أبي صخر الهذلي) عندما انتقل من مقدمة الطيف الى الحديث عن لقائه بأحبته وذكر صفاتهم، وكان هذا الانتقال بوساطة (واو العطف)، يقول:

أرقت لطيف من علية عامدِ ونحن إلى اذراء خوصٍ هواجدِ

طوين خروقاً من بلادٍ يَجبنها بنا وطواها الخرق طي المعاضدِ

فبعد إن تحدث عن طيف حبيبته وفرارها وبعدها عنه، مهد لانتقاله عن طيفه الذي ارقه من خلال البيت الأتي:

ويوم شهار قد ذكرتك ذكره على دبرٍ مُجل من العيش نافد[3]

فالشاعر قد وفق كما يبدو لي - عندما اتخذ من الزمن (يوم) جسراً رابطاً بين مقدمة الطيف وحديثة عن ذكرياته الماضية مع أحبته.

---

(1) ينظر جواهر البلاغة /420

(2) ينظر بناء القصيدة في النقد العربي القديم /221.

(3) شرح اشعار الهذليين /333/2

ويتخذ (ابو صخر) كذلك من (واو العطف) طريقاً للتخلص من مطلع قصيدته الغزلية التي تحدث فيها عن حبه وشوقه لأحبته ولماضيه الذي حواها، يقول:-

هل القلب عن بعض اللجاجة نازعُ وهل مامضى من لذة العيش راجعُ
لنا مثل ما كنا اذ الحي جيرةٌ سقى ذلك العيش الغمام اللوامعُ
ليالي اذ ليلى تدانى بها النوى ولما ترُعنا بالفراق الروائعُ
وإذ لم يصح بالصرمِ بيني وبينها اساحمُ منها مُستقِلٌ وَوَاقعُ

وبعد إن استغرق في وصف أيام صباه مع أحبته وشوقه إلى أعادة ماضيه وهيامه فيه مهد لانتقاله إلى الحديث عن الزهد في الدنيا والكف عن طلب اللهو بهذا البيت:

وفي الشيب والإسلام عن طلب الصبى لذي اللب إن لم ينهه الحلم وازعُ [1]

لعل هذا التخلص يعد من التخلصات الواضحة، ويتناسب مع واقع الشاعر وبيئته، الذين يمليان عليه الزهد والابتعاد عن لذائد الدنيا وملاعب صباه،لذلك فعندما استعمل مفردة الزمن (الشيب) كان موفقاً بذلك، لأنه من نواهي الفرد عن صباه ولهوه.

ويتخذ (أبو ذؤيب الهذلي) من الزمن وسيلةً لانتقاله من حديثه عن حبيبته التي وصفها بالظبية لجمالها، إلى الانتقال إلى الشكوى من الزمن، يقول:

ألا زعمت أسماء إن لا احبها فقلت بلا لولا ينازعني شغلي
جزيتك ضعف الود لما اشتكيتهِ وما إن جزاك الضعف من احد قبلي
فان تك أنثى من معد كريمة علينا فقد أعطيتِ نافلة الفضلِ
لعمرك ما عيساءُ تنسأ شادناً يعنٌ لها بالجزع من نخب النَجل

ثم ينتقل بعد ذلك إلى غرضه الأساس، وهو الشكوى من الزمن الذي أكل شبابه وتمتع بأكله، يقول:

---

(1) شرح اشعار الهذليين /334/2.

فتلك خطوب قد تملّت شبابنـــا قديمـــاً فتبلينـــــا المنون وما نبلي[1]

من هنا يتضح لنا إن اللصوص كـانوا مـدركين للوسـائل الفنيـة التـي تـنقلهم مـن افتتاحياتهم الى إغراضهم الرئيسة، لذا نجدهم ركـزوا عـلى الـرابط الزمـاني لكونـه ملائمـاً لذلك الانتقال، ولاسيما في الحفاظ على تماسك أجزاء القصيدة والتحامهـا، لان قصـائدهم تناولت إحداثا لها صلة قوية بحياتهم الصحراوية اذ تحدثت عن أفعال الـزمن ودوره في فراق الا حبه وتشتتهم وخراب الديار واندراسها. لذا كان الرابط الزماني خير وسيلة لبيان دور تلك الإحداث.

(3) الزمن عنصرا في بناء الخاتمة:

اذا كانت المقدمة تمثل المشهد الأول الذي يقرع أسماع متلقيها ويشـدهم إليهـا، فأن الخاتمة هي (آخر مايبقى على الإسماع، وربما حفظـت مـن بـين سـائر الكـلام لقـرب العهد بها)[2]، وقد لاحظ النقاد في الخاتمة أهمية توازي مقدمتها لـذا ذهبـوا إلى القـول: ((على الشاعر إن يختم كلامه بأحسـن خاتمـة))،[3] هـذا يعنـي وجـوب التأكيـد عـلى إن يكون بين مقدمة القصيدة وخاتمتها تالف وانسجام وكأنهما فعل واحد، ومتى مـا حقـق الشاعر ذلك كسـب النجـاح في نصـه الشـعري، وبـذلك تكـون الخاتمـة خلاصـه لتجربـة الشاعر التي ابتدأها في مقدمة قصيدته، لـذلك حـرص عـلى إن تكـون مفرحـةً ومفرجـةً لهمومه والآم زمنه. الأمر الذي نجده عند(قيس بـن الحداديـة) عنـدما اسـتهل قصـيدته بذكر رحيل حبيبته عنه وصدودها وهجرها له وعدم مبالاتها به يقول:

أجـدك إن نعـمُ نـأت أنـت جـازع قــد اقتربــت لــو إن ذلــك نــافع
قـد اقتربـت لـو ان في قـرب دارهـا نــوالاً ولكــن كــل مــن ضــن مــانعُ
وقــد جاورتنــا في شــهور كثــيرةٍ فــما نولــت و اللــــه راء وســامع

(1) شرح اشعار الهذليين / 67-69

(2) جواهر البلاغة / 421.

(3) معاهد التنصيص /4/272

رايـت لهـا نـاراً تشـب ودونهـا طويـل القـرى مـن رأس ذروة فـارع
ومـار اعنـي ألا المنـادي آلا اظعنـوا والا الرواغـي غـدوةً والقعـاقع
فجئـت كـأني مستضـيف وسـائلٌ لا خبرهـا كـل الـذي انـأ صـانعُ
فقالـت تزحـزح مابنـا كـبر حاجـةٍ إليـك ولأمنـا لفقـرك راقـع

وبعد هذه المقدمة التي قامت على الزمن وأفعاله. في تشكيل بنيتها،نجد إن قائلها اختتمها بأحداث زمنية كذلك، طلب فيها القرب والوصال، لتكون تلك الخاتمة آخر ما يبقى في ذهن حبيبته فترق له وتعطف عليه، يقول:

وانـي لعهـد الود راعٍ وإننـي بوصلـك مالـم يطونـي الموت طامعُ[1]

ويختتم (أبو صخر الهذلي) قصيدته الرثائية التي رثا بها ابنه، بدعاء أراد من خلاله.

حصوله على الشهادة ولحوقه بابنه، يقول:

تعزيت عن ذكر الصبـي والحبائب وأصبحت عزهى للصبـا كالمجانبِ
وأصبحـت تلحا حين رعت محمداً واصحابـه إن يعجبـوا بالكواعبِ
ولـو أنهـم قالـوا لقد كـنت مرةً عرفـت ولم أنكـر جـواب المجاوبِ
فان يلبسـوا بـرد الشباب وخالـهُ وأغتـد في اطمـار أشعـث شاحبِ

ثم يتخلص من تلك الهموم إلى الدعاء لنفسه بالشهادة، يقول:

سألـت مليكـي إذ بلاني بفقـده وفـاة بأيـدي الروم بين المقانـب
وأعطـف وراء المسلمين بشدةٍ على دُبُرِ مجـلٍ من العيـش ذاهب[2]

وبذلك استطاع ابو صخر إن يوائم بين زماني القصيدة (زمن المقدمة)، (زمن الخاتمة)، لأنهما قاما على حالة نفسية واحدة، فبعد إن أصبح أمر فراقه لابنه

(1) عشرة شعراء مقلون /37-40.
(2) شرح أشعار الهذليين /323/2 – 328

محسوماً، اخذ يتطلع إلى شيء يخلصه من همومه، لذلك لم يجد ألا الشهادة تزيل همه وألمه.

ما نلاحظه مما تقدم إن الشعراء اللصوص لم يوظفوا الزمان في خاتمة قصائدهم بطريقة اعتباطية، لأنه يرتبط بالهاجس النفسي الملازم لحياتهم،الذي عدوه مسؤولا عن حالهم وحياتهم،آذ استطاعوا من خلاله إن يفرغوا قسما من همومهم وإحزانهم عندما أقحموا سلوكه الايجابي في حياتهم.

(4) الزمن عنصراً في طيف الخيــال:

إذا كان الزمن يمثل جملة الإحداث التـي يمارسـها الإنسـان تـارةً وتفـرض عليـه في عالمه الواقعي تارة أخـرى. فأنهـا تأخـذ الـدور ذاتـه في عـالم الأطيـاف، فـإذا تعـذر عـلى الإنسان أن يحقق رغباته وطموحاته في عالمه الواقعي، فانه يجد من يحققها لـه في عـالم الطيف لان الطيف عالم ينتهي فيـه الزمـان والمكـان الـذين يقيـدان مـن تخفيـف تلـك الرغبات ويحدانها، معنى ذلك أن الزمان الواقعي يفتقد إلى مايحققه الزمان في الطيـف، وبذلك يكون الطيف أشبه ما يكون بمتبوع تسـتمد منـه ذات الشـاعر مادتـه الأوليـة[1] ليخفف عن نفسه الم الفراق ويعوض لها مالم يتم تحقيقـه في الواقع،لـذا نجـد الشـعراء لجـأوا إلى الـزمن كعنصرـ في بنـاء ذلـك الطيـف الـذي يجـدون فيـه متنفسـاً لهمـومهم وأحزانهم، الأمر الذي نجده عند (عبيد بن أيوب) عندما تعذر عليه لقاؤه بـ(أميمـة) في زمنه الواقعي حيث لجأ إلى زمن الأطياف ليتحقق له ما يريد، يقول :

ألم خيـــــال من اميمـة طــارق وقــد تليت من آخــر الليل غبــر
فيــا فرحــاً للمد لج الزائـر الذي أتانــي في ريطاتـــه يتبـــختر[2]

(1) ينظر الخيال في مذهب محي الدين بن عربي /7.

(2) ديوان اللصوص /393/1.

فمع انسدال الليل وهدوء الأنام استحضر الشاعر طيف حبيبته ليهرب من واقعه المرير الذي لم يحقق له ذلك اللقاء، لايمانه بأن الطيف يقرب له البعيد، ويحقق له المستحيل ويخرجه من هموم الفراق والوحدة، ولعل تحقيق هذه الرغبات لم يتم ألا من خلال الزمن الذي أصبح في قصيدة الشاعر عنصراً مهماً في بناء لوحة الخيال. ونجد الأمر ذاته لدى (المرار بن سعيد) عندما طرقه خيال أحبته ليلاً، يقول:

طرق الخيال فهاج لي من مضجعي	رجـــع التحية في الظلام المهلس
يوم ارتمت قلبي بأسهـم لحظهـا	أم الـوليـد فـــي نســاء غلـسِ
مــن بعــد مالبست مَليًا حُسَنهــا	وكـأن ثوب جمالهـا لـم يلبـس
بيضـــاء مطعمـــهُ الملاحـــةِ مثلها	لهـو الجليـسِ وغِـرةُ المتفرسِ[1]

فطيف الشاعر أتاح له مساحة خارجةً عن حدود زمانه، متجاوزاً المألوف ويبدو أن الطيف الذي بنيت عليه هذه القصيدة، جاء سرا من دون موعد أو تفكير مسبق به من قبل الشاعر، وقد أسهم في أحياء نفسه مرةً أخرى، عندما حقق له اللقاء والنظر إلى أحبته بعد فراق طويل بينهما، فطيف المرار في هذه القصيدة ساعد في إلغاء شرط الزمان، ففيه تختلط ألازمنه وتلغى المسافات ويتحقق المستحيل. وعندئذ تشيع الرغبات المكبوتة[2]، ويتخذ (تأبط شراً) من زمن الأحلام وسيلةً لتحقيق غاياته التي صعب تحقيقها في زمن الواقع، يقول:

لقـــد قـــال الخليّ وقال حُلسـاً	بظهـــر الليـل شُد بـه العكـــومُ
لطيـــفٍ من سعـــاد عناك مِنها	مراعـاة النجـوم ومـــن يهيـــمُ[3]

---

(1) ديوان اللصوص /236/2 .

(2) ينظر تفسير الاحلام /10.

(3) ديوانه / 68.

ما نلاحظه في هـذه المقطوعـة أن الشاعر صعب عليه اللقـاء بأحبته في الـزمن الواقعي، وقد ظلت هذه الرغبة تلح عليه حتى استطاع تحقيقها في طيفه، ولا يمكـن لهذه الرغبة أن تتحقق خارج حدود الزمان،لـذا فقد أصبح الـزمن عنده ركيـزةً يرتكـز عليها في لوحته هذه، ولو اطلنا الوقوف عند هذه الرغبات لوجدنا أنها مخالفةٌ للواقع، لكنها في طيف الخيال تصبح مألوفة ومتحققةً، بمعنى إن طيف الخيال يخلق حالات مضادة لما هو غير متحقق في اليقظة ((فتعالج الحـزن بالفرح والهـم بالأمـل. وتعالـج الكراهيـة بالحـب والصداقة، والخـوف بالشجاعة والثقة وتهدي الشـك باليقين))[1] فالشاعر يعيش زمنه متعبا متألماً منه ومن إحداثه، لكن هذا الوضع يتغير بطيف الخيال حين تطرق الحبيبة منامه فتصبح حياته آمنة مطمئنة بوجودها .

نستخلص من ذلك كله، أن الزمن دخل أبعاد لوحة الطيف من خلال ماوفره لها من مفردات ودلالات، مما حدا بتلك اللوحة أن تستوعب نفسيته المتعبة وشعوره المتألم تجاه واقعها الذي أصبح متحققا بفعل زمـن الخيـال حين وفر لها الأجـواء المناسبة لتتحقق تلك الرغبات.

(5) الزمن عنصراً في لوحة الحكمـة:
يمثل مقطع الحكمة في القصيدة تعبيراً عن الموقف الفكري والأخلاقي للشاعر، الذي لايعدو أن يكون تعبيراً عن خبرة الأيام التي لاتحتاج إلى ثقافة معينة[2]، ويدخل الزمن هذه اللوحة كعنصر بنائي لها بمفرداته ومترادفاته، ومما نلاحظه في هذه اللوحات التي اتخذت الزمن عنصرا لبنائها، أنها لا تخرج في الأعم الأغلب عن دائرة الاعتراف بحتمية وقوع الموت وأحقيته على البشر، وفعل الزمان الذي لا ينجو من سطوته احد، وحين يرتبط مقطع الحكمة بهذه الدائرة يغلب عليه

---

(1) الموسوعة النفسية /218.
(2) ينظر: قراءة ثانية لشعرنا القديم /49.

((مسحةً من الحزن والعاطفة التي يشيع فيها الألم والحسرة والتشاؤم))[1] لذا عمد اللصوص إلى توظيف الزمن في بنية حكمهم الفنية لخدمة موقفهم الفكري والنفسي
وبيان خلاصة تجارب السنين، فهذا (حجدر المحرزي) وظف (الموت والدنيا) في إحدى افتتاحياته الحكمية، يقول:

أذا انقطعت نفس الفتى وأجنه ... من الأرض رمس ذوتراب وجندل
رأى أنما الدنيا غرورٌ وإنما ... ثواب الفتى في صبره والتوكل[2]

فالموت والدنيا من المفردات الدالة على الزمن، أفاد منهما الشاعر في دعم موقفه الفكري والنفسي تجاه زمنه وسطوته على حياته، وقد مثلا مع مرور الزمن دلالة حكمية تعارف عليها البشر واستعانوا بهما من بعد في معرفة حركة الزمن وعدم المبالاة في بحركته.

وثمة افتتاح حكمي آخر، وظف فيه (عبيد بن أيوب) الزمن أو ما يدل عليه، يقول:

إني لأعلم أني سوف يتركني ... صحبي رهينة ترب بين أحجار
فرداً برابية أو وسط مقبرةٍ ... تسفي علي رياح البارح الذاري[3]

ففي هذا المقطع الحكمي الذي شكل فيه الزمن أهم مفردات بنائه الفني،عبر فيه الشاعر عن موقفه تجاه زمنه، ذلك الموقف الذي استقاه من مسيرة تجربته الحياتية المحركة والراعية من قبل الزمن، فمن علم انه سوف يترك رهين القبر وان الرياح الشديدة تهب عليه بالغبار والاتربة، عليه أن يزهد في الدنيا ولا يبالي من حركة زمنه العشوائية، وهذا ماجعل الشاعر يستقي موقفه الحكمي منه، مستعيناً به في بنائه. ويتخذ (المرار بن سعيد) الزمن وسيلةً بنى من خلاله مقطعه الحكمي،

---

(1) الشعر الجاهلي خصاصه وفنونه / 300

(2) ديوان اللصوص /169/1.

(3) المصدر نفسه /397/1

يقول:

وإنـمـا لـي يـــوم لســتُ سابقه حتى يجــيء وان أودى بي العمرُ

ما يسأل الناس عن سني وقد قدعتَ لي الأربعون وطال الورد والصدرُ[1]

فالشاعر في هذا المقطع، عمد إلى الزمن، يستقي منه دلالته الحكمية، ويقرر مـن خلاله موقفه من الفناء، ليستخلص منه العبرة والتجربة في حياته، فعنـدها أراد الشـاعر أن يعبر عن سطوة الموت وقوته، استعان بأفعال الـزمن وعلاماتـه (طـول العمـر، ظهـور الشيب) ليجعل منهما وسيلةً لتصوير همومه وآلامه وموقفه من الزمن.

يتضح لنا مما سبق أن حكم اللصـوص القائمـة في بنائهـا عـلى الـزمن جـاءت مـن وحي واقعهم المعـاش البسـيط في كـل شيء، ولم تكـن مسـتوحاة مـن وحـي فلسـفي أو منطقي، وذلك لجعلهـا معـبرة عـن واقعهـم وحـالتهم النفسـية ومـوقفهم الفكـري مـن الزمن. كما نلاحظ أيضا أن الزمن تسلط على تلك المقاطع الحكمية وأصـبح مفـردةً مـن مفرداتها وفضلا عن ذلك نجد أن تلك المقاطع استوحت فكرتها منه. بمعنى أنها لم يكـن لها وجود يذكر لولا وجوده،حتى أضحى من بعد عنصرا بنائيا رئيساً فيها.

(6) الزمن عنصراً في مقطع حوار العاذلة:

يتخـذ مقطـع حـوار العاذلـة موقعـاً مهـماً لـه ضـمن الافتتاحيـات التقليديـة في القصيدة العربية على وجه العموم والصعلوكية عـلى وجـه الخصـوص،لان الحـوار معهـا يكشف عن معاناتهم النفسية تجـاه قـدرهم، ويسـاعدهم في التغلـب عليـه مـن خـلال تأصيل فكرة الشـجاعة لـديهم ورغبـة التصـدي لـزمنهم، ومـادام مقطـع حـوار العاذلـة يكشف عن ضرب من السلوك العملي في مواجهة أمور الحياة وأفعـال الزمن،لـذا نجـده يتخذ من الزمن عنصراً في بنائه، ومفردة مهمة في تشكيل فكرة الحوار، الأمر

(1) ديوان اللصوص /223/2

الذي نجده لدى (عروة بن الورد) عندما وظف الزمن في لوحة حواره مع عاذلته، يقول:

أقلـــي علي اللوم يابـنــت منـذرٍ ونامـي وان لم تشتهي النوم فاسهري
ذريـنـــي ونفســي أم حسان إنني بها قبـل إن لا املك البيع مشتـري
أحاديـث تبقى والفتى غيرُ خالـدٍ أذا هـــو أمســى هامةً فوق صُيـرِ
تجـــاوب أحجار الكناس وتشتكي إلـى كــل معـروف رأتـه ومنكـرِ
ذرينـي أطـــوف في البلاد لعلنـي أُخليـك أو اغنيك عن سوء محضرِ
فان فاز سهـمٌ للمنية لـم أكـــن جزوعـاً وهـل عــن ذاك مــن متأخـرِ
وان فاز سهمي كفكم عن مقاعـدٍ لكم خلف إدبـار البيوت ومنظـرِ
تقول: لك الويلات هل أنت تاركٌ ضبـواً بـرجـلٍ تـــارةً، وبمنسـرِ(1)

ان الزمن في هذا المقطع الحواري، دفع الشاعر إلى محاورة عاذلته،ذلك الحوار الذي تضمن رده على دعوة عاذلته التي أرادت ان تثنيه عن إنفاق أمواله في بناء مجد له يخلد ذكره بعد رحيله، ولعل زمن هذا المقطع وفر للشاعر الدليل المقنع المستوحى من الزمن ذاته وسطوته وجبروته لتكون تلك الإحداث الزمنية وسيلة الشاعر في دعم موقفه الفكري والفلسفي، عندما يعلن محاجته مع العاذلة. ولعل أيمان الشاعر بالموت مادفعه إلى أنفاق أمواله وتخليد مآثره، وبذلك يكون الزمن المحرك الرئيس لنشوء هذا المقطع، فضلا عن أسهامه المباشر في بنائه الفني.

ويدخل الزمن في مقطع حوار عاذلة (أبي ذؤيب) ليكشف من خلاله على حالته النفسيه تجاه زمنها، يقول:

أمـن المنـون وريبهـا تتوجـع والدهـر ليـس بمُعتبٍ من يجزعُ
قالـت اميمة مالجسمك شاحباً منذ ابتذلت ومثـل مالك ينفعُ
فأجبتهـــا أن مالجسمـي انـه أودى بنـي من البلاد فودعوا

(1) ديوانه /67.

أودى بنـــي وأعقبونـي غصـةً   بعـــد الرقـاد وعـرةً لاتقلع...[1]

لقد تعامل الشاعر في هذا المقطع الحواري تعاملا فنيا رائعا عندما اختار لزمنه ما يناسبه من مفردات تدل عليه، بعد إن أدرك ان الـزمن عنصر- مشـارك في أظهـار حالتـه المضطربة، مما دفعه كذلك إلى ان يجعله عنصراً مشاركاً في بناء مقطعـه الحـواري هـذا، فعندما أراد أبو ذؤيب ان يظهر لنا حزنه ولوعته في حياته التجأ إلى الزمن ليشاركه ذلـك الظهور وكشف حالته النفسية.

من خلال ذلك كله يتبين لنا ان الزمن وفر للشعراء طريقة الرد المقنعة من خـلال معرفتهم بأحداثه وسلوكه السلبيين تجاه حياتهم، الذي أصبح من بعد جـزءاً مـن البنيـة الفنية لمقطع العاذلة وعنصراً مهما في تشكيل نصها الشعري.

---

(1) ديوان الهذليين /1/1-2

المبحث الثالث

الإيحاءات المنبعثة عن الإيقاع الصوتي للزمن

انطلاقاً من ان الكلمة والصوت يشكلان ركناً مهماً في عمليتي الأداء والتوصيل ذلك ان ((العمل الأدبي من حيث هو بناء لغوي يتضمن إمكانات موسيقية وأخرى تشكيلية))[1]

لذا نجد الأصوات (إيحاء المسموع) المنبعثة عن أشعار اللصوص، تشكل جانباً رئيساً يستمد نصهم الشعري قيمته منها، ولعل هذه الأصوات تتوزع في إشعار اللصوص على محورين، يندمجان معاً عند الأداء والتلقي بشكل يجعلهما قادرين على إن يعكسا قدرة الشاعر الشعرية المؤثرة في السامعين، واليك هذين المحورين:

أولاً: الإيحاء المنبعث عن الإيقاع الخارجي ويظم بدوره:

1- الإيحاء الصوتي المنبعث عن موسيقى الوزن الشعري:

وتنقسم هذه البحور بناءً على الإيقاع المنبعث عنها إلى قسمين:

(أ) البحور الهادئة ذات الإيقاع البطيء:

وهي (الطويل والكامل والرجز والبسيط والخفيف والمتقارب) التي تتصف بجلالها النغمي الذي يمنحها نفساً ملحمياً يجعلها أشبه ماتكون بالأناشيد الجنائزية، لجلالة إيقاعها وبطئه[2]، من هنا ندرك جيداً ان هناك علاقة وطيدة بين الوزن والحالة النفسية للشاعر. ذلك ان ((الوزن كان مرتبطاً بنوع العاطفة التي تستولي على الشاعر ساعة ينطلق لسانه بقول الشعر، ونحن نشهد ان لغة الفرد تتأثر بطئاً

---

(1) الأدب وفنونه /25.

(2) ينظر المكان ودلالته في شعر السياب / 12.

وسرعةً وهدوءاً وعنفاً بحالته الانفعالية التي تسوده عند الكلام))[1]، ومن خلال خلال دراستي لشعر اللصوص، وجدت مثل هذه العلاقة بين الوزن والحالة النفسية والشعورية، فجاء توظيف البحور الشعرية انسجاماً مع تجربة الشاعر، مما يبرر لنا تقدم بحر الطويل على غيره في إشعارهم، لان الشاعر ((في حالة اليأس والجزع يتخير عادةً وزناً طويلا كثير المقاطع يصب فيه من إشجانه ماينفس عن حزنه وجزعه))[2]، ومنه قول (الخطيم المحرزي):

وقائلـةٍ يومـا وقـد جئـت زائـراً	رأيـت الخطـيم بعـدنا قـد تخـددا
أمـا ان شـيبي لايقـوم بـه فتـى	إذا حضرـ الشـح اللئـيم الضـفنددا
فلاتسـخري منـي أمامـة ان بـدا	شـحوبي ولا أن القمـيص تقـددا
فـأني بـأرض لايـرى المـرء قربهـا	صـديقاً ولا تحـلى بهـا العـين مرقـدا
اذا نـام أصـحابي بهـا الليـل كلـه	أبت لا تذوق النـوم حتـى تـرى غـدا[3]

فإيقاعية النص التي نشأت من التناوب الرتيب لتفعيلتي (فعولن مفاعيلن)، تتناسب مع إيقاع الزمن على نفس الشاعر، ممثلاً بسخر صاحبة الطيف الزائر، وتقدم العمر وذهاب الشباب، والسهر والاغتراب الزمني، فالخطيم كشف لنا من خلال استخدامه هذا البحر عن حالته النفسية المتأزمة، لاسيما أذا عرفنا ان البحر الطويل يتميز بانتقالات متموجة وبطء في عملية الأداء الذي حاول من خلاله أبطاء حركة الزمن وتوقف لأحداثه التي أخذت منه الشيء الكثير.

وعندما أراد (جعده بن طريف) ان يعبر عن غربته الزمانية وحزنه وألمه، لجأ الى البحر الكامل، ليمنحه إيقاعه، القدرة على ذلك التعبير، يقول:

يطـول ليلـي ما أنـام كأنمـا	في العين منـي عائـرٌ مسجـورُ
رعـى النجوم إذا تغيب كوكبٌ	كالأتُ آخـر مايكـاد يغـور

(1) ابن رشيق ونقد الشعر / 293.

(2) موسيقى الشعر / 177.

(3) ديوان اللصوص /1/ 235

ان طال ليلـــي في الإسار لقد أتى في مامضى دهـــرٌ علي قصيـــرُ[1]

فالإيقاع المنبعث عـن تفعـيلات الكامـل المتماثلـة (مُتَفَـاعلن) انسـجمت في هـذا المقطع الشعري مع ايقاع الزمن المتمثـل بــ(السـهر، العلـة، الأنـين، الألم...) حيـث وجـد الشاعر انسجاماً كبيراً بين تفعيلة الكامـل (متفـاعلن) التـي تحتـاج عنـد النطـق بهـا إلى هدوء نفسي وامتداد صوتي يلائمه، وبين حالته النفسية المستسلمة لزمنها نتيجـة أحداثـه ومواقفه تجاهها، فنفس الشاعر اليائسه التي أتعبها الزمن جعلها تختار الإيقـاع الصـوتي المناسب لذلك اليأس والسكون، حتى كأننـا نشـهد انصـهاراً بـين الأصـوات الصـادرة عـن أفعال الزمن وأصوات التفاعيل، ليدمجا معاً للتعبير عن الحالة النفسية والشعورية التي يمر فيها الشاعر، ومن ثم قدرته على التأثير في المتلقـين. إمـا البحـر البسـيط، فكـان مـن البحور التي لجأ أليها اللصوص، ليعـبروا مـن خلالهـا عـن حـالتهم النفسـية وإحساسـهم المأساوي بالزمن، الأمر الذي نجده لدى (حجدر المحرزي)، يقول:

إني أرقت لبرق ضافني ساري كأن في العين منه مس عوار
أو حر فلفله كانت بها قذيت لما برى قشرها عن حرها الباري
ان الهموم أذا عادتك واردةً ان لم تفرج لها ورد بإصدار
كانت عليك سقاماً تستكين له وأنصبتك لحاجاتٍ واذكار
فصرت في السجن والحراس تحرسني بعد التلصص في برً وأمصار[2]

فالنص يكشف لنا عن بـطءٍ زمنـي نـزل بالشـاعر وهـو في قعـر السـجون عنـدما راودته الهموم فأعياه مراودتها، لكونها جلبت له الذكرى القديمة، لذا نجـد الشـاعر لجـأ إلى البحر البسيط لما يمتاز من بطء موسيقي ينسجم مع حالته النفسـية التـي تمـر بـبطء زمني كذلك، جعلها ساهرةً، وكأن شيئاً غريباً دخلها، مريضةً متعبةً

(1) ديوان اللصوص /179/1

(2) المصدر نفسه /128/1

أتعبها التذكر وترادف الهموم، كما ان مفردات المقطوعة قد انتشرت فيها حروف اللين، فضلا عن قافيتها التي ساعدت على المد، والتي تنبئ عن نفس متعبة متهالكة،كل هذا تماثل إيقاعيا مع إيقاع البحر المتبنى، وكأن الشاعر كان متقصدا ان يكون إيقاع قصيدته بطيئاً، لينسجم مع الأصوات الصادرة عن حالته المتعبة بفعل هموم الزمن و أحداثه، ومادامت البحور الأخرى التي من صفتها الهدوء والسكينة تتماثل جميعها في خصائصها الصوتية المنبعثة عنها، لذا سنكتفي بما تقدم منها، خشية ان يطول بنا الأمر.

(ب) البحور الصاخبة ذات الإيقاع السريع:

وتتمثل هذه البحور (بالوافر والرمل والسريع والهزج والمتدارك) التي تتصف في الغالب بإيحائها الراقص الممزوج بالحزن في أحيان كثيرةً، مقارنةً بالهدوء النسبي لبحور القسم الأول[1]. ولعل هذه السرعة التي ترافق هذا البحور، متأتيةً من قصر الفترة الزمنية التي يستغرقها النطق في إثناء ترديد تفعيلاتها، حتى كأن الانسيابية في نطق تفعيلاتها لا تترك مجالا لإعادة النفس والتهيؤ مرةً أخرى لنطق التفعيلة الثانية، ولعل ذلك يعود للتماثل الذي تمتاز به اغلب تفعيلات هذه البحور، فضلا عن طبيعة الموضوعات التي تنظم عليها والتي تتصف عادةً بالتوتر وثوران النفس نتيجة الحيف الذي لحق بها من الزمن، الأمر الذي طالعنا به (حجدر المحرزي) يقول:

تأوبني فبت لها كبيعاً   هموٌم لاتفارقني حوانِ
أليس الله يعلم أن قلبي   يحبك أيها البرق اليماني
أليس الليل يجمع أم عمرو   وإيانا فذاك بنا تدان
بلى ونرى الهلال كما تراه   ويعلوها النهار كما علاني

(1) ينظر: المكان ودلالته في شعر السياب /130

اذا جاوزتما سعفات هجرٍ وأودية اليمامةِ فانعياني[1]

فكل مايو حي به الزمن من أصوات عمل على إظهارها تفاعله النفسي- مع ذات الشاعر، متخذاً من أفعاله منبراً لإشعاعها (الهموم، الهلاك، ظلمة الليل، الاغتراب، الاشتياق، قرب الرحيل)، دل دلالةً واضحةً على التو اشج النفسي- والوجداني بينه وبين الحالة المتأملة للشاعر، التي دفعها ألمها وشوقها إلى ركوب هذا البحر ذي الإيقاعية السريعة اللاهثة لهاث الزمن على نفوس الناس،وبذلك يكون بحرا لوافر موحيا بالحالة النفسية المضطربة اللاهثة وراء الزمن لإيقافه من خلال تفعيلاته السريعة الوقع بسرعة الزمن على نفس الشاعر.

كما نلمح السرعة الزمنية في هذه المقطوعة من خلال الزحافات والعلل التي دخلت تفعيلاتها. فمن المعروف ان تفعيلة الوافر التامة تتألف من سببين خفيفين (فا ...تن) وثلاثة أسباب ثقيلة (م...عل) وعندما يدخلها (القطف) تتحول إلى سبب ثقيل (م...) وسببين خفيفين (...فاعل)، وهذا ما ناله عروض البيت الأول (كبيعاً)على سبيل المثال، كما يدخلها (العصب) فتتحول إلى سبب ثقيل (م...) وثلاثة أسباب خفيفة (فأعلتن)، وهذا ما نالته التفعيلة الأولى من عجز البيت الأول (هموم لا)، هذا يعني ان الحركة الإيقاعية غير المنتظمة لهذا البحر بفعل هذه الزحافات والعلل تنبئ عن نفس مضطربة غير منتظمة الأفعال، وهو ما عبرت عنه الإيقاعية السريعة لهذا البحر.

وتوحي الحالة النفسية والشعورية (لبكر بن النطاح) بصخب وتوتر حادين، أسهم البحر السريع من خلال صخبه الصوتي المتدفق على ترجمته وإظهاره، يقول:

أقول للدهر وقد عضني فوه بأنياب وأضراسِ
يادهر ان أبقيت لي مالكاً فأذهب بمن شئت من الناسِ[2]

---

(1) ديوان اللصوص / 1/172-173

(2) المصدر نفسه /1/114

فالزمن في هذين البيتين يمتاز بسرعة عالية تكاد تخطف ذات الشاعر، ومن معه، قابله الشاعر بأسطر ذات تفعيلات قليلة، لها القدرة على تغطية حالته المضطربة، عمل بعد ذلك على معادلة الموقف بين ذاته المضطربة وتلك التفعيلات ذات الإيقاعية السريعة عن طريق مادخلها من زحافات وعلل (كالخبن والطي والكسف)، عملت على تقليص المدى الزمني، ليوافق سرعة الخراب والدمار التي اتصف بها زمن الشاعر.

فالأصوات التي تولدت من الزمن في بيتي الشاعر السابقين جاءت عبر صيغة انفجارية أظهرت جور الزمن والتماس الشاعر له، نتيجة آثاره عليه، وكأننا نجد تماثلا وتواشجا بين هذه العواطف المتوترة الهائجة، وبين النغم الموسيقي الصاخب الذي تصدره تفعيلات هذا البحر.

من هنا نرى ان الإيقاعية السريعة لهذا البحر تتماثل مع إيقاعية الزمن التي يصدرها فعله التسلطي الذي يوحي ويدل على السرعة في التنفيذ والتأثير في ذات الشاعر. مما جعل إيقاعي النص الشعري (إيقاع البحر وإيقاع الزمن) متماثلين في السرعة والتوتر والانفعال.

(2) الإيحاء الصوتي المنبعث عن القافية:

إن كل عمل أدبي فني هو قبل كل شيء سلسلةً من الأصوات ينبعث عنها معنى معين[1]، فأن القافية بوصفها جزءاً منه تشكل مجموعة مقاطع صوتية تتكون في أواخر أبيات القصيدة[2]، توحي بعدة أشياء وتعمق الإيحاءات التي يصدرها متلقو النص الشعري، فهي بذلك تشكل نسيجا وترابطا صوتيا بينها وبين موضوع النص وذات الشاعر، وليس كما زعم الغذامي من أنها لا تفيد سياق النص،لأنه يرى

---

(1) ينظر: نظرية الادب /205.

(2) ينظر: علم العروض والقافية /143.

إن اللغة العربية ذات طبيعة إيقاعية[1]، متناسيا دورها الجمالي الذي يكمن وراء الأصوات المنبعثة عن تكرارها في ثنايا النص الشعري، الذي يتمحور حول التماثل الصوتي الذي تصدره حروفها مع حروف النص اللذان جاءا مترجمين ومعبرين عن الحالة النفسية للشاعر. لذا حرص اللصوص على ذلك التماثل الصوتي، لإيمانهم بقدرته الإيحائية والتعبيرية معاً، لما يمرون عليه من مواقف سلبية تجاه زمنهم، فلو تناولنا إحدى قصائد (جعده بن طريف) الرائية، لأدركنا ذلك التماثل الصوتي المنبعث من تلك القافية، يقول:

يا طول ليلي ما أنام كأنما ... في العين مني عائرٌ مسجور
أرعى النجوم اذا تغيب كوكب ... كالأت أخر مايكاد يغور[2]

لقد أخذت القافية في هذه المقطوعة دوراً مهما في إظهار حالة الشاعر النفسية تجاه ليل السجن، من خلال الإيحاء الصوتي الذي تصدره ألفاظها (مسجور، يغور)، اللذان يوحيان بالأنين والألم والحسرة والسهر ووقع المحذور، وبذلك تأخذ الأصوات المنبعثة منها دور الرابط - في المستوى الصوتي - بين دلالة حزن الشاعر وخوفه من عدم اللقاء وشوقه (موضوع القصيدة)، وبين الثقل الزمني الذي تنبئ عنه قافيتها والناتج عن ثقل الكلمات)القافية)وما يوحيان به.

من هنا نرى أن المفردتين)مسجور، يغور) أكثر حيوية من غيرهما في الدلالة على الحال، لكونهما أكثر انسجاماً مع مفردات البيت الشعري التي تنبئ جميعها عن حزن وألم وضياع، فضلا عن الثقل الزمني الذي توحي به ألفاظ البيت وقافيته، فأصبحت القافية بناءً على ذلك تعتمد الإيحاء الصوتي الكامن في حروفها كأصوات لها دلالات نفسية لدى الشاعر.

---

(1) ينظر: تشريح النص / 107.

(2) ديوان اللصوص /1/ 179

كما ركز اللصوص في قوافيهم على البعد الصوتي في (الروي) الذي يؤثر في البناء الموسيقي لنصهم الشعري، إذ تمثل بالشدة حيناً والرخاوة حيناً أخر، الأمر الذي اهتم به الشعراء وبنوا عليه آراءهم تجاه الزمن. وقد لاحظنا فيما سبق من فصول البحث أن اللصوص، عندما يتصدون لزمنهم يتخذون روياً لقوافيهم تتصف بشدة صوتية، في حين أنهم يتبنون موقفاً مستسلماً لزمنهم يتخذون الروي الرخو، الذي يصدر عنه أصوات هادئة بهدوء النفس حين تستسلم لقدرها، فلو تناولنا إحدى قصائد (طهمان بن عمرو) التي اتخذ القاف روياً لها، يقول:

ألا طرقت ليلى على نأي دارهـــــا ‏ ‏ ‏ ‏ ‏ ‏ وليلـــى على شحـــط المزار طـــــروق[1]

فالشاعر استغل الإيحاء الصوتي الشديد الصادر عن القاف، لنقل معاناته وألمه من الزمن، لتماثله مع الحدث الزمني الذي الم بالشاعر واثر فيه من ناحية الشدة وقوة الوقع، ليولد بذلك ((نسقاً أسلوبيا يوحي بطبيعة الموقف ليضع المتلقي في صورة المواجهة))[2] للزمن. والقاف كما هو معروف - صوت انفجاري، وهو من الأصوات التي اكتسبت أصوات القلقلة، وقد لعب هذا الصوت دوراً مهماً في تنسيق الأصوات في النص، ولاسيما إذا لاحظنا انه قد اشترك في هذه المهمة مع أصوات مجهورة أخرى مثل (اللام، والراء، والنون، والعين...) وغيرها من الأصوات كما استطاع اللصوص ان يجعلوا من قوافيهم الساكنة ذات إيحاء صوتي ينبؤ عن نفسية متعبة ساكنة بسكون القافية، هذا ما نجده لدى (أبي النشناش العقيلي) عندما اتخذ من القافية الساكنة ذات الإيحاء الصوتي الهادئ منبراً للإعلان عن ذاته التي أسكتها الزمن، يقول:

فللمـــــوت خيرٌ للفتى من قعـــوده ‏ ‏ ‏ ‏ ‏ ‏ فقيراً ومـــــن مولىً تدب عقاربـــــه

---

(1) ديوان اللصوص /1/340.

(2) الاسلوبية الصوتية في النظرية والتطبيق / 71.

ولم أر مثل الهم ضاجعه الفتى ولا كسواد الليل اخفق طالبُه[1]

فالإيحاء الصوتي الصادر عن القافية الساكنة، عبر بشكل واضح عن الثقل الزمني الذي يمر عليه الشاعر، فتوقف عجلة الشاعر الزمنية جعلته ينساق إلى البحث عن قافية تلائم نفسيته المنكسرة، فجاء بهذه القافية الساكنة لأنها من ابرز الوسائل الفنية التي أظهرت بؤسه ومرارته من زمنه.

وبذلك نجح الشاعر – كما أرى - في أيجاد مثل هذا التوافق والانسجام بين إيقاع القافية الساكنة وإيقاع نفس الشاعر المتعبة التي أخرسها الزمن.

من هنا نخلص إلى القول أن الإيقاع الخارجي للزمن يحركه انفعال الشاعر ويمده بإيقاعية تناسب شعوره وموقفه تجاهه، ويمهد له الطريق إلى ركوب الوزن والقافية الذين من شأنهما أن يعبرا عن ذلك الانفعال في أعلى مستوياته.

ثانياً- الإيحاء الصوتي المنبعث عن الإيقاع الداخلي:

لابد من الإشارة هنا إلى إن الإيقاع الداخلي لايمثل وسيلةً من وسائل التعبير، بقدر ما هو أداة لإظهار المعنى وتقويته من خلال التأثير الذي تحدثه. وحداته الإيقاعية على أصوات الكلمات، لأنه يقوم أساسا على ((انتقاء ألفاظ خاصة تعبر تعبيراً دقيقا عن انفعالاته وعواطفه))[2]، وقبل البدء بالحديث عن الأساليب التي تشكل هذا الإيقاع لابد من الإشارة إلى ارتباط إشعار اللصوص بظاهرة شائعة في عصرهم الا وهي (الإنشاد) والميل إليها أكثر من التدوين، والإنشاد هو:

((الإلقاء في محفلٍ على أسماع متلقين يعتمدون قناة المشافهة))[3]، لذا ركز المبحث على الأسلوب الذي يرتبط بهذه الظاهرة – الإنشاد -، لكونه الأسلوب الأبرز الذي أسهم في البنية الصوتية الداخلية لإشعارهم.

---

(1) ديوان اللصوص /286/2

(2) النقد التطبيقي والموازنات /175

(3) استقبال النص عند العرب /120

التكـرار:

وهو من أكثر الظواهر الإيقاعية شيوعا في أشعار اللصوص، وقد تجاوزت أهميته وظائفه الصوتية والدلالية والنفسية، إلى كونه نمطاً صوتياً يتصل بالذات المبدعة من حيث موقفها واختيارها أسلوبا معيناً، فضلا عن إسهامه في تلاحم البناء وترابطه وتشكيل نغمه موسيقية قوية[1].

أما عن علاقة التكرار بالزمن، فانه ينشأ عن ثبات لحظة شعورية في الزمن قبل ان تستأنف ذات الشاعر سيرها في خط إبداعها[2]، ولعل هذا الثبات للزمن يجعلنا نعيش في مرحلة اللازمن[3]، ومن هنا يكتسب التكرار القدرة على تفريغ انفعالات الشاعر وهواجسه، ولعلنا سنركز في هذا المبحث على التكرار الصوتي دون اللفظي، ونكشف عن مدى التماثل الصوتي الذي يحدثه إيقاعه مع الإيقاع الزمني الذي يصدر عن ذات الشاعر.

ومن التكرار الصوتي الذي رفد الدلالة الزمنية بطاقة تعبيرية عززت من تأثيرها في المتلقي، قول (أبو الطمحان القيني) عندما كرر لفظ (غدٍ) بقوله:

إلا عللاني قبـل نـوح النوائـح ... وقبل ارتقاء النفس فوق الجوانح
وقبل غدٍ يالهـف نفسي على غدٍ ... إذا راح أصحابـي ولست برائـح[4]

فالإيقاع الصوتي المنبعث عن تكرار لفظ (غد) جاء محاولةً من الشاعر لجعله مساهماً في إشاعة الفكرة التي طرحها النص الشعري، التي تضمنت الحديث عن قرب الوفاة، لذا نجده يكرر هذا اللفظ الحامل للموت، رغبةً منه في ثبات زمنه وتوقفه عند نقطةٍ معينةٍ، للعيش في مرحلةٍ خارجةٍ عن نطاق الزمن وسلطته (مرحلة اللازمن). فضلا عن ذلك فان تكرار هذا اللفظ احدث نغماً خاصاً في

(1) ينظر: التكرار في الشعر الجاهلي (بحث) /160-170.

(2) ينظر: دلالات لغة التكرار في القصيدة المعاصرة، اديب ناصرا نموذجا (بحث) 79.

(3) ينظر: الخطيئة والتكفير /24.

(4) ديوان اللصوص /312/1

قصيدة الشاعر انسجم مع شكواه من الزمن، كما ان اختيار الشاعر لهذا اللفظ الذي يدل على الزمن، كان مساعداً له في نقل إحساسه و مشاعره اليائسة وخوفه من المجهول.

ويصدر تكرار حرف (النون) تناغماً صوتياً مع حالة الشاعر النفسية، الشيء الذي نجده لدى (الاحيمر السعدي)، يقول:

أشكو إلى الله صبري عن رواحلهم ... وما ألاقي إذا مروا من الحزن
لكن ليالي نلقاهم فنسلبهم ... سقياً لذاك زماناً كان من زمنِ[1]

فتكرار حرف النون (عشر مرات) في البيتين السابقين،أسهم في إظهار إيقاع النفس المضطربة، لما حل بها من زمانها، فحرف (النون) المكرر بمافيه من أنين وألم ينسجمان مع موقف الشاعر في تصوير حالة الأسى التي يعانيها، لما لصوت (النون)، من إيحاء يدل على التعب والحزن، وهما مما تتصف بهما حالته النفسية، ومن هنا تجلت قدرة التكرار الصوتي على ((خلق نغمة موسيقية لايمكن ان يلغي انسجامها مع الموقف الذي عاشه الشاعر))[2].

وقد يكثر الشاعر من تكرار أكثر من حرف في نصه الشعري ليخلق منهما اثراً إيقاعيا ينسجم مع إيقاع الذات، الأمر الذي طالعنا به (بكر بن النطاح) يقول:

هل أنت منقذ شلوي في يدي زمن ... أضحى يقد أديمي قد منتهس
دعوتك الدعوة الأولى وبي رمقٌ ... وهذه دعوةٌ والدهر مفترسي[3]

ما نلحظه على صعيد فضاء حروف المقطوعة هذه، تواتر حرفي (التاء والنون) بواقع ست مرات للتاء، وخمس للنون، وهي مقابله كما نرى بين نوعين من

(1) ديوان اللصوص /1/ 65
(2) التكرار في الشعر الجاهلي (بحث) / 167
(3) ديوان اللصوص / 114/1

الأصوات (المهموسة والمجهورة) مرجحاً كفة المهموس على المجهور منها، معتمداً زمن النطق بهما معياراً لذلك الترجيح، وما دام زمن الشاعر الواقعي يمتاز بالسرعة في تكريس حوادثه وأفعاله على حياة البشر لذا اتخذ من الأصوات المهموسة معادلاً موضوعياً لإظهار حالته النفسية والشعورية، لكونها من الأصوات المتميزه بالجهد لأنها مجتهدة، فإذا تضاعفت وكثرت في السياق تضاعف الجهد، وتعلقت بها دلالة خاصة[1]، هذا يعني ارتباط الأصوات من ناحية الجهر والهمس بالحالة النفسية والاجتماعية التي ينتج بها الخطاب الشعري، ولهذا فقدا فاد النقاد الصوتيون كثيراً في تحليل الخطاب الشعري في صفتي الجهر والهمس ووظفوهما في عملية تحليل النصوص الشعرية[2]، ولعل الشاعر أفاد من تلك الدلالة في بيان أمرين:

أحدهما، الجهد الكبير الذي حمله الزمن إياه نتيجة إحداثه، **والأخر:** أراد من خلاله إن يخالف وقع الزمن الواقعي عليه من حيث السرعة في زرع إحداثه، عندما رجح صوت التاء (المهموس) الذي يحتاج إلى جهد ووقت أطول من المجهور، وكأن ذلك رغبةٍ منه في محاولة إيقاف زحف الزمن عليه.

كما نلمح إيحاءً صوتياً منبعثا عن التعانق المتجانس بين حرفين في كلمة واحدة، أسهم بدوره في ترجمة الواقع الزمني الذي يمر بها الشاعر، هذا ما طآ لعنا به (تأبط شراً)، يقول:

وحث حثت مشعوف النجاء كأنني ... هجيفٌ رأى قصراً سمالاً وَداجنا
فزحزحت عنهم أوتجئني منيتي ... بغبراء أو عرفاءَ تغدو الدفائنا[3]

(1) ينظر الأصوات اللغوية /21.
(2) النقد الصوتي بين المفهوم النظري واليات التطبيق / 116
(3) ديوانه / 73- 74

لقد استغل الشاعر في هذا التعانق الحرفي المتجانس القائم بين كلمتي (حثحث، زحزح) زمن نطقهما، الذي يمتاز بالبطء، لاختلاف مخرجيهما، مظهراً من خلاله ثقل زمنه الواقعي نتيجة هيمنة الحزن عليه، عندما وقف ضد رغباته وطموحاته، فالإيقاع الصوتي الشجي المنبعث عن هذا التكرار جاء ليكشف عن كثرة الهموم التي تطارد الشاعر وتقف أمامه، لذا جاء في صيغة الأفعال، ليتناسب مع قوة الموقف الزمني الذي الم بالشاعر، وقوة التغيير الحاصل في حياته.

نخلص إلى القول في نهاية المطاف، إلى أن الشعراء اللصوص وظفوا ظاهرة التكرار الصوتي كغيره من الظواهر الإيقاعية، في أظهار الحالة النفسية للشاعر، إذ لعبت تلك الأصوات فيها دورا مهما في أبراز مقاصد الشاعر، والمساهمة في الإيحاء بإخراج المعاني الضمنية إلى السطح من خلال تشكيل إيقاع صوتي متناغم مع تلك الحالة وحسب الإيقاع المنبعث من زمنها.

المراجــــع

المصادر والمراجع:

القران الكريم.

1. ابـن رشيق ونقد الشعر، عبد الرؤوف مخلوق، نشر وكالة المطبوعات الكويت، ط1، 1973.

2. أبواب ومرايا، مقالات في حداثة الشعر، خيري منصور، دار الشؤون الثقافيـة العامـة، بغداد، 1987.

3. اتجاهات الشعر العربي المعاصر، د. احسان عباس، عالم المعرفة، الكويت،1977.

4. ادباء السجون، عبد العزيز الحلفي، دار الكتاب العربي، د. ت.

5. الادب الجاهلي قضايا وفنون ونصوص، حسني عبد الجليل يوسف، مؤسسـة المختـار للنشر- والتوزيع،ط2، 2003.

6. الادب وفنونه، د. محمد مندور، دار النهضة مصر، ط2، القاهرة،1964.

7. الادب والمجتمع، محمد كمال الدين علي يوسف، الدار القومية للطباعة، القاهرة، 1962.

8. أساليب الطلب عند النحويين والبلاغيين، د. قيس إسماعيل الأوسي، بيت الحكمة، بغداد،1988.

9. استراتيجيات القراءة، د. بسام قطوس، مؤسسة حمادة ودار الكندي، اربد،1998.

10. استقبال النص عند العرب، محمد المبارك، المؤسسة العربية للدراسات والنشر، بيروت، 1999.

11. الاستهلال فن البدايات في النص الأدبي، ياسين النصير، دار الشـؤون الثقافيـة العامـة، بغداد، ط1، 1993.

12. الأسس الجمالية في النقد الأدبي، عرض وتفسير ومقارنة، عز الدين إسماعيل، دار الفكر العربي، ط2، 1968.
13. الأسس المعنوية للآداب، د. عز الدين إسماعيل، دار العودة، بيروت، د.ت.
14. الأسلوب و الأسلوبية، كراهام هاف، ترجمة كاظم سعد الدين، دار أفاق عربية، (د.ط)،1985.
15. اشكال الزمان والمكان في الرواية، ميخائيل باختين، ترجمة يوسف حلاق، دمشق، منشورات وزارة الثقافة،1990.
16. اشكالية المكان في النص الادبي، ياسين النصير، دار الشؤون الثقافية العامة، بغداد،1986.
17. الاصوات اللغوية، د. ابراهيم انيس، الانجلوالمصرية،ط1975،5.
18. اصول الفكر الفلسفي عند ابي بكر الرازي، عبد اللطيف محمد العبد، مكتبة الانجلوالمصرية،1977.
19. الاعمى التطيلي، حياته وادبه، عبد الحميد عبد الله، المنشاة العامة للنشر والتوزيع والإعلان، طرابلس،ط1983،1.
20. الامالي، القالي (ابو علي اسماعيل بن القاسم) ت 356هـ منشورات دار الافاق الجديدة، بيروت،1980.
21. امرؤ القيس امير شعراء الجاهلية، حياته وشعره، طاهر احمد مكي، دار المعارف بمصر، القاهرة،1968.
22. انتصار الزمن، دراسة في أساليب معالجة الماضي في الفكر الإحيائي، د. محمد عبد الحسين، افاق عربية، بغداد، 1985.
23. الانسان والزمان في الشعر الجاهلي، حسني عبد الجليل يوسف، مكتبة النهضة المصرية، القاهرة، 1988.
24. الايهام في شعر الحداثة، د. عبد الرحمن محمد القعود، عالم المعرفة، مايس،2002.

25. بحوث في الرواية الجديدة، ميشال بوتور، ترجمة فريد انطونيوس، منشورات عويدات، بيروت، ط2،1982.

26. البلاغة الاصطلاحية، د. عبده عبد العزيز قلقيلة، دار الفكر العربي، القاهرة، ط4،2001.

27. البلاغة العربية، قراءة أخرى، د. محمد عبد المطلب، الشركة المصرية العالمية للنشر- دار نوبار للطباعة، القاهرة، ط1،1997.

28. لبناء الفني في الرواية العربية في العراق، د. شجاع مسلم العاني، دار الشؤون الثقافية العامة، بغداد، 1994.

29. بناء القصيدة في النقد العربي القديم، د يوسف حسين بكار، دار الأندلس، بيروت، ط2،1983.

30. بنية النص السردي، حميد لحمداني، الدار البيضاء، المركز الثقافي العربي، ط3، 2000.

31. تاج العروس من جواهر القاموس، الزبيدي، أبو الفيض محمد بن محمد، ت 1205 هـ المطبعة الخيرية، القاهرة، 1306هـ.

32. تزيين الأسواق، دار الإنطاكي، دار الطباعة، 1291 هـ.

33. تشريح النص، مقاربات تشريحية لنصوص شعرية معاصرة، د. عبد الله الغذامي، دار الطليعة للطباعة والنشر، بيروت، ط1، 1987.

34. التشكيل الصوتي في اللغة العربية، د. سلمان حسن العاني، ترجمة ياسر الملاح، النادي الادبي الثقافي، جدة، 1983.

35. التصوير الفني في القران، سيد قطب، دار المعارف بمصر،ط2، 1949.

36. تطور الغزل بين الجاهلية والاسلام، شكري فيصل، دار العلم للملايين، بيروت، ط4، د.ت.

37. تفسير الاحلام، سيجموند فرويد، ترجمة مصطفى صفوان، دار المعارف، مصر، د.ت.

38. التفسير النفسي للادب، عز الدين اسماعيل، دار العودة ودار الثقافة، بيروت،1983.

39. التقنيات السردية في روايات عبد الرحمن منيف، عبد الحميد المحادين، المؤسسة العربية للدراسات والنشر، دار الفارس للنشر والتوزيع، الاردن، 1999.

40. تكنلوجيا السلوك الانساني، ب.ف مسيكتر، ترجمة: د. عبد القادر يوسف، سلسلة عالم المعرفة، الكويت، 1980.

41. تهذيب اللغة، الأزهري، تحقيق. علي الهلالي، الدار المصرية للتأليف والترجمة، د. ت.

42. ثلاثية الرفض والهزيمة، دراسة نقدية لثلاث روايات لصنع الله إبراهيم (تلك الرائحة، نجمة اغسطس، اللجنة)، محمود امين العالم، دار المستقبل العربي، القاهرة، 1985.

43. جدلية الخفاء والتجلي، دراسات بنيوية في الشعر، كمال ابو ديب، دار العلم للملايين، ط1، 1979.

44. جدلية الزمن، غاستون باشلار، ترجمة: خليل احمد خليل، بيروت، مجد، ط3 1992.

45. جرس الالفاظ ودلالتها في البحث البلاغي والنقدي عند العرب، د. ماهر مهدي هلال، دار الحرية للطباعة، بغداد، 1980.

46. جماليات المكان، جماعة من الباحثين، دار قرطبة، ط2، 1988.

47. جماليات المكان، غاستون باشلار، ترجمة: غالب هلسا، بيروت، مجد، ط4، 1996.

48. جماليات المكان في الرواية العربية، شاكر النابلسي المؤسسة العربية للدراسات والنشر، بيروت، ط1، 1994.

49. جواهر البلاغة في المعاني والبيان والبديع، السيد احمد الهاشمي، مطبعة السعادة، مصر، ط2، 1960.
50. حدس اللحظة، غاستون باشلار، ترجمة: رضا عزوز وعبد العزيز زمزم، دار الشؤون الثقافية العامة، بغداد، 1986.
51. ركية الإبداع، دراسات في الأدب العربي الحديث، د. خالدة سعيد، دار العودة، بيروت، ط1982،2.
52. الحركة الشعرية في فلسطين، صالح ابو أصبع، المؤسسة العربية للدراسات والنشر، بيروت، 1979.
53. الحنين الى الأوطان في الأدب العربي حتى نهاية العصر الاموي، محمد ابراهيم صور، دار نهضة مصر للنشر والطبع، د.ت.
54. الحياة العاطفية بين العذرية والصوفية، دراسات نقد ومقارنة حول موضوع ليلى والمجنون في الادب العربي والفارسي، د. محمد غنيمي هلال، مكتبة الانجلوالمصرية، د.ط، د.ت.
55. الحياة والموت في الشعر الاموي، محمد بن الحسن الزير، دار امية، الرياض، 1989.
56. الحياة والموت في الشعر الجاهلي، د. مصطفى عبد اللطيف جياووك، مطبعة دار الحرية، سلسلة دراسات، 1977.
57. خصوبة القصيدة الجاهلية ومعانيها المتجددة، محمد صادق حسن، دار الفكر العربي، 1985.
58. خطاب الابداع، محمد الجزائري، دار الشؤون الثقافية العامة،ط1، بغداد،1993.
59. الخطيئة والتكفير من البنيوية الى التشريحية، قراءة نقدية لنموذج انساني معاصر، عبد الله الغذامي، دار البلاد، جدة،1985.

60. الخيال في مذهب محي الدين بن عربي، د. محمود قاسم،معهد البحوث والدراسات العربية، مطابع سجل العرب،1969.

61. دراسات في الشعر الجاهلي، د. نوري حمودي القيسي، دار الفكر، دمشق، د.ت.

62. دراسات في الفلسفة العربية الحديثة، د. صادق جلال العظم، بيروت، دار العودة، ط2، 1974.

63. دراسات نقدية في الادب العربي، د. محمود عبد الله الجادر، الموصل، 1990

64. دراسة الادب العربي، د. مصطفى ناصف، دار الاندلس، القاهرة، ط2، 1981.

65. دلالة المكان في قصص الاطفال، ياسين النصير، دار ثقافة الاطفال،ط1، 1985.

66. دير الملاك، دراسة نقدية للظواهر الفنية في الشعر العراقي المعاصر، د. محسن اطيمش، الشؤون الثقافية، بغداد،1986.

67. ديوان تابط شرا، اعتنى به عبد الرحمن المصطاوي، دار المعرفة للطباعة والنشر- لبنان، ط2،2006.

68. ديوان الحطيئة، تح: نعمان امين طه، شركة مكتبة ومطبعة مصطفى البابي الحلبي واولاده، مصر،1958.

69. ديوان السليك بن السلكة، قدم له وشرحه د. سعدي الضناوي، دار الكتاب العربي للنشر- بيروت،ط1، 1994.

70. ديوان الصعاليك، شرحه د. يوشف شكري فرحان، دار الجيل، بيروت، 2004.

71. ديوان عروة بن الورد، دراسة وشرح وتحقيق أسماء أبو بكر محمد، دار الكتب العلمية، بيروت، 1998.

72. ديوان اللصوص في العصرين الجاهلي والإسلامي، صنعه د. محمد نبيل طريفـي، دار الكتـب العلمية، بيروت، 2004.

73. ديوان الهذليين، الهيئة العامة لدار الكتب والوثائق القومية، القاهرة، ط3، 2003

74. رسائل الكندي الفلسفية، تح: د. محمد الهادي ابو ريدة،ج2، مكتبة ومطبعة البـابي الحلبـي، القاهرة، 1953.

75. رسالة الحروف، الفارابي، تح: د. محسن مهدي، بيروت، 1970.

76. الرمز والرمزية في الشعر المعاصر، محمد فتوح احمد، ط2، دار المعارف، القاهرة، 1978.

77. الرواية والمكان، ياسين النصير، موسوعة دار الشؤون الثقافيـة، دار الحريـة للطباعـة، بغداد، 1986.

78. الريف في الرواية العربية، محمد حسن عبد الله، سلسلة عالم المعرفة، العدد 143، 1989.

79. الزمان ابعاده وبنيته، د. عبد اللطيف الصديقي، المؤسسـة الجامعيـة للدراسـات والنشر والتوزيع، بيروت،ط1، 1995.

80. الزمان في الفكر الديني والفلسفي القديم، د. حسـام الالوسي، المؤسسـة العربيـة للدراسـات والنشر، بيروت، ط1، 1980.

81. الزمان الوجودي، عبد الرحمن بدوي، مكتبة النهضة المصرية، ط2، 1955.

82. الزمان والمكان وأثرهما في حياة الشاعر الجاهلي وشعره دراسـة نقديـة نصيـة، صلاح عبد الحافظ، ج1، دار المعارف، د.ت.

83. الزمن التراجيدي في الرواية المعاصرة، سعد عبد العزيز، ط2، مكتبة الانجلو المصرية، القاهرة، 1970.

84. الزمن عند الشعراء العرب قبل الاسلام، عبد الاله الصائغ، دار الرشيد، للنشر، بغداد، 1982.

85. الزمن في الادب، هانز ميرهوف، ترجمة د. اسعد رزوق، مؤسسة فرانكلين للطباعة والنشر، القاهرة، 1972.

86. السجون واثرها في الاداب العربية، د. ناصح الصمد، المؤسسة الجامعية للدراسات والنشر، بيروت، ط1، 1995.

87. سيرة مدينة، عبد الرحمن منيف، بيروت، المؤسسة العربية، ط1، 1994.

88. شرح اشعار الهذليين، صنعه ابو سعيد الحسن بن الحسين السكري، ضبطه وصححه خالد عبد الغني محفوظ، دار الكتب العلمية، بيروت،2006.

89. شرح ديوان لبيد، تح: احسان عباس، الكويت، 1962.

90. شرح الكافية في النحو، ابن الحاجب، دار الكتب العلمية، بيروت، د. ت.

91. شروح التلخيص في علوم البلاغة، القزويني، تح: محمد هاشم دويدري، منشورات دار الحكمة دمشق،ط1، 19970.

92. شعراء أمويون، د. نوري حمودي القيسي، عالم الكتب، مكتبة النهضة العربية، ط1985،1.

93. الشعراء الصعاليك في العصر الأموي، د. حسين عطوان، دار المعارف بمصر، 1970.

94. الشعراء الصعاليك في العصر ـ الجاهلي، يوسف عبد القادر خليف، مطبعة دار المعارف القاهرة، 1959.

95. شعر اوس بن حجر ورواته الجاهليين (دراسة تحليلية)، د. محمود عبد الله الجادر، ساعدت جامعة بغداد على طبعه، بغداد، 1979.

96. الشعر الجاهلي، خصائصه وفنونه، د. يحيى الجبوري، دار التربية، بغداد، 1972.

97. شعر السجون في الادب العربي الحديث والمعاصر، د.سالم المعوش، دار النهضة العربية بيروت، ط1، 2003.

98. شعر الشنفرى الازدي، تح: د. علي ناصر غالب، راجعه د. عبد العزيز المانع،الرياض،1988.

99. الشعر العربي المعاصر، قضاياه وظواهره الفنية والمعنوية، د. عز الدين إسماعيل، دار العودة ودار الثقافة، بيروت،ط1983،3.

100. الشعر والزمن، جلال الخياط، منشورات وزارة الاعلام، دار الحرية للطباعة، 1975.

101. شعرية المكان في الرواية الجديدة، خالد حسين حسن، مؤسسة اليمامة، الرياض، 1421هـ

102. الشكل والخطاب مدخل لتحليل ظاهراتي، محمد الماكري، المركز الثقافي العربي، بيروت، ط1991،1.

103. الشيب والشباب في الأدب العربي، الحاج محمد حسن الشيخ علي الكتبي، مكتبة الكتبي العامة، مطبعة الأدب في النجف الاشرف، ط1، 1972.

104. الصحاح في اللغة والعلوم، الجوهري، اعداد وتصنيف: نديم مرعشلي وأسامة المرعشلي، دار الحضارة، بيروت، 1974.

105. صحيح البخاري، محمد بن اسماعيل، ادارة المطبعة المنيرية، مصر، 1928.

106. صفة جزيرة العرب، أبو محمد الحسن بن احمد بن يعقوب الهمداني (334هـ)، تح: محمد علي الاكوع، مطبعة حمد الجاسر، دار اليمامة، الرياض 1974

107. الطبيعة في الشعر الجاهلي، د. نوري حمودي القيسي، دار الإرشاد للطباعة والنشر، ط1، 1970.

108. الطراز المتضمن لاسرار البلاغة وعلوم حقائق الاعجاز، يحيى بن حمزة العلوي، مصر، 1914.

109. طريق الهجرتين وباب السعادتين، ابن قيم الجوزية، تح، عبد الله ابراهيم الأنصاري، مطابع الدوحة الحديثة، قطر، د. ت.

110. طوق الحمامة، ابن حزم الأندلسي (456هـ) حققه وصوبه وفهرس له: حسن كامل الصيرفي، قدم له الأستاذ، إبراهيم الابياري، مطبعة الاستقامة، د. ت.
111. طيف الخيال، الشريف المرتضى، تح: حسن كامل الصيرفي، مراجعة إبراهيم الابياري، دار أحياء الكتب العربية، ط1، 1962.
112. العزلة والمجتمع، نيقولاي برديائيف، ترجمة: فؤاد كامل، بغداد، مشروع النشر المشترك، ط2، 1986.
113. عشرة شعراء مقلون، صنعه د. حاتم صالح الضامن، دار الحكمة للطباعة والنشر، بغداد،1990.
114. العقد الفريد، ابن عبد ربه الأندلسي، تح: محمد سعيد العريان، مطبعة دار الفكر، د. ت.
115. علم العروض والقافية، عبد العزيز عفيف، دار النهضة العربية، بيروت، 1974.
116. علم المعاني تأصيل وتقييم، د. حسن طبل، مكتبة الايمان، المنصورة مصر، ط1، 1999.
117. علم النص، جوليا كرستيفيا، ترجمة فريد الزاهي، مراجعة عبد الجليل ناظم، دار توبقال للنشر، الدار البيضاء،ط1، 1991.
118. الفروسية في الشعر الجاهلي، د. نوري حمودي القيسي، مطبعة دار التضامن، بغداد، ط1، 1964.
119. الفضاء الروائي عند جبرا إبراهيم جبرا، د. ابراهيم جنداري، دار الشؤون الثقافية العامة بغداد، ط1، 2001.
120. الفضاء الروائي في الغربة، الإطار والدلالة، منيب محمد البوريمي، دار النشر المغربية، الدار البيضاء، 1984.

121. الفضاء ولغة السرد في روايات عبد الرحمن منيف، صالح ابراهيم، المركز الثقافي العربي، الدار البيضاء، المغرب،ط1،2003.

122. فلسفة المكان في الشعر العربي، قراءة موضوعية جمالية، د. حبيب مونسي، منشورات اتحاد الكتاب العرب، دمشق، 2001.

123. في لغة الشعر، د. ابراهيم السامرائي، دار الفكر للنشر والتوزيع، عمان، (دت).

124. في نظرية الرواية، عبد الملك مرتاض، سلسلة عالم المعرفة، 240.

125. القارئ والنص، العلامة والدلالة، د. سيزا قاسم، المجلس الاعلى للثقافة، الكويت، (د.ت)

126. قراءة ثانية لشعرنا القديم، د. مصطفى ناصف، دار الاندلس، بيروت، ط2، 1981.

127. قراءة جديدة لشعرنا القديم، صلاح عبد الصبور، عرض محمد قراينا الفيصل، الكويت، دار الفيصل الثقافية، ع 141،1988.

128. القصيدة العربية الحديثة بين البنية الإيقاعية والبنية الدلالية، د. محمد صابر عبيد،منشورات اتحاد الكتاب العرب، دمشق،2001.

129. قضايا النقد الأدبي بين القديم والحديث، د. محمد زكي العشماوي، دار النهضة المصرية للطباعة والنشر، بيروت، 1979.

130. قضية الزمن ومدلولاتها في التراث العربي، احمد محمد الشحاذ، دار الشؤون الثقافية، بغداد،2001.

131. قلق الموت، د. احمد محمد عبد الخالق، سلسلة عالم المعرفة، الكويت، ط1، 1987.

132. قيم جديد للادب العربي القديم والمعاصر، د. عائشة عبد الرحمن، مطبعة النهضة الجديدة القاهرة، 1988.

133. لحظة الابدية، دراسة الزمان في ادب القرن العشرين، سمير الحاج شاهين، المؤسسة العربية للدراسات والنشر، بيروت، 1980.

134. لسان العرب، ابن منظور، دار بيروت للطباعة والنشر (د.ت)

135. لغة الشعر العربي الحديث، مقوماتها الفنية وطاقاتها الابداعية، د. السعيد الورقي، دار النهضة العربية للطباعة والنشر، بيروت، ط3، 1984.

136. الماء في الادب العربي،د. جميل سعيد، مطبعة المجمع العلمي العراقي، بغداد، 1965.

137. المأدبة، فلسفة الحب، افلاطون، ترجمة: د. وليم الميري، دار المعارف بمصر، 1970.

138. ما قبل الفلسفة، الانسان في مغامرته الفكرية الاولى، فرانكفورت وجماعته، تج: جبرا ابراهيم جبرا، مكتبة الحياة بغداد، 1960.

139. ما هي الابستمولوجيا، د. محمد وقيدي، دار الحداثة بيروت، 1983.

140. المتخيل الشعري، اساليب التشكيل ودلالات الرؤية في الشعر العراقي الحديث، د. محمد صابر عبيد، منشورات الاتحاد العام للادباء والكتاب في العراق، دار الشؤون الثقافية، بغداد، د.ت.

141. مجمع الأمثال، ابو الفضل احمد بن محمد بن احمد الميداني، تح: محمد محي الدين عبد الحميد، مطبعة السنة المحمدية،1955.

142. محيط المحيط، المعلم بطرس البستاني، بيروت، مكتبة لبنان، د. ت.

143. مدخل جديد الى الفلسفة، عبد الرحمن بدوي، المكتبة الحديثة بيروت، ط1، 1979.

144. المرأة في الشعر الجاهلي، احمد محمد الحوفي، مطبعة المدني، دار الفكر العربي، ط2، د.ت.

145. المرشد الى فهم اشعار العرب وصناعتها، عبد الله المجذوب، الدار السودانية، الخرطوم، 1970.

146. مروج الذهب ومعادن الجوهر، ابو الحسن علي بن الحسين بن علي المسعودي، ت 306هـ تح: محمد محي الدين عبد الحميد، مطبعة السعادة بمصر، ط4، 1964.

147. مشكلة الحياة، د. زكريا ابراهيم، مكتبة مصر، دار مصر للطباعة، مصر،1971.

148. المطر في الشعر الجاهلي حتى نهاية العصر الاموي، د. سلامة عبد الله السويدي، مطبعة دار الشرق، قطر، 2001.

149. معاهد التنصيص على شواهد التلخيص، الشيخ عبد الرحيم العباسي، تح، محي الدين عبد الحميد، عالم الكتب بيروت، 1948.

150. المعجم الفلسفي، جميل صليبا، دار العلم للملايين، بيروت، ط1، 1979.

151. معجم مقاييس اللغة، ابن فارس (ابو الحسن احمد بن فارس، ت 395هـ) تح: عبد السلام محمد هارون، دار احياء الكتب العربية، القاهرة، 1368هـ.

152. المعجم الوسيط، اخراج ابراهيم انيس واخرون، بيروت، دار التراث العربي، د. ت.

153. المعمرون والوصايا، ابو حاتم السجستاني، تح: عبد المنعم عامر، منشورات دار احياء الكتب العربية بالقاهرة، 1961.

154. المعنى الادبي من الظاهراتية الى التفكيكية، وليم راي، ترجمة يوئيل يوسف عزيز، دار المأمون للنشر، دار الحرية للطباعة،ط1، 1987.

155. مقالات في الشعر الجاهلي، يوسف اليوسف دار الحقائق، الجزائر، ط2، 1980.

156. مقدمة في الصحة النفسية، د. عبد السلام عبد الغفار، دار النهضة العربية، دت.

157. مقدمة في نظرية الادب، عبد المنعم تليمة،دار العودة بيروت، ط2، 1979.

158. مقدمة القصيدة في العصر الجاهلي، د. حسين عطوان، بيروت، دار الجيل، 1987.
159. مقدمة للشعر العربي، ادونيس على احمد سعيد، دار العودة، بيروت، ط1، 1971.
160. ملامح الرمز في الغزل العربي القديم، دراسة في بنية النص ودلالاته الفنية، د. حسن جبار محمد، دار السياب، لندن، 2008.
161. الموت والعبقرية، عبد الرحمن بدوي، وكالة المطبوعات، الكويت، دار العلم، بيروت، 1945.
162. موسوعة علم النفس، اسعد رزوق، المؤسسة العربية للدارسات والنشر، بيروت، 1977.
163. الموسوعة الفلسفية، عبد الرحمن بدوي، المؤسسة العربية للدراسات والنشر، ط1، 1984.
164. الموسوعة النفسية، د. خليل ابو فرحه،دار اسامة للنشر والتوزيع، عمان الاردن، ط1، 2000.
165. موسيقى الشعر، ابراهيم انيس، دار العلم، بيروت، ط4، 1972.
166. نظرية الادب، رينيه ويليك، اوستن وارين، ترجمة: محي الدين صبحي، مطبعة خالد الطرابيشي، 1972.
167. نظرية التلقي، د. بشرى موسى صالح، دار الشؤون الثقافية، بغداد،ط1، 1999.
168. النقد التطبيقي والموازنات، محمد الصادق عفيفي، القاهرة، 1978.
169. نقد الشعر في المنظور النفسي، د. ريكان ابراهيم، دار الشؤون الثقافية، بغداد، ط1، 1989.
170. النقد الفني، جيردم ستولنيتز، ترجمة: فؤاد زكريا،مطبعة جامعة عين شمس، 1974.

171. الواقع والاسطورة في شعر ابي ذؤيب الهذلي، د. نصرة عبد الرحمن، دار الفكر للنشر عمان، 1985.
172. وصف الطبيعة في الشعر الاموي، اسماعيل احمد شحادة، مؤسسة الرسالة، دار عمار، ط1987،1.
173. الوعي والفن، غيورغي غاتشف، ترجمة: نوفل نيوف، سلسلة عالم المعرفة، الكويت، 1990.

الرسائل الجامعية:

174. الإنسان في الشعر العربي قبل الإسلام، نضال جهاد عبد الرحمن، رسالة ماجستير، جامعة بغداد، كلية الآداب،1987.
175. البنية السردية في شعر الصعاليك، ضياء غني لفته، أطروحة دكتوراه، كلية التربية، جامعة البصرة، 2005.
176. البنية الفنية لشعر الفتوحات الإسلامية في عصر صدر الاسلام، حسين علي عبد الحسين، رسالة ماجستير، كلية التربية، جامعة البصرة، 2002.
177. جماليات المكان في الرسم العراقي المعاصر، مكي عمران الخفاجي، أطروحة دكتوراه، كلية الفنون الجميلة، جامعة بغداد،1999.
178. الحياة والموت في الشعر العباسي في القرنين الثاني والثالث الهجريين، هشام فاضل محمود، رسالة ماجستير، كلية الآداب، جامعة بغداد، 1984.
179. دلالة المكان الشعري، دراسة في شعر حسب الشيخ جعفر، ناجي عباس، رسالة ماجستير، كلية التربية، الجامعة المستنصرية، 2005.
180. الرحلة في أدب ابي العلاء المعري، ماجد حميد فرح، رسالة ماجستير، كلية التربية، الجامعة المستنصرية، 1999.
181. الزمن في شعر الرواد (السياب، البياتي، نازك الملائكة، بلند الحيدري)، سلام كاظم الاوسي، رسالة ماجستير، جامعة الموصل، 1990.

182. شعر الاسر والسجون الاندلسي ـ في عصر ـ الطوائف المرابطين، حازم شاحوذ الهيتي، رسالة ماجستير، كلية التربية، جامعة الانبار، 1996.

183. الطبيعة في الشعر الأموي، عبد الأمير كاظم عيسى، رسالة ماجستير، كلية الآداب، جامعة بغداد، 1983.

184. الطيف والخيال في الشعر العربي حتى نهاية القرن الرابع الهجري، حسن مصطفى السقا، رسالة ماجستير، جامعة عين شمس، كلية الآداب، 1993.

185. المرأة في الجزيرة العربية في القرن الاول الهجري، دراسة ادبية، د. مصطفى عبد اللطيف جياووك، أطروحة دكتوراه، جامعة الاسكندرية 1975.

186. مظاهر جمال المرأة في الشعر الجاهلي والإسلامي، فائزة ناجي السعدون، رسالة ماجستير، جامعة بغداد، 1969.

187. المكان الطبيعي في فلسفة ابن سينا، حسن مجيد العبيدي، رسالة ماجستير، كلية الآداب، جامعة بغداد، 1985.

188. المكان عند الشاعر العربي قبل الإسلام، حيدر لازم مطلك، رسالة ماجستير، كلية الآداب، جامعة بغداد، 1987.

189. المكان في أدب عبد الرحمن منيف الروائي (1973-1983)، علي كاطع خلف، رسالة ماجستير، كلية الآداب، جامعة البصرة، 1990.

190. المكان في الشعر المهجري، حكيم خيري عبد الله، رسالة ماجستير، كلية التربية، الجامعة المستنصرية، 2001.

191. المكان ودلالته في شعر السياب، محمد طالب، رسالة ماجستير، كلية التربية، جامعة البصرة، 1998.

المجلات والدوريات:

192. ادب السجون في العصر العباسي، احمد يوسف، مجلة مؤته للبحوث والدراسات، مج1،ع 2،1995.

193. الاسلوبية الصوتية في النظرية والتطبيق، د.ماهر مهدي هلال،مجلة افاق عربية، ع 12، 1992.

194. الانسان ورؤية الحياة في الشعر الجاهلي، د. عبد الغني زيتوني، المجلة الثقافية، الاردن، ع 1، 1992.

195. الباكون على الشباب، د. احسان النص، مجلة العربي، ع262، 1980.

196. التداخل النصي بين السياب ومالك بن الريب، د. حسن جبار محمد، مجلة اقلام، ع 2008،4

197. التكرار في الشعر الجاهلي، دراسة أسلوبية، موسى ربابعة، مجلة مؤتة للبحوث والدراسات، ع1990،1.

198. ثنائية الارض والمرأة وانتهاك المقدس، قراءة في ديوان اعراس لمحمود درويش، عبد العزيز طوفي، مجلة القاهرة، ع 151، 1995.

199. جماليات المكان في شعر عرار، د. تركي المفيض، مجلة مؤتة للبحوث والدراسات، عمان، مج4، ع 2، 1989.

200. الحد، استقصاءات في البنية المكانية للنص، ياسين النصير، مجلة اقلام، 11ع، 1989.

201. دلالة الزمن في الرواية الحديثة، د. نعيم عطية، مجلة المجلة، ع17، 1971، الهيئة المصرية، للتأليف والنشر.

202. دلالة لغة التكرار في القصيدة المعاصرة، أديب ناصر أنموذجا، د. رحمن غركان، مجلة الموقف الثقافي، ع32، 2001.

203. الزمان والمكان في ديوان محمود درويش (احد عشر كوكبا) دراسة نقدية، بسام قطوس، مجلة أبحاث اليرموك، المجلد 14، ع1، 1996.

204. الزمن البايلوجي، عبد المحسن صالح، مجلة عالم الفكر، مج 8، ع 2، 1977، الكويت.

205. شعر السجون والاسر في الادب العربي، د. هادي الحمداني، مجلة كلية الآداب، ع 13، 1970.

206. الشيب والهرم في الشعر الاموي، د. أنعام داود سليم، مجلة الاستاذ، كلية التربية ابن رشد، ع15، 1999.

207. الصورة الحلمية والصورة الشعرية، مسلم حسب حسين، مجلة الاقلام، ع 7-8، 1992.

208. ظاهرة السقيا وأبعادها الدلالية في القصيدة العربية، مجلة جامعة البعث، سوريا، ع11،1992.

209. الغربة في شعر المتنبي، د. عبد الرحمن محمد، مجلة الكوفة، جامعة الكوفة، مج 5، ع1،2000.

210. الغربة المكانية في الشعر العربي، د. عبده بدوي، مجلة عالم الفكر، مج15، ع 1، 1984.

211. الفضاء الروائي واشكالياته، د. ابراهيم جنداري، مجلة الاقلام، ع 5، 2001.

212. الفضاء المصطلح والإشكاليات الجمالية، شريط احمد، مجلة المدى، ع 6، 1994.

213. فلسفة الفضاء والزمان في ضوء نظرية النسبية، د. محمد عبد اللطيف، مجلة افاق عربية، بغداد، ع12،1976.

214. الليل والنجوم، د. عبد الله الطيب، مجلة مجمع اللغة العربية في القاهرة، ج 7، س 31، 1923.

215. مفهوم الزمن عند الطفل، د. محمد سيد غنيم، مجلة عالم الفكر، بيروت، مجلد 8، ع 2، 1977

216. مفهوم الزمن في الفلسفة عموما وفلسفة العلم خاصة، د. حسام محي الدين الالوسي، مجلة الرواد، بغداد، العدد الفصلي الأول، 1996.

217. مقدمات جديدة لقراءة الشعر الجاهلي، خالد محي الدين البرادعي، مجلة المورد، مج 4، ع 2، 1975.

218. النص الشعري من الذاكرة إلى الحلم، جريدة الثورة العراقية، الحلقة الثانية، 1994/1/5.

219. نظرية المكان في فلسفة الحسن بن الهيثم الطبيعية، نعمة محمد إبراهيم، مجلة آداب المستنصرية، بغداد، ع12، 1985.

220. النقد الصوتي بين المفهوم النظري واليات التطبيق، د. عبد الواحد زيارة، مجلة أبحاث البصرة، مج3، ع 2، 2006.

221. الوطن المنفى والمنفى الوطن، نجم والي، مجلة المدى، دمشق، ع27، 2000

222. الوعي التاريخي وموقف الوعي العربي المعاصر منه، د. يوسف سلامة، مجلة الموقف الثقافي، ع9، 1997.

شبكة المعلومات الدولية:

223. شبكة المعلومات الدولية (الانترنت)، الموقع على الشبكة www.alrabetta.com

224. آليات الانزياح وشعرية الصورة في ديوان (تأبط منفى) للشاعر عدنان الصائغ، غالب الشايب.